집에서 길을 잃는 이상한 여자

상 상 할 수 없 는 독 특 한 뇌 를 가 진 사 람 들

UNTHINKABLE

집에서 길을 잃는 이상한 여자

헬렌 톰슨 지음 | **김보은** 옮김

한국경제신문

엄마에게

UNTHINKABLE

집에서 길을 잃는 이상한 여자

CONTENTS

이상한 뇌는 답을 알려준다

사람 머리가 탁자 위에 올려져 있는 광경을 처음 보는 순간은 누구든 쉽게 잊을 수 없는 법이다. 가장 끔찍한 것은 냄새다. 몸의 작은 조각을 단단하게 만들어 보존하는 화학 고정액인 포름알데히드의 악취는 잊기 힘들다. 비강을 타고 올라와 들러붙은 뒤에는 좀처럼 떨어지지 않는다.

방 안에는 머리가 하나만 있는 것도 아니었다. 조금씩 다른 각도로 자른 머리가 여섯 개나 있었다. 이 특별한 머리는 턱 바로 아래를 자른 뒤 얼굴의 정중앙을 절반으로 잘랐다. 이마에 새겨진 깊은 주름이 나이 든 노신사의 긴 삶을 속삭여 주었다. 탁자 주위를 천천히 돌면서 큰 코에서 삐져나온 회색 털 몇 가닥과 멋대로 돋은 눈썹, 광대뼈 위쪽에 난 작은 보라색 멍을 발견했다. 갑자기 두꺼운 두개골 가운데 자리 잡은 사람의 뇌가 나타났다.

회색빛에 노란 기가 살짝 돌고 질감은 매끄러운 판나 코타(이탈리아식 푸딩-옮긴이 주)를 떠올리게 했다. 가장 바깥층은 호두처럼 주름져 있다. 덩어리와 구멍, 짓이겨진 닭고기 같은 가닥이 보였고, 뒷부분은 쪼글쪼글한 콜리플라워와 비슷했다. 그 부드러운 윤곽을 손가락으로 더듬어보고 싶었지만 만질 수는 없었다. 그저 노인의 머리를 바로 코앞에서 바라보면서 노인이 어떤 삶을 살았을지 상상하는 것으로 만족해야 했다. 나는 그를 클라이브라고 불렀다.

나는 항상 다른 사람의 삶이 궁금했다. 그래서 아마 대학에서 사람의 뇌를 공부하게 된 것 같다. 어쨌든 이 둘은 밀접하게 연관된다. 우리가 느끼는 모든 감정, 우리가 경험하거나 말하는 모든 이야기는 우리 머릿속에 든 1.36kg짜리 죽 비슷하게 생긴 덩어리 덕분이다.

　지금에야 명백한 사실이라고 생각하지만, 항상 그랬던 것은 아니다. 뇌에 대한 최초의 기록은 에드윈 스미스 파피루스라고 부르는 고대 이집트인이 남긴 수술 기록 두루마리이다. 이 파피루스에는 뇌를 검사하기 위해 '머리의 상처를 확인하고 손끝에서 뇌가 고동치고 두근거리는지 조사하는' 방법이 기록되어 있다.[1] 하지만 뇌에 대해서는 그다지 관심을 기울이지 않았던 듯하다. 머리를 다치면 이집트인은 환자의 머리에 기름을 붓고 맥박을 재면서 '심장을 관찰해서… 심장이 나타내는 정보를 알아내려 했다.' 당시에는 뇌가 아니라 심장에 마음이 있다고 생각했기 때문이다. 사망하면 사후세계로 안전하게 갈 수 있도록 망자의 심장을 몸속에 조심스럽게 보존했다. 하지만 뇌는 조각조각 잘라 코를 통해 꺼냈다.

기원전 400년경에 플라톤이 불멸의 인간 영혼이 있는 곳은 뇌라고 주장하면서, 의학에서도 뇌의 중요성이 부각됐다. 그러나 플라톤의 가르침은 후대 학자에게는 큰 영향을 미쳤지만 당대에는 크게 인정받지 못했다. 플라톤의 수제자인 아리스토텔레스조차 마음은 심장에 있다고 계속 주장했다. 당시 의사들은 사람 사체를 해부하는 일을 주저했고, 해부로 인해 영혼이 사후세계로 가는 길을 방해할까봐 두려워했다. 그래서 아리스토텔레스의 주장은 대개 동물 해부 결과를 바탕으로 했는데, 수많은 동물은 눈으로 볼 수 있는 뇌가 없었다. 그러니 뇌에 중요한 역할이 있으리라 상상할 수나 있었을까?

아리스토텔레스는 심장이 이성적인 영혼을 보호하고 신체 다른 부분에 생명을 공급한다고 주장했다. 뇌는 그저 심장의 '열과 끓어오름'을 조절하는 냉각기 역할을 한다고 보았다.[2]

(뒷부분에서 이 두 가지 주장이 모두 옳을 수 있다는 점을 살펴볼 것이다. 심장과 뇌가 서로 의사소통하지 않으면 생각하거나 느낄 수 없다.)

그리스 해부학자인 헤로필로스와 이라시스트라토스는 기원전 322년에 사람의 뇌를 해부할 기회를 얻었다. 영혼을 증명하는 데는 별 관심이 없었던 두 사람은 기초 생리학에 집중해서 오늘날 우리가 신경계라고 부르는, 뇌에서 척추를 통해 몸 전체로 퍼져나가는 섬유질 망을 발견했다.

뇌가 인정받은 곳은 검투사 경기장이었다. 철학자이자 의사, 작가인 클라우디우스 갈렌은 사람의 뇌 해부를 금지한 로마법 때문에 먼 지투성이 경기장으로 갔다. 전투를 치르다 두개골이 깨진 피투성이 검투사를 치료하면서 뇌를 관찰할 수 있기 때문이었다.

그러나 정작 갈렌은 살아있는 돼지 실험 덕분에 유명해졌다. 수많 은 대중 앞에서 갈렌은 돼지의 성대와 뇌를 연결하는 후두신경을 잘 랐다. 그러자 꽥꽥거리며 시끄럽게 굴던 돼지가 조용해졌다. 대중은 숨을 죽였고, 갈렌은 최초로 사람들에게 심장이 아니라 정신이 행동 을 통제한다는 점을 증명했다.

갈렌은 사람 뇌 속에 뇌실이라고 부르게 되는 공간이 네 군데나 있다는 사실도 발견했다. 지금이야 뇌실에 액체가 들어 있어서 뇌를 물리적인 충격이나 질병에서 보호한다는 사실을 알고 있지만, 갈렌 은 불멸의 영혼이 뇌실에 떠다닌다고 생각했다. 그 후 이 영혼이 '동 물적 영혼'의 일부가 되어 몸 전체로 퍼져나간다고 했다. 이런 설명 은 특히 뇌가 영혼의 물리적인 기반이 될 수 있다는 발상에 관심을 기울이게 된 기독교 고위성직자들의 마음에 흡족하게 들어맞았다. 영혼이 연약한 살 속에 존재한다면 어떻게 불멸의 존재가 될 수 있 겠는가? 그보다는 이런 '빈' 공간에 사람의 영혼이 들어 있다는 발상 이 훨씬 더 그럴듯해 보였다.

갈렌의 뇌 이론은 15세기 동안 주류로 인정받았고, 종교는 이 이론 을 구축하는 사람들에게 계속 영향력을 행사했다. 르네 데카르트를 예로 들면, 데카르트는 몸과 마음은 분리되어 있다는 이원론으로 유명하다. 마음은 무형의 것으로 물리법칙을 따르지 않는다. 그 대신 마음은 뇌 가운데 있는 작은 솔방울 모양 영역인 솔방울샘을 통해 명령을 내린다고 데카르트는 주장했다. 솔방울샘은 특정한 동물적 영혼을 움직여서 영혼이 내린 명령을 수행하게 한다고 말했다. 데카르트는 이런 차이점을 보여주면서 과학적 증거 없이는 영혼의 불멸성을 믿지 않는 '비종교적인' 사람들을 논박하려 했다.

상황이 흥미롭게 돌아가기 시작한 것은 17세기 옥스퍼드의 지저분하고 안개 자욱한 거리에서였다. 대학 깊숙한 곳에서 젊고 재치 있는 의사인 토머스 윌리스가 칼을 갈고 있었다.

해부학자와 철학자, 호기심 많은 대중 앞에서 윌리스는 사람의 몸과 뇌를 해부해서 그 자리에 참석한 모든 이에게 복잡한 사람의 내부를 낱낱이 파헤쳐 보였다. 윌리스는 찰스 1세에게 이 강연을 허락받았는데, 왕은 도시에서 사형 선고를 받은 죄수를 해부해도 좋다고 허락했다. 덕분에 윌리스는 사람의 뇌를 세밀한 그림으로 남겼고, '사람 머리를 가르는 데… 중독됐다'는 평을 들었다.[3]

윌리스를 언급한 이유는 그가 사람의 정체성이 뇌와 연관된다는 발상을 굳힌 실제 인물이기 때문이다. 윌리스는 환자가 살아있을 때 보인 행동 변화를 관찰해서 죽은 후 부검을 통해 발견한 기형과 연관 짓는 작업을 했다. 예를 들어 윌리스는 머리 뒤쪽에 있는 소뇌 근처에 통증을 느끼는 사람은 심장 통증도 나타낸다고 기록했다. 이

두 가지 현상이 연관성이 있다는 점을 증명하기 위해 윌리스는 살아 있는 개를 해부해서 소뇌와 심장 사이를 연결하는 신경을 집어내 조였다. 그러자 개의 심장은 멈췄고, 개는 거의 바로 죽었다. 윌리스는 뇌의 화학 반응이 꿈, 상상, 기억 같은 행동을 유발하는 기전을 계속 연구했다. 윌리스는 이 연구를 '신경학'이라고 불렀다.

19세기가 되자 독일 해부학자 프란츠 요제프 갈이 뇌의 영역에 관한 주장을 내놓으며 현대 지식에 한 발 더 다가갔다. 뇌는 특정 영역으로 구성되어 있고, 각각의 영역은 시적 재능이나 살인 본능 같은 기본 능력이나 성향을 담당한다고 했다. 또 두개골 형태는 성격을 결정한다고도 생각했다. 갈에게는 눈이 커다랗고 툭 튀어나온 친구가 있었는데, 기억력과 언어 재능이 뛰어났다. 갈은 친구의 뛰어난 능력과 연관된 뇌 영역이 눈 뒤에 있으며, 이 영역이 너무 커져서 안구가 앞쪽으로 밀려났다고 믿었다. 골상학은 후에 신빙성이 없다고 판명되었지만, 뇌의 영역이 각각 분리되어 있다는 갈의 발상은 시대를 앞서가는 것이었다. 갈은 몇 군데 뇌 영역의 기능을 정확히 짚어내기도 했다. 갈이 '즐거움을 담당한 기관'이라고 부른 영역은 머리 앞쪽, 눈 바로 위의 영역이다. 후에 신경학자들은 이 영역을 자극하면 환자가 웃음을 터트린다는 사실을 발견했다.

갈의 관찰은 철학에서 출발한 이전 세기의 과학과 구별되는 뇌의 새로운 시대를 예고했다. 후에 원자와 전기를 발견하면서 인류는 마침내 과거의 동물적 영혼과 결별하게 되었다. 신경은 더 이상 영혼의 욕망이 내달리는 비어있는 관이 아니라 전기적 활성으로 요란하게 소리치는 세포였다.

19세기 과학자들은 전기 자극을 이용해서 뇌의 각 영역이 어떤 기능을 하는지 밝히는 데 집중했지만(뇌의 각 영역에 자신의 이름을 남기려는 동기가 있었다는 점은 의심의 여지가 없다), 20세기 중반부터 후반의 과학자들은 뇌 영역이 서로 의사소통하는 방식을 찾는 데 더 초점을 맞췄다. 복잡한 행동을 하려면 한 영역만 활성화하기보다는 각기 다른 뇌 영역 사이의 의사소통이 더 중요했다. 기능적 MRI, 뇌전도, CT 스캔으로 뇌를 상세하게 살펴볼 수 있게 되었고, 활성화된 뇌 영역까지 관찰할 수 있게 되었다.

이런 검사 방법을 통해 두개골 속에서 고동치고 두근거리는 1.36kg의 조직 덩어리 속에 180개의 서로 다른 영역이 자리하고 있다는 사실을 밝혀냈다. 그리고 브리스틀 대학교 해부학실로 돌아와서, 각각의 뇌 영역에 관한 상세한 지식을 얻기 위해 나는 연구하고 있다.

클라이브를 관찰하면서 나는 사람 뇌에서 가장 눈에 잘 띄는 영역을 짚어낼 수 있었다. 바로 대뇌 피질이다. 대뇌 피질은 뇌의 바깥쪽을 둘러싸며 거의 똑같은 반구 두 개로 나누어진다. 양쪽 피질은 네 개의 엽으로 다시 분할되며, 사람의 가장 인상적인 정신 기능을 담당한다. 이마를 만졌을 때 손가락과 가장 가까운 부분에 있는 것이 전두엽으로, 의사를 결정하고 감정을 조절하며 다른 사람의 행동을 이해한다. 야망, 통찰력, 도덕적 기준 같은 개인 성격의 세세한 측면을 결정하기도 한다. 손가락으로 머리 양옆을 따라 귀를 향해 내려가면 측두엽이 있다. 측두엽은 단어와 말의 뜻을 이해하고 타인의 얼굴을 기억하는 능력을 관장한다. 다시 손가락을 움직여 정수리로 가져가면 두정엽이 있다. 두정엽은 감각과 관련된 기능을 맡고 있으며 언어 기능도 일부 가지고 있다. 목의 뒤쪽으로 손가락을 내리면 후두엽이 있고 주요 기능은 시각이다.

뇌의 뒤쪽 아래에는 콜리플라워처럼 독특하게 생긴 두 번째 '작은 뇌'가 있다. 소뇌라고 부르며 평형감각, 움직임, 자세를 유지하는 중요한 역할을 한다. 마지막으로 뇌의 양쪽 반구를 비틀어 열면(복숭아를 반으로 비틀어 씨앗이 보이게 하는 것과 비슷하다) 뇌줄기가 보인다. 뇌줄기는 호흡과 심장 박동, 시상을 통제하는 영역이며, 다른 모든 영역 사이에서 오가는 정보를 전달하는 거대한 중앙역과 같다.

맨눈으로 보기에는 너무 작지만, 뇌는 뉴런이라고 부르는 세포로 가득 차 있다. 뉴런은 옛날에 사용하던 유선전화의 전선처럼 뇌의 한쪽에서 다른 쪽으로 전기 신호 형태의 메시지를 전달한다. 뉴런은 나뭇가지처럼 뻗어 나가 각각 이웃에 있는 뉴런과 연결된다. 뇌에는 뉴런의 연결점이 수없이 많아서, 1초에 하나씩 연결점을 센다고 치면 다 셀 때까지 300만 년이 걸린다.

지금은 뉴런의 정밀한 물리적 상태에서 마음이 나타난다는 사실을 알고 있다. 이런 혼란스러운 뉴런의 활성에서 사람의 감정이 나타나고, 성격이 만들어지며, 상상력이 소용돌이친다. 우리가 알고 있는 한 가장 인상적이며 복잡한 현상임에는 틀림없다.

그러니 가끔 뇌가 잘못된다고 해도 이상한 일은 아니다.

잭과 베벌리 윌구스는 열렬한 옛날 사진 수집가들로, 기억나지 않는 경로로 상처가 있는 미남을 찍은 19세기 사진을 구했다. 두 사람은 사진 속 남자를 '고래사냥꾼'이라고 불렀는데, 남자가 손에 든 막대가 작살로 보였기 때문이었다. 왼쪽 눈은 감긴 채 꿰매져 있어서 성난 고래와 마주쳐서 한쪽 눈을 잃었다고 상상했다. 나중에야 두 사람은 남자가 든 막대가 작살이 아니라 쇠막대이며, 사진은 피니어스 게이지라는 청년의 마지막 남은 사진이라는 사실을 알게 되었다.

1848년, 스물다섯 살 청년인 게이지는 철로 공사를 하나가 뒤에서 일어난 소란에 잠시 정신이 팔렸다. 게이지가 고개를 돌리자마자 그가 폭약을 집어넣는 데 사용하던 거대한 쇠막대가 바위에 부딪혀 불꽃이 튀면서 폭약이 폭발했다. 쇠막대는 게이지의 턱을 뚫고 들어가 눈 뒤쪽을 지나 게이지의 뇌 왼쪽을 관통해서 머리 반대편으로 나왔다. 게이지는 기적적으로 살아났지만 이전과는 전혀 다른 사람이 되었다. 쾌활하고 친절한 청년은 공격적이고 무례하며 부적절한 때에 욕을 퍼붓는 사람으로 변했다.

알론조 클레먼스는 어릴 때 욕실에서 넘어진 후 머리의 외상성 손상으로 고통받았다. 학습능력이 심각하게 떨어졌고 IQ도 낮아져 글을 읽거나 쓸 수 없었다. 하지만 그날 이후 클레먼스는 놀라운 조각 능력을 보여주었다. 찰흙, 비누, 타르 등 어떤 재료든지 손에 쥐여주기만 하면 한 번 스치듯 보았던 동물의 형상을 완벽하게 만들어냈다. 클레먼스는 뇌 손상으로 예술과 음악적 재능이나 놀라운 기억력을 나타내는 아주 희소하고 복잡한 장애인 후천성 서번트 신드롬으로 진단받았다.

과학계에 SM이라는 이니셜로 알려진 한 여성은 총구 앞에 서기도 했고, 두 번이나 칼로 위협당했다. 하지만 이 여성은 두려움을 손톱만큼도 느끼지 않았다. 사실 이 여성은 실제로 그런 감정을 느낄 수 없는 상태였다. 희소 질병인 우르바흐-비테 증후군은 이 여성의 편도체를 서서히 석회화시켰다. 편도체는 뇌 중앙 깊숙한 곳에 있는 아몬드 형태의 영역으로, 공포 반응을 일으키는 곳이다. 두려움이 없는 이 여성은 호기심을 느끼면 깊이 생각하지 않고 독거미도 집어든다. 생명이 위협당해도 상관하지 않고 노상강도를 대한다. 정원에서 독사를 발견해도 이 여성은 그저 독사를 집어 던진다.

학부과정이 끝나갈 때쯤 나는 불운한 사고, 모험적인 수술, 질병과 유전자 변이는 종종 서로 다른 뇌 영역이 움직이는 방식의 차이점을 발견하는 계기가 된다는 사실을 깨달았다. 게이지는 사람의 성격이 뇌의 앞부분과 긴밀하게 연관된다는 사실을 보여주었다. 자폐증인 서번트 증후군에 걸린 클레먼스는 창의성에 관한 이해를 높여주었다. 지금도 과학자들은 공포를 지나치게 느끼는 환자를 치료하겠다는 포부를 안고 SM이라는 여성을 두렵게 하는 연구를 계속한다. 나는 가장 이상하고 독특한 뇌가 가끔 평범한 사람의 뇌에 대해 많은 것을 알려준다는 생각에 매혹되었다.

물론 불과 얼마 전까지만 해도 평범하지 않은 뇌를 가진 사람은 정신병원으로 실려 가곤 했다. 정신 질환이라는 용어는 지난 200년 동안만 사용되었다. 그 이전에는 이상한 행동을 하면 광기나 저주, 악마, 신체 체액의 불균형 탓으로 여겼다.[4] 영국에 살면서 이런 광기에 시달렸다면 그 유명한 베들럼 병원에 갇혔을 것이다. 마이크 제이는 저서 《광기의 방식(This Way Madness Lies)》에서 베들럼 병원을 18세기의 전형적인 정신병원으로, 그 후에는 19세기의 광기 어린 정신병원으로 묘사했다. 그리고 지금은 21세기 정신병원의 모델로 설명한다.[5]

정신병원의 다양한 부활 사례는 이해할 수 없는 뇌를 치료하는 방법에 근본적인 전환이 일어나는 현상을 반영한다. 베들럼 병원이 처음 설립되었을 때는 거리에서 '미치광이들'을 격리하는 데 집중했다. 병원 환자는 폭력성을 보이거나 망상에 시달렸고, 기억이나 언어, 이성을 잃은 사람이었다. 주로 부랑자나 거지, 경범죄자 중에서 가려내 가두었다.

환자는 건강을 회복하는 보편적인 치료를 받았다. 이런 치료로는 방혈, 찬물 샤워, 소화를 방해하는 모든 것을 토하게 하는 구토제가 있었다. 이렇게 바뀐 것은 조지 3세의 광기 덕분이었다. 조지 3세는 위장병으로 고생했는데, 얼마 안 가 입에서 거품을 토해내면서 광기의 전조를 보였다. 그러자 이런 질병을 고치기로 유명한 성직자 프랜시스 윌리스가 불려왔다. 윌리스의 치료는 단순했다. 조지 3세가 들판에서 직접 몸을 움직여 일하게 하고, 운동을 시키고 '명랑한 기분'을 느끼게 했다. 석 달이 지나자 조지 3세의 정신 건강은 신체적 증상과 함께 나아졌다. 그러자 광기를 치료할 수 있다는 생각이 의료계에 스며들었다. 19세기 동안 마음이 움직이는 방식을 합리적으로 설명하게 되면서 정신병원은 함께 발전했다. 하지만 여전히 몇 가지 장애물이 남아있었다. 구속복을 입은 환자는 흔한 풍경이었고, 치료법은 오늘날의 기준으로 볼 때 매우 야만적인 것이 많았다. 그러나 의사는 가족이 환자를 어떻게 도울 수 있을지, 외부 세계와의 소통을 어떻게 정립할지, 어떤 약물이 고통을 완화하고 불안을 가라 앉힐지 고민하기 시작했다. 20세기 초 '광기'는 '정신 질환'으로 새로이 명명되었고, 의사는 마음에 장애를 일으키는 생물 기전을 상상하기 시작했다. 토머스 윌리스가 예측했듯이 의사는 뇌를 들여다볼 수 있게 되었고, 특이한 행동과 인식에 따르는 정확한 변화를 뇌에서 짚어내기 시작했다.

오늘날 우리는 정신 질환이 전기적 활성이나 호르몬 불균형, 손상, 종양, 유전적 변이처럼 아주 작은 비정상성의 결과로 나타날 수 있다는 사실을 이해하고 있다. 이 중 어떤 것은 치료할 수 있고, 어떤 것은 치료할 수 없으며, 더는 문제라고 여기지 않는 것도 있다.

우리는 결코 마음을 총체적으로 이해하지 못한다. 사실 우리가 '고차원' 기능이라고 부르는 기억, 의사결정, 창의성, 의식 중 어느 것도 만족할 만큼 설명하지 못한다. 탁구공만 있으면 누구에게나 환각을 일으킬 수 있지만(어떻게 하는지는 뒤에서 설명한다) 조현병의 특징인 환각을 치료하는 방법은 거의 없다.

지금 확실한 것은 이상한 뇌가 소위 '정상' 뇌의 수수께끼를 들여다보는 독특한 창 역할을 한다는 점이다. 이 이상한 뇌들은 우리 모두에게 잠재된 특출한 재능이 있으며, 이런 능력이 자유롭게 해방되기를 기다리고 있다는 사실을 보여준다. 세계에 대한 사람의 인지가 항상 동일하지는 않다는 점도 알려준다. 사람의 뇌가 우리가 믿는 것처럼 정상인지 의심하게 만들기도 한다.

신경과학 학위를 마치면서 나는 과학 전문 기자가 되기로 했다. 뇌가 움직이는 새롭고 신비한 방법을 발견할 수 있는 동시에, 사람들의 삶을 배우고 좋은 이야기를 들려주고 싶은 내 열정을 충족할 수 있는 가장 좋은 방법이라고 생각했다. 나는 임페리얼 칼리지 런던에서 과학 커뮤니케이션 석사 학위를 이수한 뒤 〈뉴사이언티스트〉 잡지의 뉴스 편집자가 되었다.

프리랜서 기자가 된 지금은 BBC와 〈가디언〉지를 비롯한 다양한 언론 매체에 글을 쓴다. 그러나 건강 문제에 관해 아무리 많은 글을 써도, 항상 어느샌가 기이한 뇌에 관해 생각하는 나를 발견하곤 했다. 평범하지 않은 정신에 관한 작은 힌트라도 얻기 위해 신경학회에 참석하고, 과학 논문을 세세하게 살피고, 기발한 의학 잡지를 산더미처럼 모았다. 그 어떤 것도 뇌의 절반만큼도 나를 매혹시키지 못했다.

쉬운 일은 아니다. 환자의 삶을 아름다운 색채로 가득 채워 묘사한 18세기와 19세기의 사례 역사가들이 들려주는 풍부한 이야기 같은 옛날식의 사례 연구는 사라졌다. 오늘날의 사례 연구는 객관적이고 냉정하며 인간미가 없다. 환자는 이니셜로만 남고 본질적인 특징은 사라지며, 환자의 삶은 언급되지도 않는다. 신비한 뇌의 '주인'이라는 신경학의 대상인 인간은 주변 요인에 비해 하찮아졌다.

그러나 어느 늦은 저녁 사무실에서, 나는 우연히 그 어떤 논문과도 다른 논문을 발견했다. 1878년에 메인주의 울창한 숲에서 처음 발견된 한 증후군에 관한 논문이었다. 소수의 벌목꾼 사이에서 나타난 이상 행동에 관해 미국 신경학자 조지 밀러 비어드가 조사한 결과였다. 비어드가 발견한 사실은 믿기 힘들었다. 벌목꾼 중에는 비어드가 후에 '메인주의 뛰어다니는 프랑스인'이라고 부른 사람이 몇 명 있었다. 뛰어다니는 프랑스인을 짧은 단어로 된 명령으로 깜짝 놀라게 하면 명령받은 행동을 즉각적으로 반복했으며, 결과가 어떻게 되든 상관하지 않았다. 칼을 던지라고 하면 계속 칼을 던졌으며 춤추라고 하면 계속 춤췄다.

증후군 자체의 묘사만큼이나 놀라운 점은 논문 2쪽에 실린 이 증후군을 앓는 여성의 사진이었다. 사진 속 여성은 한쪽 다리를 높이 들고 놀란 표정을 짓고 있었다. 여성의 집에서 찍은 사진이었다. 과학 잡지에 출판된 사례 연구 논문을 수년 동안 봤지만, 사진이 실린 논문을 나는 이때 처음 보았다.

비어드는 '뛰어다니는 프랑스인'들이 벌목 시기가 아닐 때 일하는 호텔과 숲에서 여러 주를 머물렀다. 비어드는 그들의 친구와 가족을 면담했다. 그들의 취미, 주변인과의 관계도 기록했다. 비어드는 뛰어다니는 프랑스인의 삶을 조사해서 그들의 뇌에 관해 알아내려 했다. 그리고 아주 매혹적인 이야기를 기록했다.

논문 속 사진을 쳐다보다가, 지금 내가 이런 일을 하면 어떨까 생각했다. 비어드의 발자취를 따라서 질병을 앓는 당사자와 주변인을 직접 만나 사람 뇌의 가장 독특한 측면을 조사한다면 어떨까?

나는 예전에 올리버 색스가 했던 말을 떠올렸다. 타인을 진정으로 이해하려면, 타인의 깊이를 들여다보려면, 대상을 시험하려는 조급한 생각은 한쪽으로 제쳐두고 열린 마음으로 차분하게 알아가야 한다고 했다. 대상 역시 살아가고 생각하며 자신의 인생을 꾸려가는 존재이기 때문이다. 바로 거기에서 신비한 일이 벌어지는 것을 발견하리라고 색스는 말했다.

나는 내 앞에 쌓인 논문의 탑을 슬쩍 쳐다보았다. 지난 10년 동안 과학계에 발표된 이상한 뇌 질환에 관한 논문들이었다. 논문에서 대부분 환자는 이니셜로 표기한 이름과 나이, 성별로만 존재한다. 나는 조심스럽게 책상에서 논문 무더기를 들어 내 주변 바닥에 펼쳐놓았다. 그렇게 앉아서 몇 시간 동안 논문을 읽었다. 전 세계에서 평범한 사람들에게 이상한 일이 일어나고 있었다. 이들은 어떤 삶을 살아왔을까? 나는 호기심이 일었다. 환자들이 살아온 이야기를 쓰겠다고 하면 이들은 그걸 수락할까?

그 후 2년 동안 나는 세계를 돌아다니며 기이하고 놀라운 뇌를 가진 사람들을 만났다. 여러 의사와 연구자가 그들을 검사하고 뇌를 스캔하고 분석했지만, 환자의 삶에 대한 정보가 공개된 적은 없었다. 색스도 수많은 상황에서 비슷한 일을 했는데, 특히 1985년 출판한 저서 《아내를 모자로 착각한 남자》에서 잘 드러난다. 이 책에서 색스는 자신의 사례 연구 대상자를 '상상할 수 없는 세계의 여행자들'이라고 불렀다.[6] 이들의 이야기가 없다면 우리는 또 다른 방식의 세계 인식을 절대 알 수 없으리라고 색스는 말한다.

나는 30년간의 신경학 혁명이 드러낸 성과를 확인하기 위해 색스의 이런 발상을 다시 점검할 시간이 되었다고 생각했다. 새로운 대지에서 무엇을 발견했을까? 동시에 색스가 하지 않았던 일도 시도해보고 싶었다. 사례 연구를 병원 환경과 신경학자의 시선에서 완전히 분리하고 싶었다. 나는 환자의 세계에서 살아가는 친구의 시선으로 이들을 바라보고 싶었다. 과학자들이 피해간 질문을 던지고 싶었다. 다른 사람과는 완전히 다른 마음을 가진 환자들의 어린 시절 이야기와 사랑하는 사람을 찾은 이야기, 세상을 탐색하는 이야기를 듣고 싶었다. 그들의 삶이 내 삶과 어떻게 다른지 알고 싶었다. 뇌가 어떻게 특별해질 수 있는지 알고 싶었다.

내 여정은 자신의 삶을 하루도 잊지 않고 기억하는 방송국 프로듀서와 자기 집에서조차 길을 잃는, 영원한 미아인 여성을 미국에서 만나는 데서 시작했다. 영국에서는 기억이 자신의 기억이 아니라고 생각하는 교사와 함께 시간을 보냈고, 하룻밤 사이에 성격이 완전히 바뀐 전과자의 가족을 만났다. 유럽과 중동을 날아다니며 호랑이로 변하는 남자와 끝없는 환각과 함께 하는 여성, 현실에 존재하지 않는 색을 보는 젊은 기자도 만났다. 그리고 3년이나 자신이 죽었다고 믿은 그레이엄도 만났다.

자신의 이상한 뇌를 수년 동안 끌어안고 살아온 사람들과 지금까지 세상에 이를 알리지 않고 비밀로 지켜온 사람들을 만났다. 그러는 중에 우연히 현실의 본질과 오라의 존재, 기억의 한계를 탐구하고 답을 찾는 비주류과학 연구자도 만났다. 여정의 끝을 향해 가면서 남자 의사도 만났는데, 그의 뇌는 너무나 특이해서 사람이란 어떤 존재인가에 대한 나의 인식을 바꾸어 놓았다.

여정의 시작점에서, 내가 과연 이런 독특한 사람들과 세계의 조우를 이해할 수 있을지 궁금했다. 이들의 삶을 나란히 관찰하다가 나는 우리 모두의 뇌가 어떻게 움직이는지를 전체적으로 그릴 수 있다는 사실을 발견했다. 이들의 이야기를 통해 나는 뇌가 예상하지 못한, 때로는 영리하고도 놀라운 방법으로 우리의 삶을 빚어내는 신비로운 방식을 밝혀냈다. 동시에 이들은 내게 절대로 잊히지 않는 기억을 구축하는 방법과 길을 잃지 않도록 대비하는 법, 죽은 것 같은 기분이 어떤지를 알려주었다. 찰나의 순간에서 행복을 느끼고, 환각을 보고, 더 나은 결정을 하는 방법을 가르쳐주었다. 외계인 손을 어떻게 만드는지, 현실을 어떻게 더 깊이 볼 수 있을지, 내가 살아있음을 어떻게 확신할 수 있는지도 알려주었다.

정확하게 무슨 일이 일어났는지는 설명하기 힘들다. 어쩌면 존재하지 않는 사람을 보기 시작한 때부터였을 수도 있고, 내 안구가 움직이는 소리를 듣는 방법을 발견한 순간이었을 수도 있다. 그러나 보스턴의 눈보라와 아부다비의 먼지투성이 낙타 경주로 사이 어딘가에서, 나는 세계에서 가장 놀라운 뇌를 탐구하는 일이 바로 나 자신의 뇌의 비밀을 밝혀내는 일이라는 사실을 깨달았다.

이 책에는 최근에 있었던 일도 있지만 몇 세기 전의 이야기도 있다. 그래서 이 여정을 21세기에서 시작하지 않고 저 멀리 고대 그리스에서, 끔찍한 재난이 막 일어나기 직전인 연회에서 시작하려 한다.

BOB —————————————

#1

밥

모든 순간을
기억하는 사람

기원전 500년, 케오스의 시인 시모니데스는 넓은 연회장에 앉아있었다. 부유한 귀족이자 연회 주최자인 스코파스 때문에 시모니데스는 화가 나서 연회가 즐겁지 않았다. 시모니데스는 상당한 금액을 받고 연회 주최자의 명예를 찬양하는 시를 지어주기로 했고, 지금 연회에 참석한 손님들에게 시를 낭독한 참이었다. 그러나 스코파스는 약속한 대가를 치르기를 거부했다. 그는 시모니데스의 시가 신화에 등장하는 쌍둥이 형제 카스토르와 폴룩스에 대해서만 너무 장황하게 늘어놓고 자신의 최근 승리에 대해서는 적게 이야기했다고 불평했다.

식사하다가 시모니데스는 청년 두 명이 자신을 만나려고 밖에서 기다린다는 전갈을 받았다. 시모니데스는 간신히 때를 맞춰 건물을 빠져나왔다. 그런데 시모니데스가 문을 나서자마자 연회장 지붕이 무너져 내려 안에 있던 모든 사람이 죽었다. 기다린다던 청년들은 온데간데없었기 때문에 나중에 두 청년이 사실은 카스토르와 폴룩스로, 자신들을 믿은 시모니데스를 구했다는 소문이 돌았다.

먼지가 가라앉고 무너진 돌무더기를 치우자, 안에 있던 사람들은 형체를 알아볼 수 없을 만큼 끔찍한 모습이었다. 시신을 구별할 수 없어서 친구들과 친척들이 폐허를 헤매는 동안 시모니데스는 무너진 건물을 살폈다. 시모니데스는 눈을 감은 채 기억을 되짚어 자신이 앉았던 자리를 떠올렸다. 시모니데스는 자신의 주변에서 식사하던 손님들과 식탁 상석에 앉았던 스코파스를 기억해냈다. 불현듯 시모니데스는 모든 손님이 앉았던 자리를 기억해내서 죽은 사람들을 구별할 수 있다는 사실을 깨달았다. 바로 그 순간, 시모니데스는 기억의 비밀을 풀기 시작한 것이다.

12시간이나 지연된 비행기 편을 기다리느라 머무르는 히스로공항은 사람들로 북적이고 덥고 시끄러웠다. 시간이 더디게 가는 것 같아서 나는 내 앞에서 카드 게임을 하면서 노는 두 아이를 관찰했다. 아이들은 차례로 선명한 색의 동물 카드를 뒤집었다. 같은 카드를 두 장 뒤집으면 그 카드를 가져갈 수 있었다. 내가 보기에 괜찮은 게임이어서 지켜보던 나도 속으로 같은 카드를 찾으며 함께 놀았다.

누구를 먼저 만날지 결정하기는 어렵지 않았다. 과학 전문 기자로 경력을 쌓으면서 만났던 특별한 사람들을 모두 떠올렸을 때, 제일 먼저 생각나는 사람은 밥이었다. 밥은 의학 기사에서 자신의 삶에서 일어났던 모든 일을 하나도 빠짐없이 기억하는 사람으로 소개되었다.

나는 밥을 떠올렸던 순간이 수없이 많았다.

이번 달 초에 부엌 조리대에 쌓인 예상치 못했던 식품 무더기를 보면서 밥을 생각했다. 일요일 오후라 남편 알렉스를 심부름 보냈었다. 남편에게 오렌지, 파스타 면, 통마늘을 사다 달라고 부탁했다. 20분 뒤에 남편은 바나나 세 개, 양파, 그리고 개 사료를 들고 돌아왔다. 나는 기억이란 얼마나 희한한 것인가라는, 이미 여러 번 했던 생각을 다시 한번 해야 했다.

한 주 전 직장에 도착했을 때도 나는 밥을 생각했다. 가스레인지에 주전자를 올려놓고 불을 끄지 않은 채로 나왔다는 생각이 갑자기 떠올랐기 때문이다. 아침에 있었던 일을 반복해서 되새겨봤지만 가스레인지를 껐는지 기억이 나지 않았다. 나는 주전자 주둥이로 수증기가 세차게 솟구치는 장면을 상상했다. 물이 끓어 증발하면서 가스불꽃이 텅 빈 주전자 바닥을 태우기 시작하는 상황도 생생하게 떠올렸다. 집에 되돌아왔을 때쯤 나는 집이 서 있던 자리에서 타고 남은 잿더미를 볼 각오를 하고 있었다. 집 앞은 조용했지만 나는 부엌으로 급히 뛰어 들어갔고, 주전자가 불 꺼진 가스레인지 위에 얌전히 놓인 풍경을 발견했다.

나는 공항 바닥에서 카드 게임을 계속하는 아이들을 지켜보며 밥을 생각했다.

일상생활에서 가장 중요한 기억이 그토록 자주 어긋난다는 사실이 이상하게 여겨졌다. 눈사람을 언제 처음 만들었는지, 일곱 살 생일 케이크는 어떤 케이크였는지, 이십 년 넘게 보지 못한 친구의 전화번호까지 기억하고 있으면서 왜 다른 기억, 현재 내 삶의 행복에 훨씬 중요한 기억은 일어난 적이 없었다는 듯이 사라져 버릴까? 살면서 잊어버린 것들을 기억해내려 얼마나 많은 시간을 들이고 있는가? 열쇠를 어디에다 뒀는지, 개에게 사료를 줬는지, 쓰레기통을 언제 비웠는지, 아래층에 왜 내려왔는지 같은 것들을 기억하려 항상 애쓰고 있지 않은가? 물론 그중에는 기꺼이 잊어버리고 싶은 기억도 있지만 기억하고 싶은 일이 훨씬 더 많다. 밥을 만나 완벽한 기억과 함께하는 삶은 어떤지 알아보는 일부터 시작하는 것이 내 여정을 시작하는 가장 합당한 출발점이라는 생각이 들었다.

기억이 실제로 무엇인지 생각해본 적이 있는가? 과학자들은 이 질문에 대한 답을 수 세기 동안 찾고 있다. 1950년대에는 헨리 모레이슨이라는 퍼즐의 한 조각을 찾아내기도 했다.

짙은 색 머리, 굵직한 턱선의 미남이었던 어린 모레이슨은 빛나는 미래를 앞두고 있었다. 하지만 길을 따라 달려오던 자전거를 발견했을 때, 피하기에는 너무 늦어버렸다. 모레이슨의 발작이 이 자전거 사고 때문에 생겼는지는 확실하지 않지만, 스물일곱 살이 될 때까지 발작은 점점 더 심해져서 일을 할 수 없을 정도였다. 1953년 모레이슨 이전에는 한 번도 시도되지 않았던 실험적인 수술에 동의했다. 발작을 치료하기 위해 의사는 모레이슨의 뇌에 구멍을 뚫고 해마라고 부르는 영역을 양쪽 뇌에서 빼냈다. 이 부위는 바다에 사는 해마처럼 생겨서 해마라는 이름이 붙었다. 수술은 성공해서 모레이슨의 발작은 치료되었지만 재앙이나 다름없는 부작용이 생겼다. 모레이슨은 더는 의도적인 장기기억을 형성할 수 없었다. 수술 전에 알고 있던 정보는 그대로 기억했지만, 수술 후에 일어난 일은 30초 전에 있던 일도 기억하지 못했다.

젊은 대학원생이었던 수잰 코르킨은 모레이슨을 만나 연구를 시작했다. 후에 코르킨은 두 사람의 우정을 서술한 저서에서 모레이슨을 의지가 강한 학생이라고 평했다.[1] 고작 30초밖에 안 되는 세상을 살면서도 모레이슨은 미래에 대한 계획이나 지난 과거에 대한 걱정에서 솟아나는 불안으로 스트레스받지 않았다. 그런데 몇 주가 몇 달이 되면서 예상하지 못했던 일이 생기기 시작했다.

이 변화는 코르킨과 코르킨의 지도교수였던 맥길 대학교 브렌다 밀너가 모레이슨에게 꼭짓점이 다섯 개인 별 그림을 보여주었을 때 시작되었다.[2] 두 사람은 모레이슨에게 별을 연필로 따라 그려보라고 했는데, 단, 그림을 그리는 자신의 손과 거울에 비친 별만 보라고 주문했다. 직접 해보면 알겠지만 전혀 어렵지 않다. 이전에 별을 그렸던 기억이 없었는데도 시간이 지나면서 모레이슨은 다른 사람들처럼 점점 익숙하게 별을 그릴 수 있었다. 즉 모레이슨은 근육의 움직임을 통해서 장기기억을 형성할 수 있다는 사실을 증명했다. 모레이슨의 독특한 뇌는 특정 유형의 기억은 서로 다른 영역에서 처리된다는 중요한 증거를 최초로 보여주었고, 특정 유형의 기억이 어디에 저장되는지도 암시했다. 코르킨은 46년 동안 계속 모레이슨과 정기적으로 만났지만 모레이슨에게는 하루하루가 코르킨과 만나는 첫날이었다. "정말 신기해요. 당신은 살아가면서 배우죠. 나도 살아가는데 내 삶에서 배우는 쪽은 당신이에요"라고 모레이슨은 코르킨에게 말했다.[3]

　모레이슨이 수술받은 지 반세기가 넘게 지난 지금도 과학자들은 기억의 본질에 관한 논쟁을 계속하고 있다. 기억에 감각기억, 단기기억, 장기기억의 세 종류가 있다는 점에는 대부분 동의한다. 감각기억은 뇌에 가장 먼저 입력되는 기억으로 우리가 주변 환경을 감지하는 찰나의 순간만 지속된다. 옷이 피부에 닿는 촉감, 공기 중에 퍼지는 모닥불 냄새, 건물 밖을 지나는 차량의 소음 같은 것을 들 수 있다. 그러나 집중하지 않으면 감각기억은 영원히 사라진다. 바로 10초 전만 해도 여러분은 발에 닿는 양말의 촉감을 의식하지 않았을 것이다. 감각기억은 뇌에 들어갔다가 곧바로 나온다. 지금 여러분이 계속 양말에 대해 생각하고 있다면, 내가 그 사실을 일러주어서 여러분의 단기기억에 이 감각기억을 찔러 넣었기 때문이다.

　단기기억은 현재 일어나는 사건에 대한 기억으로, 바로 지금 여러분이 생각하는 것이 단기기억이다. 우리는 깨닫지도 못하면서 항상 단기기억을 사용하고 있다. 예를 들어 여러분은 이 문장의 첫 부분을 기억하기 때문에 문장이 어떻게 끝날지 알 수 있다. 단기기억은 대략 일곱 가지 주제 정도로 용량이 제한된 것으로 보이며, 머릿속에서 약 15초에서 30초 정도 기억된다. 그러나 그 주제를 반복해서 기억하면 해당 주제는 장기기억으로 옮겨진다. 장기기억은 오랫동안 기억을 저장하는 무한한 창고다.

당연히 장기기억은 가장 중요한 기억이다. 장기기억 덕분에 우리는 마음만이라도 과거로의 시간여행을 떠날 수 있고, 미래를 예측할 수 있다. 기억 덕분에 인간이 세계를 이해할 수 있다는 주장은 과장이 아니다. 영화제작자 루이스 부뉴엘은 자서전에서 기억에 대해 다음과 같이 깔끔하게 정리했다. "기억이 없는 삶은 삶이 아니다… 기억은 우리의 일관성이며 이성이고, 감정이자 행동이다. 기억이 없다면 우리는 존재하지 않는다."[4]

솔로몬 세라세브스키의 편집장은 화를 주체할 수 없었다. 그는 방금 세라세브스키에게 인터뷰해야 할 사람들, 뉴스 속보에 관한 정보, 방문해야 할 곳의 주소 등등 엄청나게 많은 지시사항을 일러주고 뉴스 회의에서 나왔다. 항상 그랬듯이 세라세브스키는 단 한 줄도 메모하지 않았다. 결국 편집장은 세라세브스키를 사무실로 불러 앉혀 놓고 집중하지 않는다고 꾸짖었다. 세라세브스키는 잘못했다고 말하지 않았다. 오히려 자신은 메모할 필요가 없다고 말하더니 편집장이 말했던 복잡한 지시사항을 단어 하나까지 그대로 반복해 보였다.

놀란 편집장은 세라세브스키에게 러시아 심리학자인 알렉산드르 루리아를 만나보라고 권했다. 루리아는 세라세브스키의 완벽한 기억력의 비밀은 공감각이라는 사실을 발견했다. 공감각은 대개 분리해서 경험하는 감각을 결합해서 경험하는 상태다. 즉 종소리를 들으면 레몬 맛을 느끼거나, 특정 숫자를 생각하면 붉은색을 보는 현상이다. 공감각은 앞으로 이 책에서 여러 번 등장하게 된다. 세라세브스키는 단어를 기억할 때 기억해야 할 단어의 맛과 소리도 동시에 느낄 수 있다. 그러면 나중에 단어를 떠올릴 때 기억의 단서가 여러 개 생긴다. 세라세브스키의 상상력은 너무나 생생해서, 한 실험에서는 그저 한 손에는 난로를, 다른 손에는 얼음 조각을 쥐고 있다고 상상하는 것만으로도 한쪽 손의 체온을 올리면서 다른 손의 체온은 내리기까지 했다.

루리아는 1920년대에 세라세브스키를 대상으로 실험을 시작했는데, 그 후 30년 동안 세라세브스키를 연구했다. 기록을 보면 루리아는 세라세브스키의 뛰어난 기억력의 한계를 측정하려는 시도를 결국 포기했다.[5]

이런 비상한 기억력을 타고난 사람은 극소수지만, 놀라운 기억력을 보여준 사람은 많다. 조지 코타노브스키는 열네 살 때 체스를 시작해서 3년 뒤 벨기에 챔피언이 되었다. 코타노브스키는 눈을 가리고도 심판이 말해주는 상대방의 수를 기억해서 체스를 둘 수 있었다. 1937년 코타노브스키는 눈을 가린 채 34판의 체스 게임을 동시에 진행하는 세계 기록을 세웠다. 상대방은 눈을 가리지 않았지만 코타노브스키는 24판의 게임에서 승리했고, 10판의 게임은 비겼다. 코타노브스키의 기록은 지금까지도 깨지지 않았다.

아주 인상적이지만 코타노브스키는 우리와 마찬가지로 선천적으로 뛰어난 기억력을 타고난 사람은 아니었다. 대신 코타노브스키는 기억해야 하는 정보를 재미있는 그림이나 운율, 짧은 노래처럼 더 재미있고 기억하기 쉬운 것과 연결 짓는 고대 기억술을 배웠다.

자신이 살아온 날들을 빠짐없이 기억할 수 있는 밥에 대해 내가 처음 들었을 때, 밥이 이와 비슷한 기억술을 배웠으리라고 생각한 이유는 코타노브스키 때문이었다. 하지만 어쩐지 앞뒤가 맞지 않았다. 운율이나 짧은 노래로 온종일 일어나는 모든 일을 기억하기는 무리가 아닐까? 의학 논문들을 다시 훑어보면서 밥과 비슷한 재능을 가진 사례를 찾아보려 했지만, 아주 최근까지도 자신의 과거를 완벽하게 기억하는 사례는 알려진 것이 없었다.

미국 신경생물학자인 제임스 매가가 희한한 이메일을 받기 전까지는 그랬다.

컴퓨터에 이메일이 도착한 2001년, 매가 박사는 사무실에서 빈둥거리고 있었다. 이메일은 구글에서 '기억'을 검색하다가 매가 박사의 이름을 찾아낸 한 여성이 보낸 것이었다. 이 여성은 캘리포니아주

학교의 교장인 질 프라이스였는데, 자신이 기억력 문제를 겪고 있어서 매가 박사를 만나고 싶다고 했다. 매가 박사는 학습과 기억력 분야의 전문가였지만 당시는 진료를 그만둔 상태였으므로, 기억력 전문병원을 소개하는 답신을 보냈다. 그러자 질은 즉시 답을 보내왔다. "아니요, 선생님께 상담하고 싶습니다. 저는 그 어떤 것도 잊을 수가 없거든요."

> 선생님이 저를 어떻게든 도와주실 수 있으리라 기대합니다. 저는 서른네 살인데, 열한 살 이후로 이 믿을 수 없는 능력이 생겼습니다. 제 모든 과거를 기억하지만 단순한 기억이 아닙니다. … 1974년부터 지금까지 어떤 날이든, 그날이 무슨 날이었는지, 그날 제가 무엇을 했는지, 아주 중요한 사건이 일어났다면 어떤 사건인지 말할 수 있습니다. … TV에서 우연히 날짜를 보게 되면 자동으로 그날로 돌아가서 내가 어디 있었는지, 무엇을 하고 있었는지, 무슨 날이었는지를 끊임없이 생각합니다. 멈출 수도 없고 통제할 수도 없어서 너무나 힘듭니다.[6]

질은 그해 봄 토요일 아침에 매가 박사의 연구실로 찾아왔다. 매가 박사는 책장에서 큰 책을 꺼내 아무 데나 펼쳤다. 크리스마스에 선물 받은, 지난 세기 신문을 모두 모아놓은 책이었다. 매가 박사는 질이 살았던 시기 중 아무 날짜나 골라서 그날 무슨 일이 있었는지 질에게 물었다.

"믿을 수 없는 일이었습니다"라고 질과의 첫 만남을 떠올린 매가 박사는 내게 말했다. "내가 중요한 사건을 말하면 질은 사건이 일어난 날짜와 요일을 말하고, 내가 날짜를 지정하면 질이 그날 일어난 사건을 말해주었습니다."

매가 박사는 질에게 지난 스물한 번의 부활절 날짜를 물었고, 질은 이 역시도 정확하게 대답했다. 질은 각각의 날에 자신이 무엇을 했는지도 말했는데, 질이 유대인이라는 사실을 생각하면 정말 놀라운 일이었다.

속임수였을까? 코타노브스키가 사용했던 기억술을 자신의 삶을 정확하게 기억하는 데 이용하는 방법을 질이 알아낸 건 아닐까? 이를 확인하기 위해 나는 직접 기억술을 몇 가지 배워보기로 했다.

몇 년 전에 여러분이 알렉스 멀린에게 "당신은 앞으로 신발 끈 묶는 시간보다 더 짧은 시간에 카드 한 벌의 순서를 외울 수 있게 됩니다"라고 했다면, 멀린은 농담하냐고 되물었을 것이다. 멀린의 기억력은 전혀 특별하지 않았고 심지어 '평균 이하'였다.

"대체 무슨 일이 있었나요?"라고 나는 물었다.

"이 책을 읽었어요.《1년 만에 기억력 천재가 된 남자(Moonwalking with Einstein)》라는 책입니다"라고 멀린은 대답했다.

이 책은 조슈아 포어의 저서로, 기자였던 포어는 '천재들의 슈퍼 볼'이라고 생각한 미국 암기력 선수권 대회에 갔다.[7] 그런데 기대했던 천재 대신 포어는 고대 기억술을 익힌 사람들을 만났다. 포어는 직접 고대 기억술을 배웠고, 다음 해 미국 암기력 선수권 대회에서 우승했다.

멀린은 미국 의과대학생으로 포어가 쓴 책을 읽고 자극을 받았다. 멀린도 고대 기억술 훈련을 시작했다. 2년 뒤, 멀린은 중국 광저우에서 열린 2015년 세계 암기력 선수권 대회 최종 결선을 앞두고 2등을 차지했다. 대회는 한 시간 동안 최대한 많은 숫자 암기하기, 15분 동안 최대한 많은 사람의 얼굴과 이름 기억하기, 수백 개의 2진수 암기하기 등 열 번의 경쟁 라운드로 구성된다. 마지막 라운드는 항상 스피드 카드 외우기로, 대회 참가자들은 뒤섞인 한 벌의 카드 순서를 가능한 한 빨리 암기해야 한다. 멀린은 이 게임을 매우 좋아했다. 그날 멀린은 52장의 카드 한 벌의 순서를 21.5초에 암기했다. 이 기록은 당시 대회의 강력한 우승 후보였던 옌 양보다 1초 빠른 기록이었다. 멀린은 카드 외우기 게임으로 1위를 차지해서 세계 암기력 선수권 대회의 최종 우승자가 되었다.

이런 놀라운 기억력은 상당히 특이하게 보일 수도 있다. 그러나 멀린의 말에 따르면 누구나 할 수 있다고 한다. "기억의 궁전을 짓기만 하면 됩니다"라고 멀린은 말했다.

셜록 홈즈를 잘 모르는 독자를 위해 설명하자면, 기억의 궁전은 마음의 눈으로 볼 수 있는 자신에게 친숙한 물리적인 장소의 이미지다. 자신의 집이나 회사로 가는 길 등이 될 수 있다. 카드든 식료품 목록이든 많은 것을 기억하려면 기억의 궁전을 걸어가면서 각각의 단어를 특정 장소에 하나씩 떨어뜨려 놓는다. 단어를 다시 기억해내려면 갔던 길을 되짚어가면서 떨어뜨려 놓았던 단어를 다시 줍기만 하면 된다.

이 기억술은 케오스의 시인 시모니데스가 연회장 천장이 무너지는 사고 후에 개발한 방법이다. 연회 참가자들이 앉았던 자리를 근거로 사체의 신원을 기억해낸 능력 덕분에, 시모니데스는 기억할 대상의 이미지를 친근하고 질서정연한 순서에 연결하는 최고의 기억술을 발견했다.

주변에 있는 물건으로 직접 시험해 봐도 좋다. 나는 지금 책상에 앉아 있으니 스테이플러, 찻잔, 프린터, 노트북을 암기하는 예시를 들어보겠다. 내 기억의 궁전은 회사로 출근하는 길이다. 먼저 동네 주유소에 있는 여성에게 스테이플러를 건네준다. 그러면 내 상상 속의 여성은 내가 준 스테이플러로 영수증을 철해 준다. 찻잔은 버스 정류장에 놓는데, 엎질러지지 않도록 정류장 의자 아래에 놓는다. 프린터는 역까지 가져가서 매표원에게 넘겨준 뒤, 기차에 타서 노트북을 기차 의자 사이에 끼워 넣는다. 물건을 내려놓는 순서대로 단어를 기억할 수 있을 뿐만 아니라 온 길을 되짚어가면서 역순서로 단어를 말할 수도 있다.

　하지만 많은 수의 숫자를 암기하려면 다른 방법을 써야 한다. 사람의 기억력은 모든 종류의 정보를 동등하게 저장하도록 진화하지 않았다. 생존에 중요한 경험은 중요하지 않은 경험보다 더 쉽게 기억된다. 그런 면에서 숫자는 우리의 즉각적인 행복에는 그다지 중요하지 않으므로 중요도 순서에서 맨 아래로 밀린다. 이 문제를 극복하려면 이런 정보를 기억이 쉽게 저장할 수 있는 그림, 즉 시각 심상으로 바꿔야 한다. 카드 한 벌의 순서를 기억할 때 구텐베르크 대학교 학생이며 세계 암기력 선수권 대회 우승자였던 요나스 폰 에센은 각 숫자 카드를 이미지와 연결한다고 내게 말했다. 그 뒤, 기억의 궁전에 집어넣기 전에 이미지를 세 개씩 묶는다. 폰 에센은 하트 4, 하트 9, 클럽 8 카드를 즉시 셜록 홈즈가 기타를 연주하면서 햄버거를 먹는 그림으로 바꾼다.

　폰 에센은 이 기억술을 배우자마자 "생각보다 더 많이 기억할 수 있다"는 사실을 깨달았다. 내년에 폰 에센은 무리수 파이(π)의 숫자를 암기하는 세계 기록을 경신하는 데 도전할 계획이다. 목표는 10만 자리의 숫자를 외우는 것이다.

　정말 말처럼 쉬울까? 나는 의아했다. 정말 누구나 이 기억술로 암기력 대회 우승자가 될 수 있을까? 아니면 뭔가 다른 것이 더 있는 걸까? 유니버시티 칼리지 런던의 연구자들은 이에 대한 해답을 알고 싶어서 가장 최상의 수준에 도달한 세계 암기력 선수권 대회 우승자 열 명의 뇌 영상을 찍었다. 이런 실험에서 대개 그렇듯이, 연구자들은 비슷한 나이대의 평범한 암기력을 가진 사람들의 뇌도 찍었다. 뇌 속을 들여다보고, 이들의 특수한 재능인 초암기력이 뇌에 구조적인 차이점을 구축했다는 증거가 발견되기를 기대했다.

예상대로 세 자릿수를 암기할 때면 초암기력자들은 대조집단보다 훨씬 나은 성과를 보였다. 하지만 눈송이의 세밀한 형태를 기억하는 문제에서는 초암기력자도, 대조집단도 별다른 성과를 내지 못했다. 연구팀의 책임연구자인 엘리너 매과이어에게 실험 결과를 묻자, 그녀는 두 집단의 지능이나 뇌의 구조적 차이점을 발견하지 못했다고 답했다. 그러나 두 집단 사이의 한 가지 중요한 차이점은 숫자를 기억할 때, 초암기력자들은 공간 지각력과 방향감각과 연관된 뇌의 세 영역을 우선으로 활성화했다고 답했다.[8] 다시 말하면 초암기력자들의 암기력이 뛰어난 이유는 이들이 자신만의 기억의 궁전을 돌아다니고 있기 때문이라고 매과이어는 말했다.

"이 방법이 항상 효과 있나요? 기억이 나지 않은 적은 없습니까?"라고 나는 폰 에셴에게 물었다.

"전혀요. 일단 기억의 궁전에 집어넣으면 항상 안전하니까요"라고 폰 에셴은 대답했다.

매가 박사의 문제는 질이 이런 식의 기억술을 사용하지 않는다는 점이었다. 질은 자신의 기억이 자동으로 기억되며 전략적인 방식을 사용하지 않는다고 계속 강조했다. 질의 기억은 영화처럼 감정으로 가득하고 의식적인 통제도 없었다. 매가 박사는 질의 말을 믿었다. 매가 박사의 질문에 질은 '즉각적이고 빠르게 대답했으며, 숙고하거나 생각에 잠길 시간이 없었다.'

매가 박사는 이후 5년 동안 질의 특별한 기억력에 관해 연구했다. 다행히 질은 열 살부터 서른네 살이 될 때까지 상세하게 일기를 써서, 매가 연구팀은 질이 이야기했던 수천 가지의 개인적인 사건을 확인할 수 있었다.

개인적 경험에 관한 전례 없는 기억력에도 불구하고 질의 다른 기억력은 그다지 특출하지 않았다. 질은 긴 숫자 행렬을 암기할 수 없었고, 탁자 위에 늘어놓은 물건을 기억하는 실험에서도 비슷한 나이대의 다른 사람보다 더 나은 능력을 보여주지 못했다. 정확하고 자세한 내용을 기억하기 어려웠으므로 학교에서 두각을 나타내지도 못했다. 이는 예상하지 못한 일이었다. 질은 사진 같은 기억력이 아니라 특출한 자서전적 기억을 가진 사람이었다.

매가 박사는 다른 일상적인 기억에 비해 자신의 과거 사건에 관한 질의 기억력이 그토록 생생한 이유가 궁금했다. 매가 박사가 기억하는 한 질 같은 사람은 아무도 없었고, 이 뛰어난 기억력에 관한 그 어떤 과학 논문도 찾을 수 없었다. 탐정 소설 같았다고 매가 박사는 말했다. 단서를 찾으려면 더 많은 증거가 필요했으며 이는 곧 더 많은 사람을 만나야 한다는 뜻이었다. 그래서 매가 박사는 질에 관한 논문을 발표하고 질의 상태를 '높은 수준의 자서전적 기억 (HSAM)'이라고 이름 붙였다.[9] 매가 박사의 논문은 국제 잡지에 실렸고, 곧 비슷한 재능이 있다고 주장하는 수많은 사람의 연락을 받았다. 매가 연구팀은 이들 모두를 시험하는 장기전에 들어갔다. 그중 오직 다섯 명만이 연구팀의 엄격한 시험을 통과했다. 그중 한 사람이 밥이었다.

"늦어서 미안합니다. 이 식당이 어디 있는지 깜빡했어요"라고 밥이 말했다.

로스앤젤레스의 이른 저녁이었고, 나는 시차증에 시달렸으며, 호텔에 아직 짐을 풀지도 못한 상태였다. 나는 어물거리면서 웃었다.

밥과 나는 웨스트체스터에 있는 트럭스턴 아메리칸 비스트로에서 만났다. 바에 자리 잡고 맥주를 주문했다. 밥은 옅은 검은색 선글라스를 낀 예순네 살의 TV 프로듀서로 심술궂은 웃음에 살짝 콧소리를 내서, 만화에 나오는 등장인물 같았다.

알고 보니 밥이 한 말은 농담이 아니었다. 실제로 밥은 이 식당이 어디 있는지 잊어버렸다. 질처럼 자신의 과거에 대해서는 상세한 기억이 있어도 다른 사실을 기억하는 데는 별 도움이 되지 않았다. 하지만 밥의 과거 어느 날에 대해 말해달라고 하면 이야기가 전혀 달라진다. 밥은 40년 전의 일도 바로 어제처럼 기억할 수 있었다. 과거의 기억은 풍부한 다중감각 경험으로 냄새, 맛, 감정까지 완벽하게 홍수처럼 밀려왔다.

"일종의 홈 비디오를 보는 기분이죠"라고 밥은 말했다. "과거의 어느 날을 돌이켜 생각하면 어떤 기분이었는지 정확하게 느낄 수 있습니다. 날씨도 느낄 수 있죠. 만약 덥고 끈적끈적한 날이었다면 그날 어떤 옷을 입고 있었는지, 옷이 몸에 달라붙는 느낌까지 떠오릅니다. 모든 감각이 되살아나면서 누구와 함께 있었는지, 무슨 생각을 했는지, 내 시야와 태도까지도 기억나죠. 때로는 젊었을 때 했던 생각을 떠올리고는 '와, 내가 정말 그런 생각을 했나?'라고 생각하기도 합니다. 모든 것이 내 상상 속에서 뒤섞이는 겁니다."

담당 웨이트리스가 우리를 자리로 안내하자, 밥은 자신의 어린 시절에 관해 이야기했다. 펜실베이니아주 서부에서 세 형제 중 둘째로 태어난 밥은 자신의 기억력이 다른 사람과 다르다는 사실을 십 대 때 깨달았다. "친구들과 어릴 적 이야기를 하면서 '맞아, 그날은 2월 4일, 금요일이었지'라는 식으로 얘기했죠"라고 밥은 말했다.

밥의 기억력은 파티에서의 흥밋거리 정도였다. "사람들은 오해하곤 합니다. 나를 레인맨(1988년 배리 레빈슨 감독의 영화. 주인공의 형인 레이먼드는 자폐증 환자이며 뛰어난 암기력을 가지고 있다-옮긴이 주)이라고 부르지만 내게는 그저 조금 특이한 점일 뿐이었죠. 그러니까 왼손잡이처럼 말입니다. 내 기억력이 희귀한 사례라고는 생각하지 않았고,

나랑 비슷한 사람이 한 수백만 명쯤은 있겠거니, 하고 생각했죠."

나는 밥을 직접 시험해보고 싶었다. 2013년에 기억에 관한 논문을 찾다가 밥과 짧게 이야기를 나눈 적이 있었다. 그때 스카이프로 대화하면서 나는 밥에게 2년 전인 2011년 11월 7일에 무슨 일이 있었는지 물었다.

"좋습니다. 그날 무슨 일을 했는지 당신은 기억합니까?"라고 밥은 물었다.

나는 잠시 생각해보고는 기억나지 않는다고 대답했다. 내 생일이 있었는데도 기억하지 못했다.

"음, 그날은 월요일이었죠. 내가 가장 좋아하는 팀인 피츠버그 스틸러스가 일요일 저녁 경기에서 레이븐스에게 졌던 다음 날이었습니다. 월요일에 일어났을 때 경기에 진 것 때문에 기분이 나빴습니다. 나는 그때 매사추세츠주의 코드 곶에서 일했는데 〈릴맨〉이라는 프로그램을 마무리하고 있었습니다. 그날 저녁에는 이혼한 아내에게 이메일을 보냈고, 다음 날 답장을 받았죠"라고 밥은 대답했다.

2015년으로 돌아와서, 트럭스턴의 그 저녁에 나는 밥에게 2011년 11월 7일, 즉 똑같은 날에 관해 물어보기로 했다.

"그날은 월요일이었죠"라고 밥은 곧바로 말했다. "스틸러스가 볼티모어 레이븐스한테 진 다음 날이었습니다. 나는 코드 곶에서 일하고 있었어요. 거대한 참치를 잡으려는 낚시꾼에 관한 〈릴맨〉이라는 프로그램이었습니다. 그날 저녁에 잠이 오지 않아서 전 여자친구에게 이메일을 보냈죠. 답을 기다렸는데, 그녀가 다음 날 아침에 답신해서 그날 온종일 기분이 좋았습니다."

나는 깜짝 놀랐다. 밥의 뇌에서는 대체 무슨 일이 일어나기에, 내게는 일어나지 않는 일이 일어나는 걸까?

잠시 1950년대의 캐나다 몬트리올 신경학연구소 부속병원의 수술실로 돌아가 보자. 여기서 수술용 메스에 흐르는 전류를 이용한 뇌수술 분야의 개척자 와일더 펜필드를 만날 수 있다. 간질 환자를 수술하던 펜필드는 수술받는 환자의 뇌가 노출되어 있지만 의식은 깨어있다는 점을 이용해서, 환자 뇌의 여러 영역에 작은 전류를 흘려 자극하면 무슨 일이 일어나는지 관찰했다. 펜필드는 한 젊은 여성을 수술하는 동안 측두엽 안쪽의 해마 위와 맞닿은 영역을 자극했다. 그러자 갑자기 여성이 "엄마가 어딘가에 있을 아이를 부르는 소리를 들은 것 같아요. 오래전에 있었던 일 같은데…, 제가 살던 곳의 이웃집 아주머니 같아요"라고 말했다.

펜필드가 그 부분을 다시 자극하자, 다시 한번 아이를 찾는 어머니의 목소리가 들렸다고 했다. 펜필드가 그보다 조금 왼쪽을 자극하자 여성은 다른 소리를 들었다. 늦은 밤, 떠돌이 서커스단이 벌이는 축제 같은 곳에서 들려오는 소리 같다고 했다. "동물을 가두는 커다

란 마차가 많아요"라고도 했다.[10]

펜필드가 가한 아주 작은 충격에 오랫동안 잊혔던 기억이 떠오르는 것처럼 보였다. 먼지가 뽀얗게 앉은 앨범에서 무작위로 사진을 꺼내는 것 같았다.

현재 신경과학자 대부분이 수용하는 이론은 기억은 실제로는 시냅스에 살아있다는 가설이다. 시냅스는 전기자극이 한 뉴런에서 다른 뉴런으로 전달되는 뉴런 사이의 틈새를 가리킨다. 전기자극이 두 뉴런 사이를 반복해서 지나가면 해당 시냅스의 연결이 강화되면서 앞쪽 뉴런의 활성이 뒤쪽 뉴런을 자극하기가 더 쉬워진다. 나무가 빽빽한 숲을 걸어서 길을 내는 일과 비슷하다. 더 많은 사람이 같은 길을 걸어가면 길은 더 뚜렷해지면서 다시 이용될 확률도 더 높아진다. 물론 반대로도 작용한다. 만약 뉴런 통로가 사용되지 않으면 진짜 길처럼 사라진다. 그래서 반복해서 사용하거나 생각하지 않는 기억은 잊게 된다.

이 과정은 대부분 해마에서 일어나지만 해마만 관여하지는 않는다. 꽃다발을 받았다고 생각해보자. 헨리 모레이슨은 꽃다발을 받았다는 사건의 단기기억을 형성하는 데 해마는 전혀 관여하지 않는다는 점을 보여주었다. 사실 이 사건은 촉각, 시각, 냄새를 담당하는 피질 영역에서 처리한다. 이 사건을 30초 이상 기억해야 할 때가 바로 해마가 활동을 개시하는 시점으로, 관련된 피질 영역과 해마 사이의 연결이 강화되고 성장해서 뇌 구조에 이 기억을 영구히 새겨

넣는다.

해마는 기억의 서로 다른 부분을 연결하는 역할을 한다. 새로운 사람을 만난 뒤 나중에 기억해내려 하면, 그 사람을 만났을 때 가장 활발하게 움직인 해마가 회상할 때도 가장 활발하게 움직인다. 마치 그 해마 영역이 처음부터 그 기억들을 통합했던 것처럼 보인다.

사람의 기억은 거미줄처럼 얽힌 뉴런이 뇌의 다른 영역까지 뻗어나가 시간이 흐를수록 강화되거나 약화되는 연결망이라고 나는 생각한다. 더 강하게, 더 많은 수가 연결될수록, 더 생생한 기억이 되어 더 쉽게 떠올릴 수 있다. 연결망을 끊어버리면 사람의 기억은 영원히 사라진다.[11]

밤의 기억이 내 기억보다 더 조밀하게 짜여있는 듯 보이지만, 나처럼 밤도 다른 날보다 더 생생하게 기억하는 날이 있다. 사람들에게 가장 생생한 기억은 대개 감정이 포함된 기억이다. 사랑이나 스트레스, 공포 같은 감정이나 그보다 자극이 적은 감정으로 고양되면, 뇌는 스트레스 호르몬을 분비해서 편도체를 자극한다. 아몬드 모양의 영역으로 사람의 감정과 관련된 행동을 처리하는 편도체는 뇌의 다른 영역으로 신호를 보내 그때 작동하고 있던 시냅스를 강화한다. 그러면 뇌의 다른 부분은 '지금 이 사건은 중요하니 잘 기억하라'는 뜻으로 받아들인다. 이는 다시 그 사건에 관한 기억을 훗날 더 쉽게 떠올릴 수 있게 한다.

내게 가장 생생한 기억은 2013년 하이드파크에서 열린 본 조비 공연이다. 한여름이라 몹시도 더운 날이었다. 절친한 친구 두 명과 함께 있었고, 프로세코 포도주도 있었으며, 태양과 열광적인 분위기로 가득했다. 놀라울 정도로 행복했던 기억이 난다. 그다음으로 생생한 기억은 언니가 부모님 앞에서 웨딩드레스를 입어보던 때다. 나는 감정이 북받쳐서 부모님의 침실에서 나와야 했다. 갑자기 내가 남편의 손을 잡고 결혼식을 치르고 있고 친구들은 햇살을 받으며 서 있으며, 천막 밖에서 조카들이 축구를 하던 기억도 떠오른다.

나는 밥에게 가장 생생한 기억은 무엇이냐고 물었는데 밥의 대답에 놀랐다. 그 기억은 결혼식도, 생일도, 충격적인 경험도 아니라, 그저 화창하고 평범한 날이었다. 정확하게는 1970년 5월 7일이었다.

"이 날은 정말 특별했습니다"라고 밥은 말했다. "아주 정확하게 기억합니다. 나는 스무 살 대학생이었고 정신 보건센터에서 청소부로 일하고 있었죠. 그해 3월 13일 수업에서 발표했는데 반응이 좋아서 본교까지 가서 발표하게 됐습니다. 정말 아름다운 봄날이었어요. 7시부터 3시까지 일해야 해서 6시에 미사를 갔죠. 교회로 걸어가면서 내가 얼마나 행복한지를 깨달았습니다. 그리고 일을 마친 뒤 볼링 수업에 갔습니다. 그 후 집에 가서 차를 가지고 분교에 가서 교수님과 다른 학생 두 명을 태웠어요. 본교에는 가본 적이 없었는데 아주 바쁘고 놀라울 정도로 활기 넘치고 아름다워서 잊을 수가 없었습니다. 그날 하루와 내가 느꼈던 모든 감정을, 얼굴에 불어오던 시원한 바람까지도 기억해요. 정말 즐거운 하루였죠."

이 말을 듣고 나는 왜 보통 사람은 이런 평범한 일을 기억하지 못하는지 궁금해졌다. 기억을 잊어버리면 어떤 좋은 점이 있는 걸까?

19세기 후반 미국 심리학자 윌리엄 제임스는 우리가 모든 일을 기억한다면 아무것도 기억하지 못하는 만큼이나 나쁜 상황에 부닥치리라고 말했다.

자신에 관한 기억은 대부분 단축 과정을 거친다고 제임스는 설명했다. 즉 우리는 과거와 관련된 사실과 감정을 생략하고 자신에게 일어난 일을 일반화한다. 그래서 우리는 가스레인지 위에 올려놓은 주전자의 불을 껐는지 여부를 기억하지 못한다. 어떤 일을 규칙적으로 하면 그 일에 관한 기억은 하나로 합쳐진다. 그래서 대부분의 섬세한 세부사항은 일반화의 바닷속으로 가라앉고, 과거에서 일상적인 경험을 특정하기는 어려워진다. 나중에 깨우친 소소한 요령을 소개하자면 나는 주전자의 가스 불을 끌 때마다 다양한 동물 울음소리를 낸다. 할 때는 좀 우습지만 나중에 기억할 때, 가스 불을 끄는 행동을 기억하기 쉽게 해준다. 동물 울음소리는 기억이 유사 경험의 바닷속으로 휩쓸리는 일을 막아준다.

그래도 매번 동물 울음소리를 내고 싶지는 않을 것이다. 우리는 과거 경험의 기억을 참고해서 미래의 결정을 내린다. 과거를 아주 세세하게 기억하면 그 기억을 분류하는 데만도 꽤 시간이 걸린다. "특별한 사례를 제외하면, 망각은 기억의 병폐가 아니라 건강한 기억과 기억의 흐름에서 일어나는 일상적 상황이다"라고 제임스는 말했다.[12]

이 사실을 알고 있기에 나는 질이 매일 기억의 폭격에 시달렸다는 이야기를 듣고도 놀라지 않았다. 질은 여러 번 우울증을 앓았고, 최악의 시절을 계속 떠올리면서 종종 절망적인 슬픔에 빠지기도 했다고 매가 박사는 말했다.

보통 사람들은 과거를 회상하면서 살지 않지만, 질은 계속 과거를 떠올리면서 한 사건에서 또 다른 사건을 연쇄적으로 떠올렸다. 매가 박사는 질을 제외하고는 '자신의 기억에 갇힌 죄수이자 간수'인 사람을 누구도 만나지 못했다.

나는 밥에게 질을 만난 적이 있느냐고 물었다. "아니요. 하지만 듣기로는 질의 삶은 기억에 사로잡혀 있다더군요. 질이 마음속에 떠오르는 끝없는 기억의 물결에 사로잡힌 듯 느낀다고 쓴 글을 봤습니다. 다행히 나도, 내가 만났던 다른 높은 수준의 자서전적 기억능력자도 그런 사람은 없었습니다"라고 밥은 대답했다.

사실 매가 박사의 환자 대부분은 자신의 마음속에서 혼란을 느끼지 않는다. 오히려 환자 대부분은 기억을 체계적으로 정리하는 일을 즐기는 듯 보였다. 적절한 때에 기억을 떠올릴 수 있고, 즐거움이나 필요에 따라 과거를 뒤져볼 수도 있다.

"하지만 고통스러운 기억은 어떻게 하나요?"라고 나는 밥에게 물었다. "고통스러운 기억을 생생하게 떠올리면 끔찍하지 않나요?"

"고통스러운 기억을 떠올리면서 어제 일어났던 일처럼 느끼면, 고통이라는 측면에서만 볼 때 그 기억이 왜 끔찍한지 알 수 있습니다. 일단 나쁜 일이 일어나면, 비슷한 상황이었던 과거의 기억을 다시 떠올리면서 그 상황이 반복되리라는 불안을 느낄 수도 있어요. 하지만 나는 나쁜 일을 생생하게 기억하는 것의 장점 중 하나가 다른 사람보다 실수에서 더 쉽게 교훈을 얻는 것이라고 생각합니다."

"어떤 식으로요?"

"실수했을 때의 모든 세부 사항과 느낌을 기억할 수 있다면 비슷한 상황이 일어났을 때 이렇게 생각하게 됩니다. '좋았어, 이번엔 똑같은 멍청한 짓은 하지 말아야지'라고요. 어쨌거나 나쁜 날은 대부분 그렇게까지 끔찍하지는 않아요. 그래서 나는 나쁜 기억들에 안주하지 않습니다. 나는 현재를 사는 편이 좋습니다."

식사하면서 우리는 밥의 유년기와 학교생활에 관해 이야기를 나누었다.

"어렸을 때의 사건은 많이 기억하지만 날짜는 기억이 안 납니다.

정말 어렸을 때의 기억도 몇 가지 있어요. 가장 오래된 기억은 어머니가 나를 팔에 안고 있는 기억입니다. 나는 우유를 마시고 있었죠"라고 밥은 말했다.

내 최초의 기억도 엄마와 관련된 기억이다. 다만 엄마는 백일해를 심하게 앓던 내 기도를 비우려고 1층 화장실 세면대에 나를 거꾸로 들고 있었다. 코앞까지 다가왔다가 멀어지던 세면대와 작고 비좁은 화장실이 생생하게 기억난다. 나중에 엄마가 이 일을 기억하시는지 여쭤본 적이 있다. 엄마는 내가 백일해를 앓았던 달에는 그런 일이 수없이 많았다고 말씀하셨다. 내 목에 손가락을 넣어서 두꺼운 가래를 긁어내야 했던 적도 여러 번이었다고 했다. 그때 나는 두 살 반이었다.

"그때 몇 살이었나요, 두 살? 아니면 세 살?" 나는 우유를 마시는 나이라면 유아였으리라고 짐작했다. 그러나 가장 오래된 기억에 관한 내 질문에 밥이 미소를 띠면서 한 대답에 나는 잠시 얼어붙었다.

"엄마 품에 안겨서 젖을 먹고 있었죠."

"농담하시는 거죠?"

밥은 웃었다. "나야 항상 농담을 좋아하죠. 하지만 사실이에요. 만족스러운 표정의 어머니를 기억해요. 아마 9개월쯤 된, 아기였을 때의 기억인 듯합니다."

나는 강렬한 호기심이 생겼다. 9개월 아기 때의 기억이라니, 아무리 아무것도 잊을 수 없는 사람이라 해도 가능한 일일까?

최초의 기억은 대개 잘해봐야 흐릿한 흔적일 뿐이다. 이런 유아기 기억상실증(삶의 초기 몇 년 동안의 기억에 공백이 발생하는 증상-옮긴이 주)을 설명하려는 이론은 많다. 물론 프로이트는 성인이 유년기의 성적 환상을 기억하기에는 수치스럽기 때문에 억누르고 있다고 설명했지만, 지금 프로이트 이론을 믿는 사람은 없다. 더 그럴듯한 설명은 기억을 만드는 뇌의 뉴런이 자라고 성숙하면서 처음 몇 년간의 기억을 빠르게 가지치기한다는 이론이다. 새 뉴런이 만들어지면 뇌, 특히 해마는 오래된 기억을 제거해서 공간을 만들어야 한다. 토론토 소아전문병원 과학자인 폴 프랭클랜드는 새끼 쥐의 해마에서 새 뉴런 성장 속도를 더 빠르게 하면 기억이 더 많이 사라진다는 사실을 발견했다. 화학약품으로 뉴런의 성장 속도를 늦추자 새끼 쥐는 보통 때보다 기억력이 더 좋아졌다.[13] 또 다른 이론은 나중에 성인이 되어 기억을 떠올릴 때 필요한 기억의 전후 관계를 새겨 넣는 자아 인식과 언어능력이 어린아이는 떨어지기 때문이라고 주장한다.

그러면 밥의 9개월 때 기억은 가짜라는 걸까? 조지아주 에모리 대학교 심리학과 교수이자 유아기 기억상실증 전문가인 퍼트리샤 바워에게 나는 물었다. 바워는 사람의 최초 기억은 한 살 무렵부터 아홉 살까지 연령대가 상당히 넓다고 대답했다. 그러니 9개월 때의 기억이 있을 수 있지만 평범한 사람이라면 정확도는 장담할 수 없다고 했다. "그 기억이 단 하나의 사건에 관한 기억이라기보다는 비슷한 상황이 수없이 반복되면서 재구성한 기억일 수도 있다는 이야기입니다. 여기서 반복되는 비슷한 상황에는 살아가면서 아가에게 젖을 먹이는 이미지를 수없이 보게 되는 것도 포함되고요."

그러니 밥의 기억은 정확할 수도, 아니면 밥의 유년기에 여러 번 일어났던 비슷한 순간들의 정점일 수도 있다. 여기서 또 다른 의문이 솟아난다. 우리의 기억은 신뢰할 만한 것일까?

밋 롬니는 티파티에 온 후원자들에게 미국 자동차 50주년 기념식에 참석했다고 말한 적이 있다. 75만 명이 모인 그 기념식은 헨리 포드가 마지막으로 공식행사에 참석한 자리로 유명했다. 문제는 그 기념식이 1946년 6월 1일에 열렸다는 사실이다. 그때는 롬니가 태어나기 9개월 전이었다.

롬니는 거짓말을 한 걸까? 공화당 대표는 롬니의 기억이 '흐릿하고' 당시 롬니가 네 살이나 다섯 살 정도였다고 했다. 사실 아버지에게 이야기를 전해 들은 롬니가 이 이야기를 자신의 기억으로 삽입했을 가능성이 가장 크다. 그리고 훗날 그 사건을 정말로 회상했다고 생각한 것이다.

지금은 워싱턴 대학교에 있는 인지심리학자 엘리자베스 로프터스 연구팀이 크리스라는 소년에게 했던 실험을 발표한 1990년대 이전에는 연구자들이 거짓 기억 증후군이라는 주제를 과학적으로 탐구하지 않았다.[14] 열네 살 소년 크리스는 다섯 살 때 워싱턴에 있는 쇼핑몰에 갔던 경험을 말했다. 크리스는 쇼핑몰에 간 기억을 믿을 수 없을 만큼 세세하게 기억했는데, 장난감 가게에 갔다가 길을 잃었기 때문이었다. 가족을 찾을 수 없자 크리스는 "어라, 큰일 났네"라고 생각했다. 크리스는 다시는 가족을 볼 수 없으리라 생각했던 것을 기억했다. 결국 플란넬 셔츠를 입은 대머리 할아버지가 도와주셔서 가족을 다시 만났다.

재미있는 사실은 이 이야기 대부분이 실제로 일어나지 않았다는 점이다. 이 이야기는 크리스의 형인 짐이 로프터스와 함께 꾸며낸 이야기다. 짐은 동생인 크리스에게 할아버지, 쇼핑몰 같은 이야기를 구성하는 기본 사실을 전해주었다. 크리스는 빠져있는 나머지 부분을 채워 넣었다. 크리스의 사례는 사람에게 완전히 거짓인 기억을 심어주는 일이 가능하다는 사실을 보여준다. 그 후 로프터스와 여러 연구팀은 이 실험을 반복했고, 질식했다거나 거의 익사할 뻔한 사실, 악령 빙의까지 온갖 종류의 가짜 기억을 사람들에게 심어주었다.

교육 수준이 높아도 기억을 조작할 수 있었다. 로프터스가 열네 살이었을 때 어머니는 수영장에 빠져 익사했다. 자신의 마흔 살 생일 모임에서 로프터스는 어머니의 시체를 자신이 발견했다는 사실을 삼촌에게 들었다. 이전에는 어머니의 죽음에 대해 기억나는 것이

거의 없었지만, 삼촌의 말을 듣자 사고에 대한 기억이 갑자기 홍수처럼 밀려들었다. 며칠 뒤, 로프터스의 오빠가 전화해서 삼촌이 착각했다고 전해주었다. 어머니의 시체를 발견한 사람은 이모였다. 지난 며칠 동안 그토록 생생하고 명확하게 떠오른 기억은 모두 완전한 거짓 기억이었다. 로프터스는 우연히도 자신에게 직접 실험을 한 것이다.

거짓 기억은 심각한 결과를 불러올 수 있다. 1989년 11월 15일, 열다섯 살 소녀 앤젤라 코레아가 학교에서 사라졌다. 며칠 뒤 소녀는 성폭행당한 뒤 교살된 채 발견되었다. 코레아가 사라졌을 당시 학교에 가지 않았던 열일곱 살 소년 제프리 데스코빅이 용의자로 지목되어, 경찰은 데스코빅을 심문했다. 6시간 동안 심문당한 끝에 데스코빅은 살인을 자백했다. DNA 결과가 데스코빅과 일치하지 않았지만, 자백에 근거해서 유죄판결을 받고 감옥에 갔다. 16년 뒤, 다른 살인사건을 저지른 스티븐 커닝엄이라는 남자의 DNA 증거가 새로이 나타나면서 커닝엄은 범죄를 자백했다. 데스코빅은 사면되어 풀려났다.

아마 여러분은 거짓 자백을 하게 되리라고는 상상도 할 수 없을 것이다. 하지만 거짓 자백은 놀라울 정도로 자주 일어난다. 미국 인권단체인 이노센스 프로젝트(억울하게 유죄 판결을 받은 사람을 위해 증거 채취 및 감식기술 등 과학 기술을 동원해 무죄를 입증하도록 돕는 인권단체-옮긴이 주)는 거짓 자백이 미국 유죄판결의 거의 1/4을 차지한다고 주장한다. 이런 조작에 넘어가지 않는다고 자신하는 사람도 있겠지만, 얼마나 쉽게 굴복하게 되는지 알면 놀랄 것이다. 최근 로프터스는 수면 부족이 거짓 자백을 유도한다는 사실을 입증했다. 로프터스는 학생들에게 컴퓨터 작업을 하다가 버튼을 잘못 눌러서 일주일 동안 작업한 자료를 삭제했다는 사실을 인정하게 했다. 사실 학생 중 누구도 그러지 않았지만 작업하기 전날 잠을 자지 못한 학생의 절반은 자신이 그런 일을 한 기억이 있다고 믿었고, 자백서에 서명했다. 작업 전날 잠을 충분히 잔 학생들은 1/5 이하만이 자백했다. 피로, 낮은 IQ, 유도신문, 이 모든 것이 절대 일어나지 않은 일이 일어났다고 기억을 위조하는 데 한몫한다.

이런 사례는 일단 만들어진 기억도 바뀔 수 있다는 상당히 놀라운 사실을 보여준다. 기억을 검색할 때마다 기억을 만든 신경회로는 강화되고, 그러면서 그 기억을 강화하고 통합해서 우리 마음속에 더 깊이 새긴다. 그러나 검색 과정이 일어나는 짧은 시간 동안 우리의 기억은 변형되기 쉽다. 이때 기억은 재구성되고 때로는 뒤섞이기도 한다.

밤의 믿을 수 없는 기억력에 숨겨진 비밀은 바로 이것이 아닐까? 밤이 기억을 검색하는 방식에 무언가 특별한 점이 있어서 밤이 다른 사람보다 기억을 더 정확하게, 더 영구히 강화하고 통합할 수 있는 것이 아닐까?

"빌리 메이어였죠"라고 밥은 말했다. "사람들은 메이어가 카트리나 영이라는 소녀와 부적절한 관계라고 생각했습니다. 그때 메이어는 아내와 별거 중이었는데 그 사이에 두 사람이 친해져서 스캔들이 나기 시작했죠. 하지만 사실이라는 증거는 없었어요. 그 스캔들을 조사한 누구도 증거를 찾지 못했습니다. 메이어는 소녀와 아무 관계가 없었지만 마을에서는 상당히 좋지 않은 상황이었죠."

밥이 말을 이어가다가 멈췄다. 아마 그럴 정도로 내 표정이 혼란스러웠던 듯했다.

"미안합니다. 가끔은 생각을 하고 말해야 하는데." 밥은 웃었다.

밥은 골든 나이츠라는 대학농구팀이 있는 홀랜드 대학교에 대해 말하고 있었다. 선수권대회에 여러 번 출전했고 오티스 푸키나 아이작 모즐리 같은 수많은 유망선수를 보유한 대학리그 유력 팀이다. 밥은 골든 나이츠의 광팬인데, 사실 이 팀은 밥의 상상 속에만 존재하는 팀이다.[15]

밥은 젊을 때부터 이 이야기를 상상하기 시작했다. 밥은 자신만의 상상의 농구팀을 만들었다. 선수들은 타이거 타운에 살며, 밥의 상상 속에서 모든 농구 게임이 진행된다. 골든 나이츠팀은 선수권대회에서 경기하며, 때로는 이기고 때로는 진다. 이제 그만 해야 한다고 생각하지만, 밥이 나이가 들면서 팀도 나이가 들었다. 선수들은 대학을 졸업해서 진로를 정했고, 계속 살아가면서 결혼하고 아이들도 낳았다. 지금은 선수 대부분이 상근직 일자리를 가졌고 몇 명은 비극적인 사고로, 몇몇은 나이가 들어 사망했다. "내 머릿속에 든 50년짜리 책이나 마찬가지죠"라고 밥은 말했다.

어딘지 강박증처럼 들리는가? 맞다. 강박증이다. 밥은 강박증이 많다. 밥은 세균 강박증도 있다고 고백했다. "열쇠를 땅에 떨어뜨리면 뜨거운 물로 박박 씻어야 하죠"라고 밥은 말한다.

이런 강박증은 매가 박사가 찾는 중요한 단서다. 곧 높은 수준의 자서전적 기억을 가진 다른 사람들도 강박 성향이 있다는 점이 밝혀졌다. 질에게는 일기가 강박 증세의 하나다. 질의 일기는 가끔 너무 작은 글씨로 빽빽하게 채워 써서 읽기 힘든 부분도 많다. 다른 사람들은 신발 한 켤레를 언제, 어디서 처음으로 신었는지를 기억하거나, 청소하거나, 아니면 특정 TV 프로그램을 반복해서 시청하기도 했다. 대부분은 다양한 방식으로 기억을 재생하거나 조직하는 일을 즐거워했다. 밥은 차가 밀릴 때면 자신이 가장 좋아하는 특정한 날의 기억을 끄집어내서 떠올린다. 예를 들어 다섯 살 이후의 매년 3월 1일을 떠올린다. 아니면 1969년 6월의 모든 날을 기억해본다.

"강박증은 이 퍼즐의 가장 흥미로운 부분입니다"라고 매가 박사는 말한다.

더 많은 사실을 알아내기 위해 매가 박사는, 점점 늘어나 이제는 50명이 넘은 높은 수준의 자서전적 기억능력자를 대상으로 다양한 검사를 했다. 언어 유창성과 얼굴과 이름을 기억하는 능력을 측정해서 이들의 마음속을 관찰하고, 이들이 다른 면에서도 뛰어난 능력이 있는지 알아내려 했다.

불행하게도 결과는 명확한 결론이 없었다. 질과 마찬가지로 높은 수준의 자서전적 기억능력자들은 어느 검사든지 같은 연령대의 대조군보다 특별히 뛰어나지 않았고, 어떤 검사에서도 뛰어난 능력을 보여주지 못했다. 그래서 매가 박사는 다른 방향으로 선회했다. 대조군과 높은 수준의 자서전적 기억능력자에게 일주일 전의 모든 날에 있었던 일을 이야기하게 하고, 한 달 전의 일주일, 그리고 일 년 전의 일주일, 십 년 전의 일주일에 있었던 일을 모두 기록했다. 한 달 뒤, 매가 박사는 같은 실험 참가자들에게 똑같은 날의 일을 묻고 연구팀에게 한 달 전의 기록과 내용을 대조하게 했다.

여러분이 짐작하는 대로 높은 수준의 자서전적 기억능력자는 더 먼 과거에 대한 기억에서는 대조군보다 더 뛰어난 기억능력을 보여주었다. 그러나 가장 놀라운 점은 높은 수준의 자서전적 기억능력자와 대조군 집단 모두 일주일 전의 기억에 대해서는 비슷한 양과 질의 정보를 기억할 수 있다는 사실이었다.[16]

매가 박사는 밥이나 다른 높은 수준의 자서전적 기억능력자가 기억을 획득하는 과정이 우리 같은 보통 사람과 다르지 않다고 확신할 수 있었다. 높은 수준의 자서전적 기억능력자는 뛰어난 학습자가 아니라 기억을 유지하는 능력이 더 뛰어날 뿐이다.

매가 박사는 이 퍼즐에 대한 단서가 더 필요했다. 그래서 다음에는 시험 대상자들의 뇌 영상을 촬영했다. 뇌 영상을 비교해 본 결과 뇌의 아홉 영역에서 미묘한 구조적 차이점을 발견했다. 미상핵(대뇌 반구 기저부에 있는 회백질 덩어리로 측뇌실에 붙어있다-옮긴이 주)과 피곡(대뇌핵의 하나로 염창핵과 함께 렌즈핵을 이룬다. 미상핵과 합쳐 선조체라고도 한다-옮긴이 주)의 크기가 커진 현상도 여기 포함된다. 미상핵과 피곡은 모두 강박 장애와 관련되므로 이는 특히 흥미로운 사실이라 할 수 있다.

우연이었을까? 우주는 게으르지 않다고 셜록 홈즈는 말했다. 매가 박사도 뭔가가 더 있으리라고 생각한다.

매가 박사는 사건을 시냅스 활동으로 번역하는 최초의 과정, 즉 기억을 '암호화'하는 과정은 높은 수준의 자서전적 기억능력자와 평범한 우리가 전혀 다르지 않다고 생각한다. 기억을 검색하는 기전 역시 똑같다고 본다. 보통 사람과 높은 수준의 자서전적 기억능력자의 차이는 기억의 암호화와 검색 과정 사이, 즉 기억의 통합이라는 지점에 있다. 매가 박사는 높은 수준의 자서전적 기억능력자의 특수한 기억력은 과거를 무의식적으로 반복해서 회상하는 데 뿌리를 두고 있으리라고 말한다. 질이나 밥이 과거를 기억하려고 적극적으로 노력한다는 뜻이 아니다. 그러려면 상당한 노력이 필요하다. 그 대신, 매가 박사는 높은 수준의 자서전적 기억능력자들이 습관적으로 기억을 회상하고 되돌아보면서 의도치 않게 기억을 강화한다고 믿는다.

"이런 행동은 특수한 형태의 강박 장애이기도 하죠"라고 매가 박사는 말한다.

이 글을 쓸 때 매가 박사는 여든다섯 살로, 50년 넘게 진행한 기억 연구에서 은퇴할 때가 가까웠다. 매가 박사는 극소수의 사람에게 그토록 놀라운 기억력이 생긴 이유를 열정적으로 연구했다. 나는 매가 박사가 특정한 재능에 그토록 많은 시간을 바친 이유가 궁금했다.

"영향력이 적지 않습니다. 높은 수준의 자서전적 기억능력자의 뇌는 보통 사람과는 다른 방식으로 움직이는 것이 틀림없습니다"라고 매가 박사는 답했다. 매가 박사는 이 기억력이 유년기에는 모든 사람에게 있었지만, 그 기억을 유지하려는 압력이 없어서 잊어버리지 않을까 짐작한다. 아니면 갑자기 불쑥 튀어나온 비정상적인 유전자 작용일 수도 있다고 본다. "어느 쪽이든 간에 상당히 놀라운 능력입니다. 대체 어떻게 그럴 수 있을까요? 바로 그것이 문제죠. 우리가 뇌라고 부르는 이 놀라운 기계를 이해하는 일, 그것이 내 변함없는 목표였습니다."

식사가 끝날 때쯤 밥이 한 말을 잊을 수 없었다. "아시다시피 완벽한 기억력을 가진 가장 큰 장점은 내가 잃어버린 것을 기억한다는 점입니다"라고 밥은 말했다.

"사랑하는 사람들이 살아있을 때 최대한 많이 생각하려고 합니다. 그래야 그들과 함께했던 시간 어느 때로나 되돌아가서 바로 어제처럼 기억할 수 있으니까요. 사랑하는 사람들이 내 곁을 떠나더라도 그들과 함께 있는 것 같죠. 기억이 너무나 정확해서 그들이 죽어도 나를 떠난 것 같은 기분은 들지 않습니다. 남동생과 둘이 함께했던 시간을 명확하게 기억할 수 있으니 다른 사람처럼 동생의 죽음을 애도할 필요가 없습니다. 나는 사람들에 대해 오래 생각하고, 그들과 내가 함께 한 시간의 가치를 되새깁니다. 그들이 사라져서 내 곁에 있지 않아도 내 기억은 항상 영원할 테니까요."

밥과 만나고 난 뒤 나는 그 말에 대해 깊이 생각했다. 엄마가 말기 유방암을 진단받았을 때, 나는 엄마의 마지막 1년을 함께 지내면서 그 시간에 최대한 집중했다. 그때의 기억은 영원히 잊지 못하리라고 생각한다.

내 기억이 밥이나 질처럼 완벽하지 않으리라는 사실을 안다. 하지만 멀린이나 코타노브스키는 그저 기억 속에 지워지지 않는 특별한 기억의 궁전을 짓기만 해도 내 평범한 뇌가 생각보다 훨씬 더 많은 것을 기억할 수 있다는 사실을 내게 알려주었다.

SHARON————

#2

샤론

집에서 길을 잃다

때는 1952년.

샤론은 눈을 가린 채 앞마당에서 장님 놀이를 하고 있었다. 친구들은 잡히지 않으려 샤론 주위를 뛰어다니면서 웃었다. 누군가의 소매를 잡고 샤론은 눈을 가린 천을 잡아당겨 벗었다. "잡았다!" 샤론은 소리쳤다.

샤론은 눈을 깜빠이며 주위를 둘러보았다. 갑자기 공포가 덮쳐왔다. 집, 거리, 모든 것이 달라 보였다. 샤론은 자신이 어디에 있는지 알 수 없었다.

뒷마당으로 달려간 샤론은 의자에 앉아있는 어머니를 발견했다.

"여기서 뭐 하세요?" 샤론이 물었다. "여긴 누구네 마당이에요? 여기가 어디죠?"

어머니는 깜짝 놀라 샤론을 쳐다보았다.

"왜 그러니? 여긴 우리 집이잖아!"라며 어머니가 대답했다.

샤론은 혼란에 빠졌다. 샤론은 어머니에게 주변이 모두 낯설게 보인다고 말했다. 어머니는 짜증스러워 보였다. 샤론이 왜 여기가 집이 아니라고 생각하는지 알 수 없었다. 샤론은 왜 어머니가 자신을 도와주지 않는지 이해할 수 없었다.

"여기가 어딘지 모르겠어요. 다 잘못된 것 같아요. 너무 혼란스러워요"라고 샤론은 말했다.

어머니는 샤론의 눈을 들여다보더니 손가락으로 샤론을 가리켰다.

"다른 사람에게 절대 말하지 마. 말하면 마녀로 몰려서 화형당할 테니까"라고 어머니는 대답했다.

그리고 현재.

"나는 그 순간을 바로 어제처럼 기억할 수 있어요. 난 그때 다섯 살이었어요"라고 샤론은 전화기 너머에서 말했다.

다음 날 일어났을 때 샤론은 뭔가 이상한 일이 또 일어났다는 사실을 깨달았다. 잠든 사이에 벽이 움직인 것 같았다. 자기 방에 있었지만 물건들이 제자리에 있지 않은 것처럼 보였다. 우선 방문이 다른 방향에 달려있었다. "내가 내 방에 있다는 사실은 알았어요. 방의 어느 부분은 낯익었거든요. 하지만 동시에 모든 것이 잘못되어 있었고, 모든 것이 제자리에 있지 않았어요"라고 샤론은 말했다.

그때는 몰랐지만 샤론의 뇌는 자신의 주변에 관한 심적 지도(실제 측량에 따른 지도와 달리 자신만의 중요한, 혹은 의미 있는 지역에 대해 형성된 개인의 내적 지도 표상-옮긴이 주)를 정확하게 떠올리지 못하고 있었다.

샤론의 방향 감각 상실은 점점 더 자주 일어나서 결국은 온종일 지속됐다. 샤론은 학교나 이웃집에 찾아갈 수 없었다. 그런데도 샤론은 누구에게도 자신의 문제를 말하지 않았다. 대신 유머 감각과 날카로운 지성으로 교육을 마치고, 친구를 사귀었으며, 결혼까지 했다. 그때까지 누구도 샤론이 완전히 길을 잃었다는 사실을 눈치채지 못했다.

"25년 동안이나 숨겼어요"라고 샤론이 말했다.

"25년이나요?"

"네, 알잖아요… 마술 같은 거로요."

샤론의 병은 내가 본 것 중에서도 가장 이상했다. 방향 감각이라는, 한 번도 의식해보지 못한 능력이 사라지는 질병이다.

이 병을 처음 접한 것은 〈신경심리학회지〉에 실린 의학 논문에서였다.[1] 논문 저자는 내게 샤론을 소개해 주었는데, 샤론의 증세는 저자가 발견한 환자 중에서 가장 심각했다.

이 수수께끼의 질병에 대해 더 많이 알고 싶고 내 여정에 샤론을 포함하고 싶어서 나는 샤론에게 이메일을 보냈다. 덴버로 가서 샤론을 직접 만날 수 있을지 물었다.

"좋아요!" 샤론은 대답했다.

나는 샤론을 그녀의 집에서 만나고 싶었다. 심지어 자기 집에서도 샤론은 화장실과 부엌 사이에서 길을 잃을 수 있다고 했다.

밥에게 작별인사를 하고 젖은 옷과 치즈 냄새가 나는 퀴퀴한 모텔에서 잠을 잔 뒤, 새벽 일찍 공항으로 갔다. 흐릿한 눈을 한 채 나는 덴버에 도착했다. 주차된 렌터카에 앉아 핸들이 왼쪽에 있는 차에 적응하고 있을 때, 내 핸드폰이 소리를 냈다. 샤론이 보낸 메시지였다. '길을 잘 찾아오면 좋겠네요. 길을 잃으면 전화해요… 내가 알려줄 수도 있어요. 아하하, 이게 무슨 소리람!'

나는 살짝 미소 짓고 내비게이션을 켰다. 화면이 깜빡이더니 새까맣게 죽었다. 어둡고 흐릿한 지도가 화면에 나타나게 만드는 데 겨우 성공했다. 시차증 때문에 피곤해도 샤론의 농담은 효과가 있었다.

몇 번이나 길을 잘못 든 끝에 단정하고 작은 콘도가 들어선 조용한 동네로 들어갔다. 미로 같은 길을 뚫고 나가 자기 집 베란다에 서서 내게 손을 흔드는 샤론을 찾아냈다.

엔진을 끄고 드라이빙 슈즈를 갈아 신다가 자동차 경보장치를 잘못 눌러 샤론의 이웃들에게 내 도착을 요란하게 알리고 말았다. 샤론이 자동차 문을 열었을 때 나는 샌들을 한 짝만 신은 상태였다. 샤론에게 보여주고 싶었던 첫인상은 절대 아니었다. 그래도 샤론은 크게 웃으면서 나를 따뜻하게 안아주었다.

"이렇게 만나게 돼서 반가워요. 정말 사랑스러운 분이네요!"

샤론은 불타는 듯한 붉은 머리에, 유행하는 크롭탑을 돋보이게 하는 밝은 분홍색 블라우스를 입고 있었다. 옷 색깔이 샤론의 짙은 붉은색 립스틱을 돋보이게 했다. 선글라스는 할리우드 영화에 흔히 나오는 괴짜 할머니가 즐겨 쓰는 종류였다.

나는 얼른 샌들 한 짝을 마저 신고 샤론을 따라 현관으로 갔다. 현관문에는 녹슨 등에 '환영합니다'라고 쓴 금속 바닷가재가 걸려 있었다.

샤론은 개방형 구조인 평화롭고 깔끔한 집을 안내해주었다. 샤론이 음료수를 마시겠냐고 물어서 부엌으로 함께 갔다가 나는 냉장고를 보고 멈춰 섰다. 친구들 사진, 자석, 전화번호, 손자 손녀가 쓴 편지, 원더우먼 사진 등 흔한 기념품이 냉장고 문에 붙어있었다. 하지만 내 눈길을 사로잡은 것은 냉장고 가운데에 붙은 커다란 종이였다.

짙은 눈썹에 까칠한 수염이 난 이탈리아 청년이 먼 곳을 응시하는 사진이었다. 사진을 고정한 자석에는 '진정한 친구는 나의 전부를 안다… 그리고 있는 그대로의 나를 좋아한다'라고 쓰여 있었다. 그 위에 고정된 더 작은 사진은 샤론과 이 이탈리아 미남이 식탁에 함께 앉아 어깨동무하고 카메라를 향해 웃고 있었다.

"이건 누구인가요?"

"주세페예요. 귀엽죠? 다정하고 동정심 많은 사람이죠. 주세페가 내 인생을 바꾸었어요."

젊은 박사후과정 연구원인 주세페 이아리아는 방향감각에 매혹되었다. 이아리아는 대학생 때 뇌 한쪽이 손상된 사람이 때로 길을 찾기 어려워하는 이유를 탐색하는 프로젝트를 진행하면서 방향감각에 관심이 생기기 시작했다. 후에 브리티시컬럼비아 대학교에 간 이아리아는 건강한 사람 중에 남들보다 더 뛰어난 방향감각을 가진 사람을 연구하기로 했다. 그런데 어느 날 갑작스럽게 한 중년 여성이 연구실에 찾아와 자신은 항상 길을 잃는다며 특이한 문제를 상담했다. 이 여성을 클레어라고 부르기로 한다.

이아리아는 클레어가 방향감각을 상실한 이유가 다른 질병 때문이 아닐까 의심했다. 그래서 가능성 있는 선택지를 하나하나 지워나갔다. 예를 들어 속귀 감염은 내이의 섬세한 조직을 손상해서 세상이 환자 주위를 돌고 있는 것 같은 감각을 일으킨다. 어쩌면 클레어의 방향감각 상실의 원인은 여기에 있을지도 모른다고 이아리아는 생각했다. 뇌종양, 뇌 병변, 치매도 해마를 손상할 수 있으며 해마는 모두가 알다시피 다양한 기억에 연관된다. 어쩌면 이런 상해가 클레어의 방향감각 상실의 원인일 수도 있지 않을까? 아니면 클레어가 방향을 기억하지 못하게 방해하는 것은 뇌전증일 수도 있다. 뇌전증은 뇌에서 갑자기 통제되지 않는 전기적 활성이 폭발적으로 일어나는 상태로, 클레어가 가진 증상을 나타낼 수 있다. 이아리아와 지도

교수인 제이슨 바턴이 가능한 병명을 모두 소거하는 데는 2년이 걸렸다. 하지만 검사를 하면 할수록 클레어는 완벽하게 건강하다는 사실만 확인할 수 있었다.

클레어는 이아리아에게 자신의 위치를 파악하는 능력은 잃은 적이 없다고 말했다. 애초에 자신의 위치를 파악하는 법을 배운 적이 없었다. 클레어는 여섯 살 때부터 슈퍼마켓에 가면 엄마가 보이지 않을 때마다 공황상태에 빠졌다고 회상했다. 혼자 있을 때마다 길을 잃어서 학교를 다닐 때는 자매들이나 부모님과 함께 등하교를 해야 했고, 집에 혼자 있는 일도 없었다. 어른이 되자 클레어는 출근하기 위해 특정 버스만 타고, 정류장을 외우고, 직장 근처에 있는 유명한 건물을 외웠다. 그러나 클레어의 직업은 낯선 장소로 옮겨 다녀야 하는 일이었고, 그래서 드디어 전문가의 도움을 받아야 할 때가 되었다고 판단했다.

이아리아는 강렬한 흥미를 느꼈다. 다른 질병의 증상으로 나타나는 방향감각 상실은 자주 접했지만, 성장하면서 일어나는 발달장애로서의 방향감각 상실은 처음 보았다. 이 문제를 확실히 밝혀내겠다고 생각한 이아리아는 클레어와 함께 주변 지역을 짧게 산책했다. 그런 뒤 클레어가 혼자 길을 찾아가도록 상세하게 지시사항을 적어주었다. 클레어는 지시사항을 실수 없이 잘 따랐다. 하지만 클레어에게 방금 걸어온 길을 지도로 그려보라고 했더니, 그곳은 클레어가 사는 마을이었는데도 할 수 없다고 했다. 클레어는 '내 머릿속에는

그릴 수 있는 지도'가 없다고 말했다.[2]

이아리아는 클레어를 첫 번째 환자로 정의하고 이 질병을 발달성 지형학적 방향감각상실 장애라고 이름 붙였다. 뇌 손상이 없는데도 주변에 관한 심적 지도를 만들 수 없어 사용할 수도 없는 상태다.

이아리아는 같은 질병을 앓는 사람이 더 있으리라고 판단하고 사람들이 방향감각을 검사하도록 유도하는 웹사이트를 만들었다. 라디오 방송에도 출연해서 이 질병을 알렸다. 방송 도중에 이아리아는 생방송으로 걸려온 전화를 받았다.

"우리가 각본을 짠 것처럼 보였을 겁니다. 한 남자가 전화해서는 '전 항상 길을 잃습니다. 언제나 그랬어요. 사람들에게 말해도 이해하지 못하고 그저 내가 산만하다고 여겨서 포기했습니다. 더는 사람들에게 이야기하지 않아요. 내가 방향을 찾지 못한다는 사실을 사람들은 믿지 않아요'라고 했으니까요."

시간이 지나면서 이아리아는 다른 환자도 만났다. 한 환자는 "한 건물에서 아무리 오래 살아도 화장실이 어디 있는지 머릿속에 떠올릴 수가 없어요"라고 말했다.

샤론은 네 번째 환자다. 불행하게도 이때 샤론은 이미 예순한 살이었다.

나는 물잔을 들고 소파에 앉았다. 맞은편에는 샤론이 앉았다.

"처음부터 들려주세요. 다섯 살 이후로는 항상 길을 잃으셨나요?"

"아니에요, 가끔은 세상이 완벽하게 정상으로 보여서 길을 잘 찾기도 해요. 그러다가 갑자기 세상이 뒤집히면서 방향을 알 수 없게 돼요."

"그런데 아무한테도 말을 안 하셨어요?"

"안 했어요. 대신 교실의 오락부장을 자처했죠. 반 친구들을 웃길 수 있으면 친구들이 내 비밀을 알 수 없을 거라고 생각했어요. 그래서 자청해서 개그맨이 되었죠."

"그래서 대부분의 경우 당신이 길을 찾을 수 없다는 사실을 아무도 몰랐나요?"

"몰랐죠. 학교 갈 때는 친구들 뒤를 따라갔고, 수업 시간에는 교실이 어떻게 생겼는지 기억하려고 노력했어요. 갑자기 세상이 뒤집혀도 어떤 물건이 어디에 있는지 알 수 있도록요."

어느 날 아직 소녀였던 샤론은 우연히 해결책을 찾았다. 그때 샤론은 친구의 파티에 가서 당나귀 꼬리 붙이기 놀이를 하고 있었다.

"이 놀이 알죠? 눈을 가리고 한 바퀴 돈 다음에 당나귀 꼬리를 올바른 자리에 갖다 붙이는 놀이요. 한 바퀴 돌고 나니 무언가가 끔찍하게 잘못됐다는 걸 알았어요. 완전히 잘못된 방향으로 가고 있다고 느꼈죠. 내가 당나귀 꼬리를 붙이자 이 놀이가 원래 그렇듯이 친구들이 웃어댔고, 나는 눈가리개를 벗었어요. 그리고는 '지금 친구 집에 있다는 걸 알고는 있지만 친구 집 같지가 않아'라고 생각했어요."

이 순간적인 위기는 샤론의 남은 삶의 방향을 이끄는 구원의 순간이 되었다. 다시 샤론 차례가 되어 눈을 가리고 한 바퀴 돌았을 때, 샤론의 세계는 다시 뒤집혀서 정상으로 돌아왔다.

"그때 제자리에서 도는 행동이 방향감각 상실을 일으킬 수 있다는 걸 알았어요. 하지만 반대로 바로잡을 수 있다는 사실도 알았죠"라고 샤론은 말했다.

"요즘은 가장 가까운 화장실을 찾아요. 화장실 칸막이에 들어가서 눈을 감고 한 바퀴 돌지요. 그때의 감각을 설명하기란 무척 어려워요. 그저 모든 것이 정상으로 돌아왔다는 느낌이 드는 거죠. 눈을 뜨면 내 세상은 다시 알아볼 수 있게 바뀌어있어요."

샤론은 빙그레 웃더니 냉장고에 붙여둔 그림을 가리켰다. "난 그걸 원더우먼 흉내 내기라고 부르죠."

"왜 화장실에서 하시는 거예요?"

"글쎄요, 노부인이 차 옆에서 눈을 감고 돌고 있는 걸 보면 무슨 생각이 들 것 같아요?"

샤론의 말엔 일리가 있었다.

"난 항상 비밀로 해왔죠. 부끄러웠으니까요."

우리는 대개 방향을 찾는 일을 쉽고 자연스럽게 여긴다. 낯선 도시에 가면 뇌는 그 장소에 관한 감각을 형성하기 시작한다. 첫날에는 여행의 기준이 되는 집을 찾고 시간이 지나면서 특정 랜드마크를 인식한다. 그러면서 주변 지형에 익숙해진다.

이아리아의 환자들은 항상 여행의 '첫날'을 사는 느낌을 받는다. 아무리 오랫동안 한 장소에서 살아도 주변은 익숙해지지 않는다.

다른 환자들도 클레어처럼 중요한 길은 특별한 순서에 따라 찾아가는 방법을 대개 깨우치고 있다. 책상에서 화장실로 가는 길을 예로 들면, 프린터에서 왼쪽으로 돌고, 화분에서 오른쪽으로 돌고 나서 양쪽으로 여닫는 문을 지나가는 식이다.

하지만 보통 사람들이 이런 방식으로 길을 찾지 않는 데는 이유가 있다. 이런 식으로 필요한 길을 모두 기억하려면 기억력에 막대한 부담을 지우게 된다. 대신 우리는 과학자들이 인지 지도라고 부르는 역동적인 도구를 사용한다. 인지 지도는 주변 환경에 관한 일종의 내적 표상으로 익숙한 환경에서는 특별한 방향 순서를 기억할 필요가 없게 해주지만, 사물이 서로, 혹은 사물과 우리 자신이 어떤 관계에 있는지를 보여줄 뿐이다.

직접 시험해보라. 화장실까지 가는 길을 떠올릴 수 있는가? 아마 애쓸 필요도 없을 것이다. 우리는 마음의 눈으로 길을 그려내는 능력을 당연하게 여기지만 이것은 정말 놀라운 능력이다. 사실 인간의 뇌가 할 수 있는 가장 섬세한 행동의 하나다. 수십 년 동안 과학자들을 혼란에 빠뜨렸던 능력이기도 하다.

문제는 정상적인 길 찾기에 뇌의 여러 영역이 믿을 수 없을 정도로 복잡한 의사소통을 통해 서로 관여한다는 점이다.

세계 암기력 선수권 대회 우승자의 뇌 영상을 촬영하지 않을 때면 엘리너 매과이어는 대부분 뇌의 어느 영역이 말하기에 관여하는지를 연구한다. 매과이어의 연구 동기에 사심이 없다고는 할 수 없다. 매과이어는 영국 방향감각 연구자 중에서 상위권에 속하지만 그녀 자신도 방향감각을 상실한 사람이다.

"내가 이 연구에 뛰어든 절대적인 이유죠." 내가 매과이어의 연구실에 들렀던 어느 날, 매과이어는 말했다. "나는 방향감각이 정말 형편없거든요. 정말 괴로운 일이죠."

런던 중심부 블룸즈버리에 있는 매과이어의 사무실에 우리는 앉아 있었다. 매과이어는 현관문 밖으로 나갈 때마다 자기가 가야 할 방향이라고 생각하는 반대 방향으로 일부러 간다고 말했다. 그런 식으로 움직이면 "거의 90% 정도는 제대로 갈 수 있어요"라고 매과이어는 말했다.

며칠 전 오후에 나는 미용실에 가느라 매과이어의 연구실을 급하게 지나쳤다. 예약 시간에 늦어서 나는 주도로로 나가 손을 들었다.

그러자 제프가 운전하는 블랙캡이 와서 섰다. 제프의 택시는 런던 거리에서 20년 넘게 사람들을 실어 날랐다. 나는 뒷좌석에 앉아 안전벨트를 맸다.

"어디로 가십니까?" 제프가 물었다.

"사우스몰튼 거리요." 나는 대답했다.

거의 곧바로 택시는 유턴해서 골목길로 빠져나가 미용실로 향했다. 제프는 한 번도 지도를 보지 않았다. 런던 택시 운전사라면 모두 응시해야 하는 유명한 면허 시험인 '놀리지'를 통과했기 때문이다. 이 시험은 런던의 채링크로스 역 반경 10km 안에 있는 도로 25,000개를 포함한 런던 지리를 익혀야 한다.

매과이어는 제프처럼 놀라운 방향감각을 가진 택시 기사를 연구하면 방향감각이 뛰어난 사람의 특성을 알 수 있으리라고 기대했다. 택시 기사의 뇌 영상을 찍어 연구한 매과이어는 택시 기사의 해마 뒷부분이 대조군과 비교할 때 더 크다는 사실을 발견했다.[3] 그러나 택시 기사가 됐기 때문에 해마 뒷부분이 커진 걸까, 아니면 해마 뒷부분이 큰 사람들이 택시 기사가 될 확률이 높았던 걸까? 이를 밝히기 위해 매과이어는 훈련받은 택시 기사 79명의 뇌 영상을 자격시험을 공부하기 시작한 시점부터 4년 동안 여러 번에 걸쳐 찍었다. 자격시험을 통과한 운전사는 배우기 시작한 때보다 해마 뒷부분이 더 커졌지만, 시험에 불합격한 운전사는 해마 뒷부분의 크기에 변함이 없었다. 나이, 교육 수준, 지능이 택시 기사와 비슷하지만 '자격시험'을 공부하지 않은 사람 31명으로 구성된 대조군에서도 해마 뒷부분의 크기에는 변함이 없었다.[4] 방향감각이 좋아질수록 해마도 커지고 있다는 사실은 명백했다. 그러면 다음 질문이 떠오르게 된다. A에서 B까지 가는 일을 해마는 어떻게 돕는 걸까?

1960년대에 유니버시티 칼리지 런던의 영국 신경과학자 존 오키프는 정상적인 방향감각의 비밀은 해마에 있다고 생각했다. 이 가설을 증명하기 위해 오키프는 개방된 공간을 기어 다니는 쥐의 뇌를 연구했다. 오키프는 쥐가 주변을 탐색할 때 어느 영역의 뉴런이 활성화되는지 조사했다. 이 실험을 위해 쥐의 해마에 얇은 전극을 삽입해서 각각의 뉴런이 이웃 뉴런과 의사소통할 때 생기는 미세 전류를 기록했다.

이 기술을 이용해서 오키프는 쥐가 특정 위치에 있을 때만 활성화되는 세포를 발견했다. 쥐가 이 위치를 통과할 때마다 '팟!' 하고 세포는 활성화됐다. 근처의 세포는 다른 위치에만 관여하는 듯 보였다. '팟!' 이 뉴런은 쥐가 그 위치를 지날 때면 항상 불이 붙듯이 활성화됐다. 옆의 세포는 다른 위치에만 반응했다. 팟, 팟, 팟! 수많은 뉴런 활성의 조합은 쥐의 위치를 5cm² 내로 특정해서 알려주었다. 오키프는 이 뉴런을 위치 세포라고 이름 짓고, 이 뉴런들이 함께 작용해서 뇌의 다른 영역에 "지금 내 주변 환경에서 내 위치는 여기다"라고 말해준다는 사실을 증명했다.[5]

이후 몇십 년 동안 위치 세포 혼자서 이 일을 하지는 않는다는 사실이 밝혀졌다. 위치 세포는 근처 후각뇌피질에 있는 세 종류의 세포에서 입력 신호를 받는다. 이 중 하나가 격자 세포로, 노르웨이 서해안의 외딴 섬에서 태어난 부부 과학자인 마이브리트 모세르와 에드바르 모세르가 발견했다.

모세르 부부는 사람의 방향감각은 우리가 어디로 움직이고, 어디서 출발했는지를 알 수 있는 능력에 부분적으로 기인한다는 사실을 깨달았다. 주차장에서 요금 계산기까지 가는 길과 다시 차로 돌아오는 반대의 움직임을 생각해보라. 모세르 부부는 격자 세포가 사람의 인지 지도에 이런 정보를 통합하는 뉴런이라는 사실을 발견했다.[6]

격자 세포가 어떻게 작동하는지 이해하려면 벌집처럼 서로 맞물린 육각형 격자가 그려진 카펫 위를 뛰어다니는 것을 상상해보면 된다. 격자 세포 하나는 우리가 카펫 안의 어떤 육각형 꼭짓점에 닿을 때마다 활성화될 것이다. 격자를 아주 살짝 끌어다 카펫의 다른 부분에 겹쳐 놓으면, 다른 격자 세포가 움직여진 격자의 육각형 꼭짓점에 닿을 때마다 활성화된다. 이 세포들은 포괄적인 공간 지도를 만들어서 우리의 위치와 특정 지형지물과의 상대적인 거리 정보를 계속 갱신해서 알려준다.

후각뇌피질은 경계 세포가 모인 곳이기도 하다. 경계 세포는 벽이나 경계선과 관련된 위치 정보를 알려준다. 말하자면 어떤 경계 세포는 남쪽 근처에 벽이 있을 때만 활성화될 수 있다는 뜻이다. 또 다른 경계 세포는 벽 두 개 사이에 있을 때만 활성화될 수 있고, 절벽

끝에 서 있을 때만 활성화되는 경계 세포가 있을 수도 있다.

지도를 완성하기 위해 경계 세포는 실제 상태 정보를 방향 탐지 세포와 공유한다. 이름이 뜻하는 그대로, 방향 탐지 세포는 머리가 향하는 특정 방향을 기억하는 세포다.

사람이 길을 찾는 방법에 관해 가장 널리 받아들여지는 이론은 특정 장소에서 위치 세포가 활성화한 패턴을 뇌가 저장해서, 그 장소에 돌아왔을 때 이 패턴을 표지로 삼는다는 이론이다. 긴 쇼핑을 끝낸 후에 주차장에서 차를 찾는다고 생각해보자. 여러분의 머리 방향과 몸의 움직임과 주변 풍경에 영향을 받은 위치 세포는 활성화한다. 위치 세포는 저장된 패턴과 현재 활성화된 패턴이 일치할 때까지 여러분을 근처까지 이끌어가서 짜잔! 차를 찾아낸다.

하지만 이야기의 끝은 여기가 아니다. 이 모든 활성에도 불구하고 우리의 나침반은 불완전하다. 아직 방향감각의 퍼즐 조각 하나가 채워지지 않았다. 너무나 중요해서 이걸 잃어버리면 생사의 갈림길에 설 수도 있다.

저를 찾으시거든 남편 조지와 딸 케리에게 연락해주세요. 내가 죽었고 시체를 어디서 찾았는지 제 가족에게 전해주신다면 정말 감사하겠습니다. 지금부터 몇 년 뒤라도 상관없을 겁니다.

예순여섯 살의 제럴딘 랄게이는 애팔래치아 하이킹로(미국 메인주 중부에서 조지아주 북부까지 애팔래치아 산맥에 뻗은 3,540km 하이킹용 길-옮긴이 주)에서 용변을 보러 잠깐 벗어날 때까지도 자신이 길을 잃으리라고는 생각하지 못했다. 친구들이 제리라고 부르는 그녀는 전역한 공군 간호사로, 테네시주에 살면서 다른 긴 하이킹로도 걸은 경험이 있었다. 열네 개 주를 가로지르며 3,540km에 이르는 애팔래치아 하이킹로 전체를 어떻게 여행할지에 관한 설명도 들었고, 이미 여섯 달 동안 1,609km 이상을 걸어왔다.

2013년 7월 22일, 이어지는 다음 트래킹 코스에 제리가 가져갈 신선한 보급품을 준비해서 근처 체크포인트에서 기다리고 있을 남편에게 제리는 문자를 보내려 했다. '곤경에 처했음. 길에서 벗어났음. 지금 길을 잃었음. 관리자가 도와주러 오게 전화해줘요. 우즈로 북쪽 어딘가에 있음. SOS'라는 내용이었다.

신호가 잡히지 않아서 문자는 전송되지 않았고 제리는 밤을 보내기 위해 천막을 쳤다. 바로 다음 날 수색이 공식적으로 시작되었다. 여러 주 동안 수색대는 제리를 찾기 위해 울창한 삼림 지대를 샅샅이 뒤졌다.

2015년 10월, 미 해군 소속 삼림 감독관이 침낭과 함께 흩어진 사람 유골을 발견했다. 〈뉴욕타임스〉 기사에 따르면 가까운 곳에 무너진 천막이 있었고, 함께 발견된 초록색 배낭 속에는 제리의 소지품이 지퍼백에 단정하게 담겨져 있었다.[7] 근처에는 이끼 낀 노트도 있었는데 '조지에게, 포옹과 키스를 보내요'라고 쓰여 있었다. 노트에 제리는 하이킹로로 돌아가지 못한 뒤 이틀을 걸었다고 썼다. 훈련받은 대로 제리는 누군가가 자신을 발견하기를 바라면서 천막을 쳤다. 2013년 8월 18일이 마지막 기록이었다.

제리가 이 같은 비극을 피하기 위해 어떻게 해야 했는지를 말하기는 어렵지만, 제리의 방향감각 상실은 가장 험준하고 울퉁불퉁한 지형을 향하며 하이킹로를 벗어났기 때문에 더 악화됐다는 사실은 명백하다. 제리는 울창한 덤불과 똑같이 생긴 전나무가 빽빽하게 들어차서 나가는 길을 알 수 없는 숲에 둘러싸이기까지 오래 걸을 필요도 없었다. 각각 다른 방향을 구별할 수 있는 지표가 하나도 없었다. 즉, 눈에 띄는 지형지물이 전혀 없었다.

동네 거리 끝에 서 있는 우체통이나 사무실 앞에 있는 버스 정류장은 쉽게 떠올릴 수 있다. 하지만 변하지 않는 지형지물을 세계에 관한 심적 지도에 인식시키고 구체화하는 능력은 아주 중요하다. 우리는 계속해서 우리에게 의미 있는 것들로 심적 지도를 채워나간다. 가장 가까운 역에서 여러분의 집으로 오는 길을 다른 사람에게 알려준다고 생각해보자. 그 길의 어떤 특징을 설명해야 그 사람이 순조롭게 여러분의 집에 도착할까? 나라면 우리 동네에 있는 아르데코(장식 미술의 한 양식-옮긴이 주) 술집과 바다코끼리 박제가 있는 박물관, 전염병 희생자들이 묻힌 독특한 삼각형 모양의 언덕을 설명하겠다.

익숙한 지형지물을 인식하는 능력은 매우 중요해서 이 작업에 배정된 뇌 영역이 따로 있을 정도다. 이 영역을 팽대후부피질이라고 부르며 이곳이 손상되면 방향을 찾는 능력에 심각한 문제가 생긴다.

정확하게 작동하는 인간의 공간 기억은 놀라울 정도다. 그러나 우리 손안에 들어오는 위성 항법 장치나 GPS, 모바일 지도 같은 기술이 발달하면 인간의 방향 탐지 능력은 사라질 수도 있지 않을까? 계산기가 대중화되면서 많은 사람의 암산 능력이 떨어진 것은 사실이다. 〈네이처〉에 실린 해설에서 전(前) 왕립방향감각연구소장 로저 맥킨레이는 이 추측이 현실이 되리라고 말한다. "방향감각 능력을 소중히 여기지 않고 스마트 기기에 의존할수록 우리가 타고난 방향감각 능력은 악화될 것이다."[8]

타고난 방향감각 능력은 실제로 기술에 의해 억제될 수 있다. 한 장소에서 다른 장소로 이동할 때 GPS를 사용하는 사람은 종이 지도를 사용하는 사람보다 자신이 방문했던 장소를 찾는 데 어려움을 겪는다는 연구 결과도 있다. 사람 뇌의 여러 다양한 능력과 마찬가지로, 방향감각도 사용하지 않으면 사라진다는 용불용설의 사례다. 2009년 매과이어 연구팀은 최근 은퇴한 런던 택시기사가 같은 나이대지만 은퇴하지 않고 수도를 돌아다니며 손님을 태우는 기사보다 방향감각 시험에서 더 낮은 점수를 받았다는 사실을 증명했다.[9]

기술에 의존하면 점차 우리가 타고난 방향감각 능력이 약화될지는 아직 확실하지 않다. 더 중요한 문제는 기술이 우리를 원치 않는 방향으로 이끌어간다는 사실을 인식하지 못하는 데 있다. 2013년 한 벨기에 노부인은 61km 떨어진 브뤼셀에 있는 집으로 출발했다. 하지만 실수로 GPS에 엉뚱한 주소를 입력해서 이틀 뒤 1,450km 떨어진 자그레브에 도착했다. 다른 이야기는 더 비극적이다. 2015년 바닷가로 가던 한 여성 사업가는 내비게이션 앱이 범죄조직이 활개 치는 브라질 빈민촌인 파벨라로 인도하는 바람에 총에 맞아 사망했다. 기술 면에서 발전한 내비게이션은 자신이 어디 있는지는 알 수 있겠지만, 가야 할 가장 좋은 길을 항상 알지는 못한다.

그래서 인간은 위험할 정도로 단순해지고 있는 걸까? 위성항법 기술이 여러분을 위험한 상황으로 몰아가지 않으리라고 믿더라도, 그리고 기술의 발전이 인간의 타고난 능력을 완전히 없애지는 않더라도, 최신 GPS보다 더 훌륭한 심적 지도를 머릿속에 가지고 있다는 점을 기억해야 한다.

샤론과 나는 근처 식당으로 점심을 먹으러 갔다. 내가 운전하겠다고 했지만 샤론은 자신이 길을 안다며 그 정도는 문제없다고 주장했다. 자신감이 엿보였다. 하지만 자기 집의 부엌도 찾기 힘들어하는 여성에게 정말 운전대를 맡겨도 되는 걸까?

나는 샤론이 집 안을 안내할 때 샤론을 주의 깊게 지켜보았다. 무엇을 기대했는지는 모르겠다. 어쩌면 샤론이 갑자기 혼란에 빠져서 벽이나 다른 것에 부딪히기를 기대했는지도 모른다. 하지만 특별히 이상한 일은 없었고, 그래서 나는 기쁘게 조수석에 앉았다.

샤론의 집에서 나와 두어 개의 로터리와 신호등을 지나 왼쪽으로, 그다음에는 오른쪽으로 거침없이 나갔다. 우리는 무탈하게 마을을 통과하는 작은 고속도로에 올라탔고 서쪽 풍경 속에 눈 덮인 로키산맥의 작은 언덕들이 보였다.

샤론은 산을 가리키며 갑자기 산이 북쪽에 있다는 사실을 깨달을 때면 차가 마을로 향하는 중이고, 그러면 자신의 세계가 뒤집혔다는 사실을 알게 된다고 내게 말했다. 내가 이 말뜻을 이해하기도 전에 샤론은 식당을 가리켰다. 다음 순간, 우리는 식당 입구를 지나쳤다. "저 길은 크게 휜 도로라서 나는 저 입구로는 들어갈 수 없어요." 샤론은 마치 그 말이 우리가 우회해야 하는 합당한 이유인 것처럼 말했다.

식당에 주차한 뒤, 나는 움직이지 않는 너무나 견고해 보이는 산을 쳐다보았다. 어떻게 저 산이 갑자기 북쪽에 있을 수 있을까?

우리는 살사 브라바 식당에 앉아 아이스티 두 잔을 주문했다. 나는 샤론에게 가장 기본적인 것부터 다시 물었다.

"세상이 뒤집히면 정확히 어떻게 보이는지 설명해줄 수 있나요?"

샤론은 잠시 생각하다가 런던의 복잡한 쇼핑 거리를 떠올려보라고 했다. 나는 거대한 군중이 무리 지어 있고 끊임없이 사람의 물결이 움직이는 옥스퍼드 광장을 선택했다.

"쇼핑하느라 바쁜 날이었다고 생각해봐요. 마지막 상점에서 나와서 역이 있는 왼쪽으로 가요"라고 샤론은 말했다.

나는 그 광경을 떠올렸다.

"그런데 갑자기 역이 오른쪽에 있다는 사실을 깨닫는 거죠. 왜냐하면 마지막에 나온 상점이 당신이 생각했던 장소의 반대편에 있었던 거예요. 그 짧은 순간에 아주 잠시 방향감각을 잃어버리게 돼요. 분명히 동쪽에 있어야 할 역이 이제는 서쪽에 있으니까요. 사실 세상이 글자 그대로 뒤집어지는 게 아니라 방향감각이 뒤집어지는 거예요."

그런 일이 일어나면 대부분 사람의 뇌는 놀랍도록 유연해진다. 혼란에 빠지는 순간 뇌는 1,000분의 1초 안에 모든 것을 되돌려놓고 자신의, 그리고 우리의 방향을 재설정한다. 하지만 심적 지도가 실제 상황과 일치하지 않는 그 짧은 순간이 샤론에게는 세상이 뒤집혔다고 느껴지는 순간이다. 샤론이 산이 갑자기 북쪽에 있다고 한 말은, 그 산이 물리적으로는 1cm도 움직이지 않았지만 샤론의 심적 지도가 산을 북쪽으로 이동시켰기 때문이다.

"나는 당신처럼 내 세계를 간단히 되돌릴 수 없는 것뿐이에요. 원더우먼 흉내를 내야만 하죠"라고 샤론은 말을 마쳤다.

나는 식당으로 올 때 우회해야 했던 이유를 물었다. 샤론은 크게 굽은 도로는 샤론의 세상을 뒤집히게 만든다고 대답했다. 이 점은 샤론이 직장을 얻는 데 큰 장애물이 되었다. 20대 중반쯤 샤론은 직장을 구하려고 했다. 매번 면접을 볼 때마다 샤론은 먼저 회사 건물이 어디 있는지, 굽은 도로 근처에 있지 않은지 미리 확인해야 했다. 건물 안에 휘어지는 길이 많으면 그 직장을 포기해야 했다.

나는 샤론의 또 다른 세상이 어떻게 보이는지 더 알고 싶었다. 혹시 주변 환경을 충분히 숙지하면 어느 방향으로 가야 할지 알 수 있지 않을까?

"설명하기가 힘드네요. 문이 거울로 된 화장실 칸막이 앞에 서 있다고 생각해봐요. 문을 열고 거울에 비친 화장실을 둘러보면 화장실인 걸 알 수는 있지만 모든 게 어딘가 이상해 보이겠죠. 거기다가 세상이 다르게 보여서 스트레스를 받는 중이기까지 해요. 그러면 문제는 더 심각해지죠"라고 샤론은 말했다.

밤중에 화장실에 가야 하거나 바쁜 아침이라 원더우먼 흉내를 낼 수 없을 때면, 샤론은 완전히 다른 집에 있는 기분이라고 했다. 아이들이 어렸을 때는 밤중에 아이들이 우는 소리에 갑자기 잠에서 깨면, 울음소리를 따라 아이 방을 찾아가야 했다.

"집에서 그런 일이 일어나면 내가 내 부엌에 있다는 걸 알지만 나와 연관성이 전혀 없기 때문에 어느 찬장, 어느 서랍에 무엇이 들어 있는지 모르게 돼요. 나는 '좋아, 내가 정확히 내 부엌에 있는 척해 보자'라고 중얼거려요. 그러면 내 부엌에는 숟가락이 냉장고 오른쪽에 있는 서랍에 있다는 사실을 알고 있어요. 그래서 이 '낯선'

부엌에 있는 냉장고를 보고 말하죠. '좋아, 저기 숟가락이 있겠네' 라고요."

학창 시절 내내 샤론은 친구와 가족에게 자신의 문제를 숨겼다. 너무 어렸을 때 엄마가 한 비난은 샤론이 이 문제를 숨기도록 만들었다. 나는 샤론에게 연민을 느꼈다. 샤론은 호감이 가는 사람이었고, 친절하고 유머 감각도 있고 영리했다. 샤론이 이 일을 그토록 오랫동안 숨겼다는 사실에 놀랐다.

샤론은 서른 가까이 되어서야 비밀을 털어놓았다. 샤론의 남동생이 전화해서 병원에 데려가 달라고 했을 때였다. 동생은 크론병(국한성 회장염-옮긴이 주)을 앓고 있었는데 몸 상태가 나빴다. 샤론은 깜짝 놀라 집에서 뛰쳐나와 차를 몰고 동생의 집으로 갔다. 하지만 가는 도중 어디선가 샤론의 세계가 뒤집히면서 샤론은 길을 잃었다. 샤론은 전화하려고 주유소에 들렀다.

샤론은 동생에게 전화했다. "네 집을 찾을 수가 없어"라고 말하고 지금 있는 주유소가 어떤 곳인지 설명했다.

동생은 깜짝 놀랐다. "우리 집에서 두 블록 떨어진 곳이잖아. 거기가 어딘지 어떻게 모를 수가 있어?" 남매가 병원에 다녀온 뒤, 동생은 샤론에게 어떻게 된 일이냐고 물었다.

"나는 감정이 북받쳐서 말을 할 수가 없었어요."

그때 샤론은 다섯 살 이후 처음으로 자신의 상태를 고백했다.

"동생에게 다섯 살 때 엄마가 한 말을 들려주었더니 불같이 화를 냈지만, 내가 말하지 않은 이유를 이해했어요. 부모님 상황이 좋지 않아서 우리는 정상적인 어린 시절을 보내지 못했거든요."

샤론의 남동생이 자기 주치의에게 샤론의 상태를 설명하자, 의사가 신경과 전문의를 소개했다. 약속한 진료일에 샤론은 지금은 이혼한 전 남편에게 사실을 털어놓았다. 그 순간까지 샤론은 남편에게도 자기 병을 잘 숨겨왔었다.

"나는 운전을 거의 하지 않았고, 차를 몰 때는 집에서 아주 가까운 곳만 갔어요. 직선 경로만으로 갈 수 있도록 기억해놔서 길을 잃지 않았죠"라고 샤론은 설명했다.

샤론이 다른 물체에 부딪히는 문제에 관한 내 생각은 틀리지 않았다. 샤론은 아이들이 위험에 처했을 때 제대로 대처하지 못할까 봐 늘 두려웠다고 말했다. 침대에서 뛰쳐나가 어둠 속에서 우는 아이들에게 갈 때면 샤론은 항상 벽에 부딪히곤 했다. 남편은 그저 샤론이 덤벙댄다고만 여겼다.

"설명하기보다는 남편이 그렇게 생각하게 내버려 두었어요. 내 자신이 너무 어리석게 느껴졌거든요."

8년간의 결혼 생활 끝에 마침내 샤론이 사실을 털어놓았을 때, 남편이 한 말 중에 기억나는 것은 "그래서 항상 어느 방향으로 가는지 계속 물어봤던 거야?"라는 말이었다.

"남편은 그냥 관심이 없어 보였어요."

샤론의 신경과 전문의는 그토록 오랫동안 이 증상이 있었다면 양성 종양이나 뇌전증일지도 모른다고 했다. 어느 쪽이든 "병원에 입원해서 검사한 다음 치료해 봅시다"라고 의사는 말했다.

의사는 샤론에게 예고한 대로 수없이 많은 검사를 하면서 뇌전증의 증거인 비정상적인 뇌 활성 신호를 찾거나 방향감각을 상실하게 하는 해부학적 손상을 찾으려고 했다.

"나는 그저 '하느님, 제발 내 머릿속에 의사가 고쳐줄 수 있는 무언가가 있게 해주세요'라고 빌었어요"라고 샤론은 말했다.

하지만 뇌전증은 없었고 뇌 손상도 없었다. 샤론의 뇌는 완벽하게 건강해 보였다.

"의사들이 정신과를 권했어요. 내가 미쳤다고 생각한 거죠." 샤론에게 내려진 진단은 한동안 샤론을 심각한 우울증으로 몰아넣었다.

"죽고 싶었어요. 의사들이 치료할 수 있는 무언가를 발견해내길 바랐거든요."

샤론은 1년 이상 정신과를 다녔고, 정신과 의사는 샤론이 우울증을 극복하도록 도와주었지만 샤론의 방향감각 상실증을 치료하지는 못했다. 그는 주기적으로 신경과 전문의에게 가서 학계에서 새로운 질병을 발견했는지 확인해보라고 말했다. 정신과 의사는 "아직 의학계가 알지 못하는 어떤 일이 당신의 뇌 안에서 일어났다고 나는 생각합니다"라고 샤론에게 말했다.

샤론은 마흔 살이 된 뒤에야 이 조언을 따랐다. 샤론은 자신이 행정 보좌관으로 일하는 병원의 의사에게 진료받았다.

하지만 진료실에 들어가 앉자마자 샤론은 불편해졌다.

"의사는 태블릿을 꺼내더니 무슨 일로 왔냐고 물었어요. 나는 되도록 간단하게 설명했죠. 내 세상이 통째로 들려서 뒤집히고 다시 내려앉으면 길을 잃게 된다고요. 의사는 거짓말쟁이를 보는 표정으로 나를 봤어요. 의사가 그걸 어떻게 되돌리냐고 묻기에 한 바퀴 빙글 돌고 나면 괜찮아진다고 했죠. 그랬더니 의사가 '그걸 어떻게 하는지 좀 봅시다'라고 말했어요."

샤론은 그 말에 당황했다. 이전에는 남이 보는 앞에서 돌아본 적이 없었다.

샤론은 그때를 떠올리며 어깨를 움찔거렸다.

"나는 자존심을 접어두고 일어나서 눈을 감았죠. 너무 당황스러웠어요. 나는 세상이 뒤집어졌다고 느낄 때까지 빙글 돌았어요."

의사는 샤론에게 어떻게 보이냐고 물었다.

"나는 '그게, 완전히 다른 방에 있는 것 같아요. 이성적으로는 그렇지 않다는 걸 알지만, 아까 내가 걸어 들어온 방과는 다른 방처럼 보여요'라고 말했어요."

샤론은 다시 빙글빙글 돌아서 세상을 되돌렸다. 의사는 태블릿과 펜을 내려놓고는 "다른 의사에게 다중 인격 장애라는 진단을 받은 적 있습니까?"라고 물었다.

샤론은 굴욕감을 느꼈다.

"내 이야기를 털어놓았더니 내가 미쳤다는 이야기를 들었죠. 다시는 그런 일을 겪고 싶지 않아요. 나는 지갑을 들고 진료실을 나왔어요."

자기 뇌의 어디가 잘못된 건지 샤론이 다시 알아보기 시작한 것은 그 후 십 년이 지난 뒤였다. 신경과 전문의 올리버 색스의 책을 읽은 친구가 샤론의 증상에 대해 색스에게 편지를 써보라고 말해주었다. 색스는 몇 주 뒤 답장을 보내왔다. 색스는 샤론과 비슷한 증상에 대해서는 아는 것이 없다며 미안하다는 말로 편지를 시작했다. 그러나 우주비행사들이 우주에 있을 때 위아래가 뒤집히거나 비뚤게 보이는, 즉 모든 것이 '잘못된 것처럼 보이는' 상황을 겪었다는 이야기를 들었다고 했다. 어떤 단서, 때로는 촉각적 단서를 토대로 방향감각이 재설정되면 우주비행사들은 갑자기 세상이 저절로 괜찮아졌다고 했다. 색스는 샤론에게 친근한 환경을 인식하지 못하는 문제는 친한 사람들의 얼굴을 인식하지 못하는 안면실인증이라는 병과 비슷한 측면이 있다고도 썼다.

색스의 답장을 읽고 샤론은 인터넷에서 구글링으로 '안면실인증'을 검색했다. 그러자 얼마나 사람 얼굴을 잘 기억하는지 검사할 수 있는 웹사이트가 나왔다. 검사를 하고 나자 설문지가 나타났다. 설문지를 반쯤 작성하던 중, 문항 하나가 샤론의 신경을 건드렸다. '당연히 알고 있어야 하는 장소가 낯설게 보인 경험이 있습니까?'

"나는 말하자면, '이런, 젠장!' 하는 기분이었죠"라고 샤론이 말했을 때는 마침 웨이터가 어리둥절한 얼굴로 우리가 주문한 점심을 식탁에 차려놓는 중이었다. "나는 설문지 메모난에 내 증상에 대해 아주 상세하게, 하지만 최대한 간결하게 썼어요."

샤론은 말을 멈추고 웨이터를 쳐다보았다.

"이 분이 미친 사람들에 관한 책을 쓰거든요. 그런데 내가 그 미친 사람 중 하나예요!"라고 웨이터에게 말하며 샤론은 웃었다.

더는 설명을 덧붙이지 않고 샤론은 하던 이야기로 돌아왔다.

"일주일도 안 돼서 나는 유니버시티 칼리지 런던의 연구자인 브래드 더체인에게 전화를 받았어요." 더체인은 사람이 친구와 가족을 인식하는 뇌 기전을 연구하는 프로젝트의 일환으로 샤론이 했던 온라인 검사를 만든 장본인이었다.

"더체인은 정말 상냥했어요. 내가 하는 말을 모두 믿어주었고, 내 증상에 관해 연구하는 사람이 어딘가는 있으리라고 말해주었죠."

더체인은 샤론에게 말했다. "약속드릴게요. 연구자가 누군지, 어디 있는지 알게 되면 꼭 연락드리겠습니다."

"더체인은 나를 두려움에서 끌어내 주었어요. 내가 겪는 일이 실제이고, 내가 미치지 않았으며, 마녀가 아니라는 희망을 주었죠"라고 샤론은 말했다.

그 후 더체인은 좋은 소식이 있다며 이메일을 보내왔다. 이탈리아 연구자가 밴쿠버로 와서 샤론의 증상과 같은 질병을 연구한다고 했다. 이 연구자가 바로 주세페 이아리아로, 이아리아는 곧 샤론에게 연락해서 자신의 연구실을 방문해달라고 부탁했다.

"처음 주세페가 전화했을 때 나는 부엌 식탁에 앉아 모든 것을 이야기했죠. 주세페는 진짜 신사였고, 내가 '마녀'라는 말을 했을 때는 거의 울먹였어요."

이아리아는 샤론의 뇌 속에 있는 다양한 방향 세포가 서로 신호를 전달하는 데 문제가 생겼으리라고 생각했다. 이후 5년 동안 이아리아는 자신의 가설을 시험하기 시작했다.

이아리아는 건강한 사람의 뇌 영상을 찍는 일부터 시작해서, 방향과 길을 찾는 데 중요하다고 알려진 뇌의 각기 다른 영역이 서로 신호를 전달하는 방식에서 나타나는 차이점과 그런 신호 전달 방식이 방향감각과 어떻게 연관되는지를 연구했다. 이아리아 연구팀은 최고의 길 안내자는 방향감각과 관련된 뇌의 모든 영역의 신호전달 수준이 높은 사람이라고 결론 내렸다.

이 개념은 연결망 이론으로 불리며 사람의 많은 행동을 설명한다. 각각의 뇌 영역이 홀로 얼마나 잘 기능하는가보다는 서로 다른 뇌 영역이 연결망을 통해 의사소통을 얼마나 잘하느냐가 더 중요할 수 있다는 주장이다. 세계 최고의 연주자로 이루어진 사중주단이라도 합주할 때 서로 소리를 맞추지 않으면 연주는 엉망이 되는 것과 같다.

이아리아 연구팀은 다음으로 샤론과 비슷한 증상을 보이는 사람들의 뇌 영상을 찍었다. 정상인 사람과 비교할 때 우측 해마와 전두엽 피질 일부분의 활성에서 차이점이 나타났다. 전두엽 피질은 방향에 관한 모든 정보를 끌어와서 이를 바탕으로 판단하는 영역이다. 또한 추론과 일반적인 지능에도 관련된다.

이아리아의 환자들은 기억이나 추론 능력에는 문제가 없었으므로, 이아리아는 이 증상이 뇌의 두 영역의 결함 때문에 생겼다기보다는 두 영역 사이의 비효율적인 의사소통의 결과이리라고 결론지었다.

"각각의 뇌 영역이 말할 수 있다는 것만으로는 충분하지 않습니다. 각각의 영역이 서로 원활하게 소통할 수 있는 능력도 있어야 합니다"라고 이아리아는 말했다.

이후 이아리아 연구팀은 클레어처럼 샤론의 뇌도 해부학적으로는 정상이지만, 방향감각에 관련된 일부 영역의 의사소통이 원활하지 않다는 사실을 발견했다. 나는 이 현상이 주변 환경에 대한 샤론의 심적 지도를 형성하는 일을 막는다는 사실은 이해했지만, 때로 샤론이 완벽하게 방향을 찾을 수 있는 이유는 알 수 없었다. "그러면 갑자기 방향감각이 뒤집히는 이유는 뭔가요?"

내 물음에 이아리아는 대답했다.

"어떤 사람은 실제로는 심적 지도를 형성하는 능력에는 이상이 없습니다. 하지만 퍼즐 조각을 모으는 과정 어딘가에서 오류가 축적되면서 정보가 소실되고, 그러면 갑자기 심적 지도가 뒤집히는 거죠."

증상이 나타나는 수준은 다양하다. 이아리아의 환자 중에는 세상의 방향이 하루 몇 분 간격으로 바뀌는 사람도 있다. "한순간 그 환자의 뇌는 화장실이 왼쪽에 있다고 하다가, 다음 순간이 되면 오른쪽에 있다고 알려주는 거죠. 글자 그대로 사람을 미치게 만듭니다"라고 이아리아는 말했다.

나는 이아리아에게 샤론의 한 바퀴 도는 방법에 대해 어떻게 생각하느냐고 물었다. 이아리아는 다른 환자 중에 주변의 물건에 정신을 집중해서 심적 지도를 재설정할 수 있는 환자가 있다고 대답했다. 하지만 그가 알기로는 샤론의 방법은 그중에서도 독특한 방식이었다.[10]

"그 방법이 어떻게 효과를 나타내는지 사실은 모른다는 걸 인정해야겠네요. 샤론의 전정기관에는 아무 이상이 없습니다. 샤론은 구토감을 느끼지도 않고 균형 감각에도 문제가 없어요. 하지만 어쨌든 빙글빙글 돌아서 전정기관을 흔들어주면 샤론의 심적 지도가 재설정됩니다."

그는 한숨을 내쉬었다.

"샤론의 뇌 영상을 찍을 수는 있지만 샤론의 마음속은 들여다볼 수 없어요."

최근 이아리아는 발달성 지형학적 방향감각상실 장애에 유전적 요인이 있는지를 검증하고 있다.[11] 이아리아의 환자는 거의 200여 명인데, 약 30%는 가족 중에 같은 증상을 겪는 사람이 최소한 한 명 이상 있다. 이 문제를 확인하기 위해 이아리아 연구팀은 환자들의 유전체 서열을 확인하고 있다. 그 결과 이 문제를 일으킬 가능성이 있는 유전자를 한 줌 정도 발견했다. "정확하게 어떤 유전자가 관련되는지 밝혀내기 직전까지 와 있습니다"라고 이아리아는 대답했다.

이것은 엄청난 발전이다. 이 연구를 통해 의사는 방향감각상실 장애를 가진 가족의 유전자를 검사해서 아이들이 방향감각상실 장애를 일으킬지 예측할 수 있다. 곧바로 손상된 유전자를 고칠 수는 없겠지만 뇌 훈련 프로그램을 도입해서 아이들이 뇌의 다른 영역을 사용해서 방향을 인지하도록 도울 수 있다.

"더 일찍 발견할수록 아이들에게 저절로 발달하지는 않을 특별한 방향 찾는 기술을 가르칠 수 있습니다"라고 이아리아는 말했다.

나는 보통 사람들의 방향감각을 개선할 방법이 있는지, 혹은 성인이 된 후에는 이미 늦었을지 물었다. 이아리아는 "당연히 있죠"라고 대답했다. "새로운 장소에 가면 본거지를 정해놓고 거기로 돌아가야 합니다. 본거지를 정해두면 심적 지도를 형성하는 데 큰 도움이 됩니다." 이아리아는 또 주변 환경에 더 주의를 기울이고, 특별한 지형지물을 기억하며, 지형지물 사이의 방향을 기억해두는 것도 도움이 된다고 말했다. "그리고 자주 뒤를 돌아보고 주위를 둘러보세요. 동물들이 집으로 돌아가는 길을 쉽게 기억할 때 자주 사용하는 방법입니다."

식당을 나서면서 샤론에게 딸이나 아들, 손자들이 비슷한 증상을 나타내는지 물었다.

"아니요, 다행스럽게도 아이들은 방향감각에 아무 이상 없답니다"라고 샤론이 대답했다.

우리는 침묵 속에서 몇 걸음 더 걸었다. 샤론의 증상은 자연스럽게 나타난 것일까, 아니면 유전으로 나타난 걸까?

나는 조심스레 운을 뗐다. "혹시, 이건 그냥 짐작일 뿐인데…"

"엄마가 의심스럽냐고요?" 샤론이 내 뒷말을 추측해냈다. "그래요, 아마 엄마는 나랑 비슷한 증상이 있었을 거예요. 지금 생각해보면 앞뒤가 들어맞죠. 엄마는 아빠에게 내 증상에 대해 한마디도 말하지 않았는데, 아마 자기 증상에 대해서도 말하지 않았을 거예요. 다른 사람과 함께 있지 않으면 절대로 우리 남매를 학교까지 데려다주지 않았고, 우리가 어디에 있든지 데리러 오지도 않았어요. 엄마가 집을 나서는 유일한 때는 아빠와 함께 차를 타거나 우리 동네 이웃집을 갈 때뿐이었죠. 엄마는 절대로 혼자서는 어디에도 가지 않았어요, 절대로요."

어쩌면 샤론을 돕기에는 너무 늦었을 수도 있지만, 자신의 증상을 이해하려고 노력하는 사람들이 있다는 사실만으로도 샤론의 삶은 크게 달라졌다.

"내가 숨기려는 사실에서 사람들의 주의를 돌리려고 나는 항상 어리석고 우스운 행동을 했어요. 모두들 항상 '넌 언제나 기분이 좋구나'라고 말했죠. 그 사람들은 내가 집에서는 밤에 운다는 사실을 몰랐을 거예요. 이제는 그럴 필요가 없어요. 친구들은 모두 내 상태가 어떤지, 왜 내가 자리에서 일어서서 원더우먼 흉내를 내야 하는지 알고 있어요."

그렇다고 해서 샤론의 증상이 골칫거리가 아니라는 뜻은 아니다. 최근 샤론은 백화점에서 길을 잃었다. 파티에 늦은 터라 한 바퀴 돌아서 방향감각을 재설정하려고 재빨리 아무 반바지나 집어 들고 피팅룸으로 들어갔다. 들어가서야 샤론은 들고 온 반바지가 아기 옷인 것을 알았다. 샤론은 고개를 들고 피팅룸을 나섰다.

"점원한테 '미안해요. 옷이 좀 작네요.'라고 말했죠."

샤론의 집으로 돌아오면서 샤론의 원더우먼 흉내에 대해 몇 가지 사실을 깨달은 나는 샤론의 뇌는 나와 완전히 다를지, 아니면 우리 모두가 가진 방향감각 범주의 맨 끝에 간신히 걸쳐 있을지 궁금했다. 나중에 이아리아에게 어떻게 생각하는지 물었더니, 증상의 수준은 굉장히 다양하지만 지금까지 알려진 사실을 살펴보면, 샤론이 그 범주의 가장 끝에 있다거나 범주에서 완전히 벗어났다고는 말할 수 없다고 했다.

"이렇게 생각해보세요. 백 명을 새로운 도시에 데려다 놓으면 어떤 사람은 며칠 안에 주변 지역의 길을 익힐 겁니다. 어떤 사람은 몇 주가 걸리고, 어떤 사람은 몇 달이 걸리죠. 1년 후에는 백 명이 모두 다양한 수준으로 길을 익히게 될 겁니다. 하지만 샤론의 증상을 가진 사람을 새 도시에 데려가면 절대로 제대로 된 방향을 찾지 못할 테고, 1년이 지나도, 10년이 지나도 마찬가지일 겁니다. 매일 길을 잃어버릴 거예요. 관련된 기전은 똑같지만 어딘가, 무엇인가가 우리와는 완전히 다른 거죠."

샤론의 집으로 돌아왔을 때 샤론은 부엌을 가리켰다. 부엌에는 바나나 빵이 있었는데 집으로 돌아가는 길에 먹으라고 샤론이 만든 것이었다. 우리는 냉장고 앞에 다시 서서 빵을 몇 개까지 가져가야 공항 검색대를 통과할 수 있을지 이야기했다. 샤론은 모두 가져가라고 했다. 나는 많이 양보해서 알루미늄 포일에 빵 세 조각만 포장했다. 샤론은 나중에 내가 집에 무사히 도착했는지 확인하는 문자와 이메일도 보냈다.

나는 샤론에게 그녀가 지금까지 살아온 날들을 생각할 때 샤론이 너무 친절하며 아주 정상이어서 놀랐다고 말했다. 샤론이 내 말에 상처받지 않으리라는 사실을 알고 있었다.

샤론은 냉장고를 힐끗 돌아봤다. "당신이 지금의 나를 만난 것은 주세페 덕분이에요. 주세페를 만나기 전에 나는 이런 사람이 아니었어요. 여전히 겁먹은 어린 소녀였죠. 십 년 전까지 나는 자라지 못한 기분이었고, 어른이 됐다는 느낌도 받지 못했어요, 진짜로요. 지금은 행복해요. 행복해지려면 나를 사랑하는 법을 배우고 나 자신을 받아들일 수 있어야 한다는 걸 깨달았어요."

샤론은 미소 지었다. "지금은 냉장고에 윈더우먼 사진을 붙여놓았죠. 지금의 내가 나는 정말 자랑스러워요."

현관 계단을 내려가면서 나는 다시 한번 문에서 흔들리는 거대한 바닷가재를 쳐다보았다.

"좀 흉해 보이죠? 나는 저 가재를 루이라고 불러요." 샤론은 내 차가 있는 곳까지 함께 걸으면서 말했다. 샤론은 집을 돌아보았다. "만약 길을 잃어서 모든 집을 일일이 찾아다녀야 할 때가 왔을 때 루이를 보게 되면…, 내가 집에 왔다는 걸 알 수 있겠죠."

비행기에 앉아 식당에서 샤론과 함께 찍은 사진을 들여다보았다. 샤론의 빨간색 머리와 밝은 미소가 눈부셨다. 샤론에게는 산이 한쪽에서 반대쪽으로 움직일 수도 있고 샤론이 보는 집이 당장이라도 바뀔수 있지만, 겉모습만 봐서는 샤론이 세계를 바라보는 방식에 조금이라도 이상한 점이 있다는 사실을 알 수 없다.

뇌 속 해마 영역과 그 주변의 다양한 세포들이 서로 의사소통해서 우리에게 내재한 GPS를 형성하는 과정에 우리는 서서히 다가가고 있다. 어쩌면 언젠가는 방향감각 상실이 일어났을 때 치료할 수 있을 만큼 충분한 지식을 알게 될지도 모른다. 하지만 지금 당장은 비슷한 비밀을 숨긴 채 살아가는 샤론 같은 사람이 얼마나 많을지 궁금하다. 변명을 생각해내고, 속임수를 쓰고, 낙인찍히는 것이 두려워 우울증에 빠지는 사람들이 얼마나 많을까. 이 모든 일이 우리가 세상을 보는 방식을 객관적으로 비교할 수 없기 때문에 일어난다.

"정말 아름답죠?" 내 옆에 앉은 사람이 창문 밖을 가리키며 말했다.

나는 시야에 펼쳐지는 런던의 반짝이는 불빛을 살짝 내려다보고 동의한다는 뜻으로 웃었다. 하지만 이내 속이 불편해졌다. 며칠 전까지 나는 템스강이 흘러가는 검푸른 물길, 영국 국회의사당 건물의 윤곽처럼 우리가 사물을 똑같이 인식하는 것을 당연하게 여겼다. 하지만 샤론은 옆자리의 신사와 내가 보는 세상이 완전히 다를 수도 있다는 사실을 내게 가르쳐주었다. 나는 신사를 한 번 쳐다보고는 내가 보는 런던이 그가 보는 런던과 같을지 생각해봤다.

도시를 향해 다가갈수록 더샤드(런던 서더크 자치구에 건축된 유리벽 첨탑이 올려진 초고층 건물-옮긴이 주)의 특이한 불빛이 창문에 점점 더 크게 비치는 광경을 보면서 나는 생각했다. 이걸 알아낼 방법은 없을까?

RUBÉN————————

#3

루벤

사람에게서
오라를 보는 남자

터널의 끝을 빠져나오자 밝게 비치는 햇살에 나는 눈을 가늘게 떴다. 내가 탄 버스는 덜컹거리며 돌과 유리, 티타늄의 불규칙한 곡선이 빛나는 구겐하임 미술관을 지나갔다. 도로를 더 내려가자 다양한 색의 꽃으로 뒤덮인 거대한 6m짜리 개가 나타났다. 근처에는 고딕 양식의 교회와 줄지어 선 오렌지색 지붕 아파트 사이를 뚫고 바늘처럼 가느다란 탑이 하늘을 향해 솟아있다.

이곳은 이베리아반도 북쪽에 있는 스페인의 도시 빌바오다. 이른 아침이지만 기온은 벌써 올라가고 있다. 다른 사람의 세상과 내 세상이 어떻게 다른지 이해하도록 도와주리라 기대하면서 동료 기자를 만나러 왔다. 하지만 우선은 그를 찾아야 한다.

버스에서 내린 뒤 거대한 로터리에 연결된 일곱 개의 길 중 어디로 나가야 할지 고민했다. 최근 주변 환경에 관한 심적 지도를 만드는 능력에 감사하게 되었지만 어느 쪽으로 가야 하는지는 여전히 판단하기 어려웠다. 나는 대충 지나가는 사람에게 방향을 물어보려다가 시타르(인도의 현악기-옮긴이 주) 선율이 노래하는 아바의 '치키티타' 연주를 따라갔다. 노래를 따라가니 도시를 가로지르는 네르비온강이 나타나면서, 목적지인 오페라하우스 아리아가 극장이 다리 건너로 모습을 드러냈다. 나는 오페라하우스로 이어지는 원형극장 계단에 편하게 앉아 지나가는 사람들을 오래도록 쳐다보았다.

마침내 무성한 갈색 턱수염을 기르고 검은 테 선글라스에 튼튼한 체격의 서른 살 청년 루벤 디아스 카비에데스를 발견했다. 내가 계단을 뛰어 내려가자 루벤은 나를 향해 어색하게 손을 흔들었다. 계단 아래에서 우리는 만났다. 나는 악수를 청했지만 루벤은 고개를 저었다.

"스페인에서는 스페인식으로 해야죠." 루벤은 내 양쪽 뺨에 키스했다. 아마 내가 놀란 듯 보였을 것이다. 하지만 키스가 아니라 루벤의 목소리에 놀랐다.

"아, 그래요, 내 억양이 좀, 영국 귀족 같다는 소리를 들었죠"라고 루벤은 말했다. 그 말에 나는 웃었고, 한담을 나누며 루벤을 따라 바스크 지방 전통 아침 식사인 블랙커피를 찾아서 빌바오 구시가로 향했다.

자갈을 깐 도시의 길을 따라 걸으면서 루벤은 해안 마을에서 자신이 일하는 현대문화 잡지사가 있는 빌바오까지 어떻게 오게 됐는지 얘기해주었다. 얼마 전까지 루벤은 마드리드에서, 그 후에는 바르셀로나에서 살았지만 일과 삶의 균형을 맞추려고 전원 지역으로 이사했다. 산과 푸른 나무가 그리웠다고 루벤은 말했다. "돈으로는 살 수 없는 것들이죠."

루벤의 새로운 터전은 고향인 루일로바로, 아직도 루벤의 가족이 살고 있었다. 루벤은 세 형제 중 나이가 가장 많았는데, 형제는 나이 차가 2.5년씩 났다. 루벤의 어린 시절은 행복했지만 평범했다. 루벤은 자신의 뇌가 특별하다는 사실을 스무한 살 때 처음 깨달았다. 그러나 더 많은 사실을 알고 싶어서 나는 루벤이 싫어할 줄 알면서도 물어야 했다.

"루벤, 이렇게 물어보면 싫어하겠지만, 정말 오라를 볼 수 있어요?"

루벤은 깊은 한숨을 쉬었다.

"네, 아마도요. 설명할 시간이 세 시간쯤 있다면요. 하지만 불과 몇 분 안에 그걸 설명하려면 마술을 부리는 레프러콘(아일랜드 요정의 하나-옮긴이 주) 취급을 받게 돼요. 아니면," 여기서 루벤은 정확한 영어 단어를 찾느라 말을 멈추었다. "아니면, 밍청이라고 생각하죠."

1997년 레이캬비크에서 활동하던 아이슬란드 과학자 로프투르 지제라르손은 특별한 사람 열 명을 자신의 연구실로 초대했다. 열 명 모두 자신이 오라를 볼 수 있다고 주장했다.

오라는 종교에서 가장 흔히 언급되며 종종 기독교 성화에서 성모 마리아와 예수의 몸 주위를 둥둥 떠다니는 형태로 묘사된다. 그 외에도 수많은 영적 수행 전통에서 기, 프라나, 차크라 등으로 불리며 신비한 에너지가 모이는 중심으로 넌지시 암시되는데, 인간 신경계의 주요 일곱 개 영역과 일치한다. 건강, 기분, 깨달음 등을 보여주는 색이나 빛의 후광, 혹은 모든 생물을 둘러싼 전자기장으로 묘사된다. 주류 과학계는 대개 오라의 존재를 부정한다.

한때 동료들에게 '쾌활하고 명랑하며 파이프 담배를 피우는 초심리학자'로 불렸지만, 지금은 레이캬비크 지열 에너지 개발회사의 상무이사가 된 지제라르손에게 그의 의견을 물었다. 지제라르손은 그저 순수한 실험이었다고 대답했다. 당시에는 오라 현상이 과학적인 실험을 거치지 않았으므로 그는 오라 연구에 흥미를 느꼈다.

"자신이 초능력자라고 주장하는 사람들이 오라를 볼 수 있다고 말하기에, 실험실의 통제된 상황에서는 어떻게 될지 호기심이 생겼습니다"라고 지제라르손은 말했다.

초자연적 현상은 오랫동안 지제라르손의 상상을 지배했다. 그는 박사 논문 주제로 아이슬란드 최초의, 그리고 가장 많은 심령현상을 일으킨 영매인 인드리디 인드리다손을 선택했다. 후에 공동 집필한 책에서 지제라르손은 인드리다손이 일으킨 현상을 자세하게 설명하는데, 여기에는 인드리다손이 자신의 팔을 사라지게 한 일이나 공중부양한 일, 교령회에서 여러 목소리가 들리게 한 일 등이 있다.[1] 인드리다손의 재능은 너무나 풍부해서 아이슬란드 대학교 총장을 두 번이나 역임한 의과대학 교수이자 국회의원이었던 구드문두르 한네손처럼 몇몇 유명한 과학자가 직접 인드리다손을 연구하기도 했다.

한네손은 아주 꼼꼼하게 연구 결과를 기록했다. 교령회에서 물건들이 방 안을 날아다니자 한네손은 가능한 모든 속임수를 찾아내려 했다. 방에 그물을 설치하고, 인드리다손의 손과 발을 구속하고, 속임수에 이용되는 거울이나 공범자를 찾아내려 했다. 연구 끝에 한네손은 거의 모든 교령회에서 뭔가 수상한 점을 찾았고, 다음 교령회에서는 수상하다고 생각한 부분을 더 세심하게 살펴보았다. "하지만 아무리 노력했어도 어떤 속임수도 발견하지 못했다. 오히려 내가 본 수많은 현상은 내가 판단하기로는 원인이 무엇이든 간에 진짜라고 생각한다"라고 한네손은 결론 내렸다.

거의 한 세기가 지난 뒤, 지제라르손과 아우스게일 군나르손은 빈 방에 거대한 나무판 네 개를 일렬로 세워놓았다. 군나르손은 주사위를 굴려서 정한 나무판 뒤에 숨었다. 그러면 지제라르손이 열 명의 실험참가자를 한 명씩 차례로 방으로 데려왔다. 출입구에 서서 실험참가자에게 군나르손이 어디에 숨어있는지 맞혀보라고 했다. 연구팀은 실험참가자들이 나무판 뒤에서 흘러나오는 군나르손의 오라를 찾아내서 맞추리라고 추측했다. 실험참가자들은 이 실험을 여러 번 반복했다. 그다음에는 초감각 능력이 없다고 주장하는 사람 아홉 명을 대상으로 똑같은 실험을 반복했다.

연구팀은 군나르손의 위치가 노출될 가능성을 최소한으로 줄이려 노력했다. 벽은 불투명한 벽지를 발라 반사광으로 군나르손의 위치가 발각되지 않도록 했다. 실험참가자들은 귀마개를 하고, 각각의 실험 사이에는 계속 음악을 들려주어 연구자의 발소리를 듣지 못하게 했다. 군나르손은 실험 직전에 샤워해서 위치를 노출할 수도 있는 향이 남아있지 않도록 했다.

결과는 결정적이었다. 어느 그룹도 군나르손이 숨어있는 나무판을 우연의 확률보다 높게 맞추지 못했다. 아이러니하게도 오라를 볼 수 있다고 주장한 열 명보다 대조집단이 살짝 더 나은 성적을 보였다.[2]

초자연적 현상을 과학적으로 증명하려 했던 사람은 지제라르손 뿐만이 아니다. 유명한 마술사이자 탈출전문가이며, 지금은 지칠 줄 모르는 초자연현상과 의사(擬似) 과학의 추적자로 유명한 제임스 랜디는 1964년, 통제된 상황에서 초자연현상을 증명해 보이는 첫 번째 사람에게 1,000달러를 주겠다고 공언하기도 했다. 아직도 랜디의 상금을 타간 사람은 없다. 덧붙여 여러 기부자 덕분에 이 상금은 현재 1백만 달러로 늘어난 상태다. 수백 명이 도전했지만 상금을 타간 사람은 아무도 없다. 가장 유명한 것은 ABC 방송국의 황금시간대를 차지한 프로그램인 〈나이트라인〉 생방송인데, 초능력자와 수상가(手相家), 타로 리더가 나와서 초능력을 검증받았다. 그리고 모두 실패했다.

"나는 열린 마음을 가지고 있습니다. 하지만 내 이성을 무시할 정도는 아닙니다"라고 랜디는 방송이 나간 뒤 말했다.

"그래서 사람들한테 오라를 볼 수 있다고 말하지 않습니다"라고 루벤은 말했다.

루벤과 나는 빌바오 구시가의 한산한 작은 광장에서 커다란 크림색 파라솔을 차지하고 앉았다. 나는 웨이터를 불렀다. 루벤은 의자 앞쪽에 살짝 걸터앉았다.

"무엇보다 내가 사람들이 흔히 생각하는 그런 오라를 본다고 생각하지 않았으면 좋겠어요. 나는 점쟁이도 아니고 손금을 읽을 줄도 모릅니다." 루벤은 상당히 진지하게 말했다.

나는 고개를 끄덕였다.

"정확히 말하면, 나는 사람을 볼 때 색을 인지해요. 모든 사람은 독특한 색이 있고, 나와의 친밀도나 그 사람의 특성에 따라서 시간이 지나면서 색이 바뀌기도 합니다."

"특성이요?"

"그 사람의 이름이나 목소리, 입고 있는 옷, 내가 그 사람에게 느끼는 감정 같은 것이죠."

"색이 물리적으로 눈에 보이나요?"

"그게 제일 설명하기 힘든 부분입니다. 환각도 아니고 시각적으로 눈앞에 나타나는 것도 아니지만, 동시에 나는 그게 거기 있다는 걸 느낄 수 있어요. 보기 싫다고 보지 않을 수도 없고요."

하지만 루벤은 초능력은 없었다. 루벤은 1장에서 살펴봤던 감각의 혼합을 이끌어내는 공감각 중에서도 희귀한 공감각을 지니고 있었다.

수백 년 동안 사람의 감각은 각각의 통로를 따라 뇌로 전달되며, 서로 간의 직접적인 접촉은 없다고 생각했다. 눈으로 들어오는 자극이 시신경을 통해 시각피질에 전해지므로 우리는 대상을 본다. 귀에서 공기가 촉발한 전기 신호가 청각피질에 전해져 소리로 인지되므로 우리는 소리를 듣는다. 1812년 이 가설은 오스트리아 상트루프레헤트 안데르라브 지역의 산촌에서 태어난 청년인 게오르그 토비아스 루드비히 작스에게 도전받는다. 멜라닌 색소가 결핍되어 머리카락과 피부가 창백한 흰색으로 변하는 백색증을 앓으면서, 작스는 백색증에 대한 논문을 출판했다. 논문에서 작스는 음악을 듣거나 수, 요일, 도시, 글자를 생각하면 색이 보이는 또 다른 증상도 설명했다. 작스는 "어둠의 공간에서 눈에 보이는 대상들처럼 마음속에 저절로 떠오르며, 형태는 없지만 다양한 색상으로 인식된다"라고 말했다.[3]

1880년대가 되어서야 영국 버밍엄의 박식가인 프랜시스 골턴 경이 작스의 증상에 공감각(synesthete)이라는 이름을 붙였다. 공감각은 그리스어로 '결합된 지각'이라는 뜻이다. 공감각은 숫자 5가 분홍색으로 느껴지거나 호른 소리를 들으면 딸기 맛이 느껴지는 현상이다. 음악이 특정 형태를 갖춘 것처럼 느껴지기도 하고, 일 년을 구성하는 달은 공간에 펼쳐진 리본처럼 보일 수 있다. 내가 가장 좋아하는 공감각에 대한 묘사는 러시아 작가 블라디미르 나보코프의 묘사다. 나보코프는 "영어 알파벳의 장음 a는 … 내게 메마른 나무의 색을 떠올리게 한다. 하지만 프랑스어의 a는 윤기 나는 흑색이 연상된다. 프랑스어의 on이 작은 유리잔에 가득 담긴 술의 표면 장력으로 보여서 당황스럽다 … 갈색 중에는 고무처럼 부드러운 색조의 g, 그보다는 옅은 색인 j, 칙칙한 신발 끈 같은 색인 h가 있다"라고 자서전에 썼다.[4]

공감각은 대체로 완전히 무해한 특성이며 전체 인구의 4% 정도에 나타난다. 공감각을 지닌 사람 대부분은 그 사실을 깨닫지도 못하고 살아간다. 이 신기한 지각은 한때 마녀의 증거로 여겨졌다. 지난 세기만 해도 공감각은 종종 조현병으로 진단되거나 약물중독 현상으로 여겨졌다. 다행스럽게도 지난 몇십 년 동안 이런 환경은 완전히 바뀌었다. 과학자는 이제 공감각이 실제로 존재하는지 의심하지 않으며, 다만 공감각이 왜 일어나는지, 어떤 이점이 있는지를 더 궁금해한다.

공감각이 일어나는 기전에 관한 논쟁은 정리되지 않았지만, 영상 기술이 점점 더 정교해지면서 공감각자와 비공감각자의 뇌 구조와 전기 활성 패턴을 비교할 수 있게 되었다.

언뜻 보기에 공감각자의 뇌는 별다르지 않아 보인다. 뉴런이 복잡하게 뒤얽힌 덩어리도 다른 사람과 비슷하다. 하지만 더 면밀히 조사해보면 미묘한 차이점이 보인다. 앞서 설명했듯이 유아의 뇌에 있는 뉴런은 나중에는 사라질 수백만 개의 연결점을 형성한다. 성장하고 배우고 세계를 경험하면서 수많은 연결점이 가지치기를 통해 사라진다. 몇몇 소논문은 공감각자가 특정 뇌 영역에서 이런 가지치기가 억제되는 유전적 변이를 일으켰을 수 있다고 주장했다. 그 결과 공감각자의 뇌에는 보통은 존재하지 않는 감각 영역 사이의 의사소통 통로가 남게 된다.

이런 구조적 변화와 서로 다른 뇌 영역 간의 동시 활성이 다른 감각을 연결하는 경향을 높일 수 있지만, 공감각을 일으키는 기전을 완벽하게 설명하지는 못한다. 환각제를 먹으면 공감각이 일시적으로 유도되는 기전을 설명할 수 없고, 항우울제를 복용한 사람들이 공감각을 잃는 극소수의 사례도 설명할 수 없다.

사실 누구나 공감각자가 될 수 있는 것처럼 보이기도 한다. 2014년 서식스 대학교의 대니얼 보르 연구팀은 겨우 한 달 조금 넘는 기간에 성인 33명을 일시적인 공감각자로 바꾸었다.[5] 실험에 자원한 대상자는 일주일에 5일씩 나와서 13개의 글자와 색을 연관시키는 훈련을 30분 동안 받았다. 5주가 지나자 자원자 중 다수가 평범한 흑백 글씨를 읽을 때 색이 나타나는 글자를 봤다고 보고했다. "교정에 있는 표지판의 모든 E자가 초록색으로 보였어요"라고 한 참가자는 말했다.

직접 시험해보고 싶다면 특정 글자가 항상 특정 색으로 표시된

전자책을 내려받을 수 있다. 조금만 훈련하면 색이 입혀진 해당 글자가 언제 어디서나 그 색으로 보이게 될 것이다. 하지만 훈련을 계속하지 않으면 이 효과는 오래가지 않는다. 훈련이 끝나고 석 달이 지나자 자원자들의 공감각은 사라졌다.

공감각이 이런 식으로 나타나거나 사라질 수 있다는 사실은 가지치기 이론을 위협한다. 이렇게 짧은 시간에 새로운 연결점이 갑자기 생겨나고 사라질 수는 없다. 인도의 신경과학자 빌라야누르 라마찬드란은 다른 가설을 제시한다. 캘리포니아 대학교 샌디에이고 캠퍼스의 라마찬드란 연구팀은 모든 사람의 감각 사이에는 연결점이 존재하며, 공감각은 이미 존재하는 이 연결점을 강화한 결과라고 생각한다.

뇌 영역 중에는 서로를 억제하는 영역이 존재하며, 이웃하는 뇌영역은 이런 방식으로 서로에게서 단절된다. 시냅스 사이에 흐르는 전기 신호를 내보내는 화학물질을 억제하거나 화학물질 생산 자체를 막는 식으로 화학적 불균형을 일으키면 이 억제작용이 줄어든다는 주장을 뒷받침하는 증거도 있다. 그러면 뇌에서 다른 가외의 연결점이 생기지는 않겠지만 어떤 연결점을 억제하는 일을 방해해서, 그 결과 정상 상태에서는 서로 단절되어야 할 영역이 의사소통을 시작할 수도 있다.

이 가설이 사실로 증명된다면 누구에게나 공감각이 어느 정도 존재한다고 상상할 수 있다. 자세히 들여다보면 실제로도 그렇다. 여러분 앞에 둥글고 구름 같은 형태와 깨진 유리처럼 삐죽삐죽한 형태가 하나씩 있다고 상상해보자. 여러분이라면 어느 쪽에 '보바'라는 이름을 붙이고, 어느 쪽에 '키키'라는 이름을 붙일까? 대부분 사람은 둥근 구름 같은 형태에 '보바'라는 이름을, 삐죽삐죽한 형태에 '키키'라는 이름을 붙인다. 영어를 알든 모르든 상관없이 거의 보편적으로 나타나는 답이다. 이 흥미로운 실험은 라마찬드란이 개발한 것으로, 우리가 음악을 듣거나 숫자를 볼 때 색을 인지하지는 못하더라도 기회가 있으면 우리는 모두 특정 감각을 연결하는 경향이 있다는 사실을 보여준다. 고음에는 밝은색을, 저음에는 더 깊은 색조를 연관 지어 떠올린다. 이런 실험은 인간의 모든 감각 사이에는 어떤 규칙을 따르는 내재된 연관성이 있다는 사실을 보여준다. 공감각자의 뇌는 평범한 사람의 뇌와 완전히 다르지 않다. 그저 평범한 사람이 가진 것을 더 강하게, 혹은 더 약하게 발현할 수 있을 뿐인지도 모른다.[6]

공감각의 종류가 얼마나 되는지는 확실히 알 수 없으며, 지금도 새로운 공감각이 계속 발견되는 중이다. 2016년 서식스 대학교의 제이미 워드는 공감각자 중에 수화에 능한 사람들은 수화로 지정된 단어를 읽을 때 같은 색을 본다는 사실을 발견했다.[7] 그러자 더 특이한 공감각 사례가 발표되었는데, 예를 들어 티커테이프(증권 시세 속보기에서 나오는 기록 테이프-옮긴이 주) 공감각을 가진 사람은 말하는 사람

의 입에서 단어가 흘러나오는 것을 볼 수 있다.[8] 또 오르가슴-색 공
감각을 가진 사람은 절정의 순간에 밝은색을 보기도 한다.[9]

루벤의 공감각은 온갖 종류의 감각이 연결되는 경험이므로 아주
희소한 사례에 속한다. 루벤은 글자나 숫자, 이름, 음악, 형태나 높이
를 듣거나 보면 색을 인지한다. 특정 생각을 떠올리거나 강렬한 감정
을 느낄 때도 색을 볼 수 있다. 이런 감정-색 공감각은 루벤의 가장
신비한 감각으로 나타난다. 루벤 주변에 있는 사람들이 만들어내는
다양한 색의 오라로 둘러싸인 세상이 보이는 것이다. 루벤이 누군가
에게 연관시키는 색은 때로 완전히 무작위일 수도 있고, 때로는 루벤
이 그 인물에게 느끼는 특정 감정과 특정 색이 연관되기도 한다.

"그러면 모든 사람이 자신과 연관된 색을 갖고 있나요?" 근처를
지나가는 모르는 여성을 가리키면서 나는 물었다. "저 여성은요? 무
슨 색이에요?"

"아니에요, 모두가 그런 건 아니에요." 루벤은 내가 가리킨 여성
을 힐끗 보고서 대답했다. "내가 보는 색은 주로 그 사람의 이름이
내는 소리나 입는 옷, 그 사람에게 느끼는 내 감정, 그 사람의 매력에
영향을 받아요."

루벤이 자주 보는 색은 파란색, 회색, 빨간색, 노란색, 주황색이다.

"예를 들어 내가 누군가를 성적인 대상으로 좋아한다면 빨간색
으로 보여요. 이때는 목소리는 상관없고 그저 시각에만 영향을 받
죠. 그게 그 사람을 봤을 때 처음으로 떠올릴 수 있는 것이니까요. 사

람뿐만 아니라 음악이나 그림, 건물도 마찬가지예요. 내가 좋아하는 대상은 항상 빨간색 계열로 느껴져요"라고 루벤은 말했다.

지저분하거나 아픈 사람은 대개 초록색 오라가, 낙천적이고 행복한 사람은 보라색 오라가 보인다고 했다.

"싫어하는 사람은 노란색으로 보여요. 노란색은 나한테는 신맛과 연결된 색이고 무례하거나 예의 없는 사람들의 색이기도 하죠. 그래서 누군가가 예의 없는 행동을 하면 그 사람은 노란색 오라로 보여요."

루벤은 어떤 사람이 왜 특정 색과 연관되는지는 명확하지 않다고 했다. 남동생 중 한 명은 옅은 주황색이고 다른 동생은 회색이며, 어머니는 회청색으로 보인다고 한다. 이유는 루벤도 모른다. 마찬가지로 아버지는 갈색 오라를 나타낸다. 갈색은 보통 나이가 많거나 루벤에게 관심 없는 사람들이 나타내는 오라지만, 아버지는 양쪽 모두에 해당 사항이 없다.

"이 경우는 감정하고는 아무런 상관이 없어요. 감정보다는 그 사람의 정체성이나 목소리와 더 관련이 있죠."

"가끔 사람의 색이 바뀔 때도 있습니다." 루벤은 커피를 마시면서 말했다. "몇 년 전에 남자친구를 사귀었는데, 처음 만났을 때는 밝은 빨간색이었다고 기억합니다. 하지만 그는 근사한 목소리와 거의 초록색에 가까운 푸른 눈동자를 가지고 있었어요. 목소리 색과 눈동자 색이 너무나 특별해서 그 색들이 섞이면서 나중에는 그의 오라 색이 바뀌었죠. 그의 색은 옅은 회색이에요. 다른 누구도 그런 색을 가진 사람은 없어요."

색과 감정의 연관성은 동물 왕국에서 흔히 볼 수 있다. 암컷은 종종 빨간색으로 번식과 관련된 호르몬이 바뀌었다는 신호를 보낸다. 공격성이나 우위를 과시하려고 혈류에 흐르는 테스토스테론이 급증하면서 나타나는 붉은색을 내보이는 수컷 영장류도 있다. 테스토스테론은 면역계를 억제하므로 붉은색은 암컷에게 그 수컷이 질병을 잘 다룰 수 있을 만큼 건강하다는 점을 보여준다.

색이 사람에게 영향을 미친다는 연구 결과도 많다. 2010년 뉴욕 로체스터 대학교 심리학자인 다니엘라 카이저가 실시한 간단하지만 놀라운 사회실험을 예로 들어보자. 카이저는 붉은 옷을 입은 여성이 정말로 더 미혹적인지 궁금해져서 몇 명의 남성에게 붉은색 셔츠를 입거나 초록색 셔츠를 입은 여성과 대화해달라고 요청했다. 그러자 남성들은 초록색 셔츠를 입은 여성보다 붉은색 셔츠를 입은 여성에게 좀 더 사적인 질문을 했다. 다른 실험에서 남성들은 옆에 나란히 앉은 여성이 동일한 디자인에 색만 다른 셔츠를 입었을 때보다 붉은색 셔츠를 입었을 때 더 매력적이라고 평가했다.[10]

이런 결과는 확실히 붉은색이 여성의 매력과 열정, 생식력과 연관된다고 여기는 보편적인 생각과 들어맞는다. 그러나 남성들이여, 주목하시라. 일곱 번의 실험을 거친 후 카이저의 동료 앤드루 엘리엇은 여성 역시 남성이 붉은색을 입고 있을 때 더 매혹적이고 성적 매력이 있으며 호감을 느낀다는 사실을 증명했다.

색은 행동의 다른 측면에도 영향을 미친다. 사람의 공격성과 지배력은 혈류가 증가하면서 얼굴이 붉게 변하는 현상과 관련 있다. 그래서 화가 났을 때 얼굴이 '붉으락'해진다고 말하는지도 모른다. 더럼 대학교와 플리머스 대학교의 진화인류학자들은 빨간색 셔츠가 우리 안에 내재하는 붉은색에 대한 반응을 끌어내 스포츠 경기 결과에 영향을 미치는지 조사했다. 연구팀은 55년 동안의 영국 축구 리그 결과를 조사해서, 빨간색 유니폼을 입은 팀은 파란색이나 흰색 유니폼을 입은 팀보다 2% 더 자주 승리했고 노란색이나 주황색 유니폼을 입은 팀보다는 3%나 더 많이 승리했다는 사실을 발견했다.[11]

사실 스포츠 분야 전반에 걸쳐 빨간색 유니폼과 승리할 확률은 항상 높은 연관성이 관찰되었다. 축구 연구가인 로버트 바턴도 2004년 올림픽에서 치러진 네 경기의 결과를 분석했다. 운동선수의 빨간색이나 파란색 유니폼은 무작위로 지정되지만 빨간색 유니폼을 입은 쪽이 경기에서 55%나 더 많이 승리했다.[12]

바턴은 이런 현상이 나타나는 이유는 명확하지 않다고 했다. 빨간색이 빨간 유니폼을 입은 당사자와 심판, 상대편 선수 중 누구에게 영향을 미치는지도 알 수 없다고 한다. "빨간색 옷을 입으면 자신감과 호르몬 농도가 높아진다는 증거가 있기는 합니다"라고 바턴은 말했다. 빨간색이 심판의 판정에 영향을 줄 수 있으며, 사람들이 우월성과 공격성, 분노를 색과 연관시키므로 이는 상대방의 행동에 미묘하게 영향을 미칠 수 있다는 증거도 있다.

"이토록 많은 문화권에서 붉은색이 비슷한 의미로 귀결되는 이유를 추적하는 것은 흥미로운 일입니다. 여기에는 어떤 보편성이 있다는 걸 알 수 있습니다. 진화적 유산을 직접 반영한 것이든지 붉은색을 그토록 중요하게 만든 다른 무언가가 있든지 간에 말입니다"라고 바턴은 말했다.

확실하지는 않지만 색은 우리가 모르는 사이에 날마다 우리에게 영향을 미치고 있는 듯 보인다. 사람의 감각 사이에는 어떤 규칙을 따르는 내재한 연관성이 있다는 라마찬드란의 가설이 맞는다면, 우리는 모두 감정과 색을 연관 짓는 해부학적 연결점을 갖고 있을 수 있다. 그저 대부분의 시간 동안 이 경로들을 다양한 수준으로 억제하고 있을 뿐이다. 어쩌면 사람의 행동에 빨간색이 미묘하지만 도발적인 영향을 미치는 이유가 여기에 있을지도 모른다. 어쨌거나 적어도 이 사실은 여러분이 첫 데이트에 무슨 색 옷을 입어야 할지를 알려준다.[13]

아코디언 연주자가 우리 쪽으로 조금씩 다가와서 우리는 일어서기로 했다. 루벤이 다시 이야기를 이어가면서 어린 시절의 일, 아마도 공감각에 관련된 일을 기억해내는 동안 나는 커피값을 계산했다.

"나는 항상 내 손이 싫었어요. 거인 아기의 손 같아서요"라고 말하며 루벤은 내 눈앞에 양손을 들어 보였다.

나는 터져 나오려는 웃음을 참았다. 루벤의 손은 정말 거인 아기의 손처럼 부드럽고 둥근 손바닥에 두껍고 뭉툭한 손가락이 달려 있었다.

"그림 실력이 썩 괜찮아서 그림을 그리는 오른손은 조금씩 좋아하게 됐는데 왼손은 아직도 싫어요. 정말 이상하죠. 내 손을 생각할 때면 오른손은 우람한 코난(1930년대 로버트 E. 하워드가 쓴 판타지 시리즈의 주인공으로, 코난은 북방의 야만족이다-옮긴이 주)을, 왼손은 악당에 가까운 인물을 떠올리게 됩니다. 아마 내 뇌가 내 감정에 근거해서 강렬한 시각적 표상을 만드는 게 틀림없어요."

루벤이 자라면서 다른 이상한 일들도 생겼다. 루벤이 선생님이나 친구들, 개처럼 특정 대상을 볼 때 춤추는 여인이 떠오르는 시기도 있었다. 춤추는 여인의 이미지가 떠오르는 것을 막을 수 없었다.

춤추는 여인의 모습과 팬터마임 하는 손이 깜빡거리면서 시작되는 이상한 지각은 루벤이 십 대가 되자 오라로 굳어졌다.

"내 뇌에서는 항상 무언가 이상한 일이 일어나는 게 틀림없어요."라고 루벤은 말했다.

작은 골목으로 이루어진 미로를 지나 혼잡한 구시가에서 벗어나서 식당을 찾아가면서, 나는 루벤이 인지하는 색을 통해 자신의 감정에 관해 특별한 통찰을 얻었을지 궁금해졌다.

"누군가를 봤는데 붉은색 오라를 봤다고 치면요, '오, 내가 저 사람을 좋아하나 봐?'라고 생각한 적 있어요?"라고 나는 물었다.

루벤은 웃었다.

"아니요. 오라는 그런 식으로 보이는 게 아니에요. 오라가 보일 때 색은 감정의 결과예요. 오라가 보이는 과정의 순서는 사람, 감정, 그다음이 색이에요. 그러니 내 감정이 어떤지는 이미 알고 있는 상태죠."

루벤은 말을 잠시 멈췄다.

"사실 때로는 색이 먼저 보이고, 그다음에 감정이 오고, 나중에 사람이 올 때도 있긴 합니다."

루벤은 잠시 군중을 살펴보더니 지나가는 한 여행객을 가리켰다.

"감정과 색이 연결되면 양방향으로 움직이기 마련입니다. 내게 빨간색은 사랑이나 매력과 연관되기 때문에 밝은 빨간색 바지를 입은 누군가를 보면 기분이 좋아지거나 그 사람을 실제보다 좋게 생각할 수 있죠. 어리석고 비이성적인 일이라는 걸 알지만 무시할 수는 없어서 머릿속에서는 그렇게 생각하게 됩니다. 자신에게 '빨간색 옷을 입고 있다고 해서 이 사람이 좋은 사람인 건 아니야'라고 타일러야 해요."

"그러면 무례한 감정과 연관된 색을 입은 사람을 보고 싫다는 생각이 들 수도 있는 건가요?" 나는 내 파란 원피스를 슬쩍 보고 루벤이 파란색에 어떤 감정을 가졌는지 기억해내려고 머리를 쥐어짰다.

"맞아요. 선명한 노란색 옷을 입었거나 목소리 때문에 초록색 오라로 보이는 사람을 보면 그 사람이 좋은 사람이 아닐 거라고 생각하려는 경향이 있긴 합니다. 초록색은 내가 그런 식으로 생각하게 하거든요."

"조금 짜증스럽지 않아요?"

"그럴 수도 있죠. 하지만 중요한 점은 내가 그 생각이 비이성적이라는 사실을 정확하게 알고 있다는 점이죠. 그런 감정이 어리석다는 걸 알기 때문에 그 생각을 억눌러요. 그건 진짜가 아니에요."

"태어난 후로 줄곧 그랬나요?"

루벤은 말을 멈추더니 잠시 생각에 잠겼다. "나는 항상 사람과 연관된 색을 볼 수 있다고 생각하지만, 다른 경험이 없다면 이 상태가 정상이 아니라는 점을 깨달을 수는 없었겠죠."

사실 루벤은 2005년까지는 자신의 공감각을 전혀 의식하지 못했다. 루벤은 그라나다 대학교에서 심리학을 공부하는 친구와 많은 시간을 보냈다. 그녀는 루벤에게 자신이 공감각에 관해 연구한다고 말했다. 루벤은 처음 듣는 단어라 그녀가 자세히 설명해주었다.

과거의 수많은 사람처럼 루벤도 왜 그것이 연구할 가치가 있는지 이해하지 못했다.

"나는 '그래, 그래서 뭐? 그게 정상이잖아!'라고 말했죠."

루벤의 친구는 놀라서 루벤이 공감각을 가지고 있을지도 모른다고 이야기했다.

"그러자 갑자기 그녀는 완벽한 흰색으로 변했어요. 그녀는 내가 색맹이라고 생각했다더군요"라고 루벤은 말했다.

색색의 만화경 같은 세상을 보려면 망막에 있는 특별한 세포인 광수용체를 이용해야 한다. 광수용체는 빛을 흡수해서 전기 신호로 바꾸며, 간상체와 추상체 두 종류가 있다. 간상체는 어두운 곳에서도 볼 수 있게 해주지만 색은 인지하지 않는다. 반면, 추상체는 빨간색, 초록색, 파란색에 강하게 반응한다. 빛의 파장이 추상체에 닿으면 추상체는 각자 가장 민감하게 반응하는 색에 최적의 반응을 일으키거나, 가장 민감하게 반응하는 색과 가까운 빛의 파장에 낮은 강도로 반응한다. 예를 들어 빨간색에 민감한 추상체는 주황색에도 반응하고 노란색에도 조금은 반응하지만, 초록색이나 파란색에는 전혀 반응하지 않는다. 세 종류의 광수용체의 활성 조합은 V4라고 부르는 시각피질 영역으로 전달되어 우리가 보는 총천연색 세상을 이루는 다양한 색으로 해석된다.

하지만 루벤처럼 색맹인 사람은 광수용체가 결핍된 상태라 색의 스펙트럼이 완전하지 않다. 루벤은 빨간색과 초록색을 일부 포함하는 색을 구분하지 못하는 일반적인 색맹이다.

"연한 연두색과 립스틱 빨간색은 구별할 수 있지만 보라색이나 파란색, 주황색은 다 섞여 보여요"라고 루벤은 말했다.

루벤에게 색맹은 콤플렉스였고, 그렇기 때문에 주변 사람들과 글자, 건물에서 보이는 색에 대해 진지하게 생각하지 않은 면도 있다고 루벤은 말한다.

"왜 그렇게 신경을 썼는데요?" 나는 물었다.

"유치원에서 그림 그릴 때는 크레파스로 그리잖아요."

나는 고개를 끄덕였다.

"사람을 그리면서 분홍색 크레파스를 달라고 했어요. 그랬더니 친구가 분홍색 대신 다른 색을 주고는 내가 사람 얼굴을 파란색으로 칠하는 걸 구경하는 거예요. 그 애들은 장난으로 그랬지만 나는 기분이 나빴죠. 이제 세 살인 아이에게는 색을 배우는 게 유일한 일인데, 그걸 잘할 수 없다고 생각해봐요. 좋을 수가 없잖아요?"

루벤은 말을 그렸을 때의 일도 기억한다. 루벤이 보기에도 정말 멋진 말이었는데, 선생님은 루벤의 그림을 보더니 정말, 정말 깊은 인상을 받으셨다. 그리고는 왜 말을 초록색으로 칠했는지 물으셨다.

"나는 말이 초록색이라는 말에 당황했죠. 하지만 선생님께는 그냥 '더 멋있잖아요'라고 얼버무렸어요."

그 특별한 선생님은 루벤이 색맹이라는 사실을 몰랐기에 루벤의 그림을 보고 판화가인 프란츠 마르크의 붉은 언덕을 배경으로 서 있는 푸른 말 그림을 떠올렸다. 마르크는 강렬한 감정이나 목적을 나타내기 위해 색을 이용했다. 루벤의 선생님은 이 어린 소년에게서 상당한 예술 재능의 싹을 발견한 것인지 고민했다. 선생님은 루벤의 그림에 너무 감동하여서 루벤의 부모님과 그의 재능에 대해 상담하기도 했다.

"선생님은 부모님께 내가 그림에 재능이 있다고 하셨어요. 내가 천재라고 생각하셨죠. 어머니는 그래서 '어라, 아닌데, 정말 아니에요!'라고 말씀하셨죠."

하지만 루벤의 선생님은 옳았다. 루벤은 정말 특별한 사람이었다.

루벤의 친구는 충격에서 벗어나자마자 루벤을 자신의 그라나다 대학교 지도교수이자 인지 심리학자인 에밀리오 고메즈에게 데려갔다.

"처음 만났을 때 고메즈 교수는 꽤 흥분했어요. 색맹이면서 공감각을 느낄 수 있는 사람은 없었을 테니까요."라고 루벤은 말했다.

고메즈가 루벤을 만나고 그토록 흥분한 이유는 내가 샤론을 만나고 돌아가는 비행기 안에서 떠올린 질문, 즉 내 세계가 타인이 보는 세계와 같을지에 대해 루벤이 새로운 통찰을 제공하리라고 생각했기 때문이었다.

과학자는 이 개념을 감각질이라고 부른다. 이 뜻을 설명하기 위해 내가 다른 행성에서 지구를 방문한 외계인이라고 해보자. 외계인인 내가 지구인인 여러분에게, 저기 있는 빨간 사과를 볼 때 무엇이 보이느냐고 묻는다고 치자. 여러분은 사과를 볼 때 일어나는 모든 생리 기전을 설명할 수도 있다. 아니면 빛의 파장이 여러분의 안구를 어떻게 자극해서 색을 인지하는 뇌 영역에 신호를 보내는지 설명할 수도 있다. 빨간색인 다른 모든 것을 알려줄 수도 있고, 빨간색이 어떤 기분이 들게 하는지를 말할 수도 있다. 하지만 이런 설명은 빨간색이 무엇인가에 관한 여러분의 실제 인식을 설명하기에는 완전히 비효율적이다. 사람은 근본적으로 자신의 세계 경험을 타인에게 전달할 수 없다.

우리는 사람이 사물을 보는 방식이 모두 똑같지는 않다는 사실을 깨닫기 시작했다. 2015년 2월에 세상이 특별한 푸른색과 검은색 드레스의 출현에 충격받으면서 이 사실은 확실해졌다. 아니면 나처럼 그 드레스가 흰색과 금색이라고 생각할 수도 있다. 여러분이 2015년의 가장 큰 논쟁을 모르고 있을 경우를 대비해서 설명하자면, 이 논쟁은 너무나 아름다운 푸른색과 검은색 줄무늬가 있는 드레스 사진을 둘러싼 논란이다. 아직 이 사진을 보지 못했다면 지금 얼른 검색해보길 권한다. 이 사진은 스코틀랜드 가수인 스물한 살의 케이틀린 맥네일이 올린 것으로, 케이틀린의 친구들은 사진을 보고 흰색과 금색 드레스라고 주장했다. 소셜미디어에서 화제가 된 이 사진을 두고, 드레스가 파란색과 검은색이라고 주장한 사람들은 왜 많은 사람이 이 드레스를 흰색과 금색으로 보는지 이해할 수 없었다. 여배우 엘런 드제너러스는 트위터에 "오늘부터 세상은 두 편으로 나뉘게 될 것이다. 파랑-검정과 흰색-금색으로"라고 썼다.

과학자들이 몰려들어 설명을 꿰맞췄다.[14] 빛이 물체에 부딪히면 일부는 흡수되고 일부는 반사된다. 반사된 빛의 파장이 우리가 보는 색이다. 빛의 파장이 눈 뒤에 있는 망막에 부딪히면 추상체가 활성화된다. 추상체들의 활성 조합은 색채 인지를 하기 전에 움직임과 대상 인식 같은 모든 종류의 시각 정보를 처리하는 뇌의 시각 피질로 전달된다. 여기까지는 괜찮다. 하지만 실제로는 어떤 색이든 간에 대상이 반사한 빛 파장은 지금 여러분을 둘러싼 환경에 영향을 받는다. 세상을 비추는 빛은 새벽의 분홍빛부터 사무실의 형광등 빛까지 시간에 따라 다양하게 바뀐다. 우리가 미처 인식하기도 전에 뇌는 어떤 색의 빛이 반사되어 눈에 들어오는지, 이를 주변의 빛에 따라 보정하기 위해 어떻게 조절할지 궁리한다. 이 기전이 작동해야만 세상의 색을 안정적으로 유지하면서 그림자 속을 걸어가거나 밝게 불이 켜진 방을 들어가거나 나올 수 있다.

과학자들은 이 드레스가 특정한 지각의 경계선에 있다고 확신했다. 다시 말하면 어떤 빛 파장을 선택해야 하는지가 명확하지 않다. 어떤 사람의 뇌는 푸르스름한 빛을 조절해서 드레스가 흰색과 금색이라고 보았고, 어떤 사람은 정확하게 금색 스펙트럼의 끝부분을 잘라내는 조절을 통해 드레스가 파란색과 검은색이라고 인식한 것이다.

나는 드레스를 보고 놀라지 않을 수 없었다. 너무나 당연하게 여겨왔던 감각질의 특성, 즉 내가 보는 것과 타인이 보는 것이 항상 일치하지는 않는다는 사실을 드러내기 때문이다.

고메즈가 보기에는 루벤의 색맹과 함께 나타나는 공감각이, 설명하기 어려운 이 문제를 해결할 독특한 통찰을 얻게 해 줄 완벽한 방법이었다.

하지만 고메즈는 먼저 루벤이 사실을 말하고 있는지부터 확인해야 했다.

루벤은 그날 100번째 그림을 보고 그림이 나타내는 오라의 색을 컬러 차트에서 골랐다. 고메즈는 2010년의 이 시험에서 루벤이 특정 얼굴과 동물, 글자, 숫자와 어떤 색의 오라를 연관시키는지 기록했다. 이 시험에는 그림이 너무 많아서 무엇이 있었는지 루벤이 다 기억하지 못할 정도였다.

한 달 뒤, 고메즈에게 같은 시험을 반복해달라는 말을 듣고 루벤은 놀랐다. 루벤의 시험 결과는 한 달 전의 결과와 거의 100% 일치했다.

루벤이 이 시험을 통과한 것에 만족한 고메즈 연구팀은 루벤에게 시험할 개인맞춤형 스트룹 검사를 새로 만들었다. 원래 스트룹 검사는 시험 대상자에게 단어의 뜻이 아니라 색을 말하게 하는 시험이다. 예를 들어 '빨강'이라는 단어가 파란색으로 쓰여 있으면 시험 대상자는 '파란색'이라고 말해야 한다. 쓰여 있는 단어가 잉크색과 일치하면 이 검사는 쉬워진다. 사람은 색을 인지하는 속도보다 단어를 읽는 속도가 더 빨라서, 단어의 뜻과 색이 일치하지 않으면 뇌는 허둥거리게 되고, 정확한 답을 말하는 데 시간이 더 걸린다.

고메즈 연구팀은 이 검사법을 다양한 방식으로 바꿔가면서 루벤을 검사했다. 그중 하나는 숫자를 다양한 색으로 인쇄한 뒤 숫자가 홀수인지 짝수인지 말하는 검사도 있었다. 숫자가 인쇄된 색은 루벤이 숫자를 읽을 때 인지하는 오라의 색과 일치하거나 일치하지 않았다.

숫자의 색과 숫자가 나타내는 오라의 색이 일치할 때 루벤의 반응 시간은 빨라졌다. 여기서 말하는 시간은 초 단위가 아니라 몇 분의 1초 단위의 시간으로, 계속해서 속임수를 쓰기는 불가능하다. 오라를 보지 못하는 사람에게는 숫자의 색이 무작위이므로 보통 사람의 경우 반응 시간은 전반적으로 비슷하다.

루벤이 진실을 말하고 있다고 확신한 후에, 고메즈 연구팀은 루벤의 오라가 그의 행동에 영향을 미치는지를 조사하는 검사법을 만들기 시작했다. 객관적인 결과를 얻기 위해 연구팀은 루벤이 의식적으로 통제할 수 없는 행동, 즉 심장 박동 수를 검사했다.

고메즈는 그림이 나타내는 오라와 그림의 내용이 일치하지 않을 때 루벤의 심장 박동 수가 천천히 빨라진다는 것을 증명했다. 즉, 매력적인 남성이 초록색 옷을 입고 있는 그림을 예로 들 수 있다. 루벤에게 매력적이라는 감정은 초록색 옷이 만들어내는 감정과 일치하지 않는다. 이 그림은 루벤에게 '감정적으로 부적합한' 그림으로 묘사되었다.

이와는 다르게 감정-색 공감각을 갖지 않은 보통 사람은 같은 검사를 해도 심장 박동 수가 전혀 변하지 않았다.[15]

"루벤의 신체 반응 즉 심장 박동 수는, 루벤의 감각질이 보여주는 혹은 그의 색채 경험이 나타내는 독특한 결과라고 결론 내리는 것이 합리적입니다"라고 고메즈는 말했다.

물론 이 결과가 루벤이 정확히 무엇을 보는지는 알려주지 못하지만, 우리들의 세상이 모두 똑같이 보이는지에 대한 내 질문에는 충분한 답이 된다. 답은 '아니요'다.

루벤과 이 복잡한 개념에 대해 이야기하다가 루벤이 한 말을 듣고 나는 글자 그대로 길 한복판에서 걸음을 멈추었다. 루벤은 실제 삶에서는 여러 초록색의 색조 차이를 구분할 수 없었지만, 다양한 색조의 초록색 오라를 볼 수 있다고 말했던 것이다.

"내 마음속에 빨간색은 딱 하나밖에 없습니다. 내가 실제 삶에서 볼 수 있는 그 빨간색이죠. 하지만 초록색은 정말 다양합니다. 하나만 있는 것이 아니에요."

나는 루벤의 말에 놀랐다. 이 말은 루벤이 실제 삶에는 존재하지 않는 색을 마음으로는 볼 수 있다는 뜻이었다. 루벤은 꿈에서 누군가를 보는 것에 비유했다.

"꿈에서는 얼굴을 볼 수 없어도 그게 누군지 알 수 있잖아요. 그 사람이 어떻게 보이든 상관없이 말이죠."

루벤의 오라에는 실제 삶에는 존재하지 않는 다른 특성도 있다. 색에는 질감이 있고 때로 흐릿하기도 하다고 루벤은 말했다. "반짝 반짝 빛나는 색도 있어요."

루벤 외에 이 특별하고 희귀한 색맹과 공감각의 조합을 가진 사람은 단 한 사람뿐이다. 바로 스파이크 자한으로 자한은 라마찬드란의 학생이다. 자한은 공감각에 대한 강의를 들은 후 라마찬드란에게 곧바로 연락했다. 자한은 라마찬드란에게 자신이 색맹이며 빨간색과 초록색, 갈색, 주황색을 구별할 수 없다고 말했다. 자한은 숫자-색 공감각도 가지고 있었다. 하지만 자한이 마음속에서 보는 색은 자한이 실제 세계에서는 볼 수 없는 색이었다. 자한은 그 색들을 가리켜 '화성에서 온 색'이라고 불렀다.

나는 라마찬드란에게 이 신비한 현상을 설명해달라고 했다. 라마찬드란의 설명으로는 자한은 추상체에 이상이 있어서 실제로는 특정 색을 볼 수 없다고 했다. 하지만 망막 세포에 손상이 있는 것일 뿐, 자한의 뇌에는 이상이 없다. 색을 인지하는 뇌 영역은 완벽하게 정상이다. 자한이 숫자를 볼 때 숫자의 형태는 정상적으로 처리되지만, 동시에 어떤 식으로든 시각 피질의 색채 인지 영역이 활성화되면서 자한이 실제 세상에서는 볼 수 없는 색 감각을 일으킨다고 했다.[16]

라마찬드란은 루벤을 연구하지 않았지만 아마 루벤의 뇌에서도 비슷한 일이 일어나리라고 추측했다. 루벤의 뇌에서 감정을 처리하는 영역이 시각 피질 영역을 동시에 자극할 수 있어서, 루벤이 실제로는 인식할 수 없는 초록색을 인지할 수 있으리라는 추측이다.

사례 연구 하나일 뿐이긴 하지만, 이 사례는 감각질의 또 다른 신비한 측면에 대한 단서를 보여준다. 자한과 루벤의 '화성에서 온 색'은 우리가 빨간색이라고 부르는 색이 빛의 파장이나 눈의 광수용체로만 결정되는 것이 아니라, 뇌 속 특정 색채 영역의 활성화로 생성되는 내재한 개념일지도 모른다는 사실을 암시한다. 즉 색채는 시각 자극을 통해서만 활성화되지 않으며 형태, 소리, 감정의 특성에 따른 경험일 수 있다. 어쩌면 미래에는 이런 색채 영역을 각각 자극해서 빨간색의 느낌, 소리, 맛 혹은 특정 대상에서 분리된 기묘한 빨간색 덩어리 같은 신기한 경험을 연구할 수 있으리라고 라마찬드란은 말했다. 그때가 되면 '빨간색'이 정확히 어떤 것인지 알 수 있을지도 모른다고 라마찬드란은 덧붙였다.

여러 생각들로 머릿속이 복잡해진 루벤과 나는 관광객에게 바가지를 씌우는 파에야 가게에 자리 잡고 말았다. 음식을 밀어놓은 나는 루벤에게 오라가 날마다 어떤 영향을 미치는지 물었다.

루벤은 자신의 뇌에서 어떤 일이 일어나는지 궁금하고, 실험에 참여해서 기쁘지만 보통은 오라를 무시하려 한다고 말했다.

"매일의 일상에서는 오라에 대해 생각하지 않습니다." 루벤은 눈살을 찌푸리며 전자담배를 꺼내 물었다. "오라에 대해 너무 깊이 생각하면 어리석은 기분이 들어서 그런 것 같아요."

나라면 내게 유리한 쪽으로 오라를 사용하는 방법을 궁리할 것이다. "빨간색 옷을 입으면 스스로가 더 매력적으로 느껴지지 않을까요?"

루벤은 고개를 저었다. "특정 옷과 연관된 감정 때문에 그 옷을 입고 싶은 마음은 들 수 있겠죠. 실제로 그 옷을 입을 수도 있지만 다른 누구도 알지 못하는 언어를 사용하는 일은 어리석은 일에 지나지 않아요."

나는 루벤에게 여성과 남성이 빨간 셔츠를 입었을 때의 반응에 관한 다니엘라 카이저의 실험 내용을 말해주고, 사실 우리는 모두 정도는 다르지만 루벤의 언어를 사용하고 있을지도 모른다고 말했다. "재미있네요. 내가 아주 괴상한 건 아니라니까 조금은 안심이 됩니다"라고 루벤은 답했다.

루벤은 자신의 검은색 셔츠를 내려다보았다.

"사실 빨간색 티셔츠는 없어요. 주로 검은색이나 흰색만 입죠. 예전에는 몰랐는데, 어쩌면 검은색이나 흰색에는 별 감정을 느끼지 않아서 이 색들을 자주 입었나 봐요." 루벤은 웃으며 고개를 들었다.

"아니면 나처럼 덩치만 큰 아이를 돋보이게 해서인지도 모르고요."

내가 계산하려고 웨이터를 부르자 루벤이 내게 물었다. "내가 나한테서 보는 색이 무슨 색인지 궁금해요?"

"그럼요!" 나는 루벤의 오라가 루벤 자신에게도 영향을 미치리란 점을 미처 생각하지 못했다.

루벤은 조금 쑥스러운 듯했다. "빨간색이에요. 이렇게 말하면 내가 무의식에서 나 자신을 사랑한다거나 자기애가 강한 사람처럼 보인다는 점을 압니다. 하지만 난 내가 좋습니다. 나 자신에 대해서도 만족하고요. 아마 그래서 빨간색인 것 같아요."

루벤은 친절하게도 나를 공항까지 태워주었다. 루벤의 차로 가면서 네르비온강의 깊은 푸른색과 뒤에 솟은 짙은 초록색 산 같은 주변 풍경에 관해 생각했다.

색이 우리 안에 내재된 것이 사실이라면, 그래서 어떤 종류의 감각으로도 촉발될 수 있다면, 사람은 모두 어느 정도 공감각을 느낄 수 있다면, 아주 조금만 다른 서로의 세계를 경험하기 위해 루벤처럼 극단적인 감각 변이를 겪을 필요는 없을 것이다. 어쩌면 우리가 확신할 수 있는 유일한 감각질의 특징은 타인이 보는 빨간색이 절대로 내가 보는 빨간색과 똑같을 수는 없다는 사실일지도 모른다. 나는 마음속 깊은 곳에서 올라오는 즐거운 충격을 즐겼다. 내 세계가 완전히 독특한 세계일 수도 있다는 생각에 즐거웠다. 오로지 내게만 속하는, 완전한 내 세상이 있다는 기분이었다.

루벤과 함께 다리를 건너 강을 따라 이어지는 길을 천천히 걸어가면서, 내 생각은 온종일 루벤에게 묻고 싶었던 질문에 집중되었다.

"루벤?"

"네?"

"내게서도 오라가 보여요?"

물으면서도 이상한 기분이었다. 루벤이 보는 오라의 색이 항상 특별한 감정을 나타내지는 않는다는 것을 알지만, 그래도 내가 초록색으로 보이지는 않았으면 하고 바랐다.

루벤은 걸음을 멈추고 나를 쳐다보더니 고개를 끄덕였다. "네, 주황색 계열로 보여요."

"아, 다행이다."

"당신이 주황색으로 보이는 건 독특한 목소리 때문인 것 같아요. 처음에는 조금 반투명한 느낌이었는데, 이건 당신 이름의 첫 부분에서 느끼는 색 때문이에요. 그 다음에는 주황색으로 바뀌었어요. 그래서 지금은 밝은 주황색에 약간 투명한…"

루벤은 상반신을 드러내고 짧은 파란색 반바지를 입은 사람이 조깅하며 지나가는 바람에 말을 멈췄다.

루벤은 땀이 머리카락을 타고 흘러내려 등에 떨어지는 호리호리한 그 사람의 뒷모습을 가만히 쳐다보았다. 루벤은 시선의 끝으로 나를 흘깃 보고는 고개를 저으며 웃었다.

"저 남자는 확실히 빨간색은 아니군요."

TOMMY————

#4

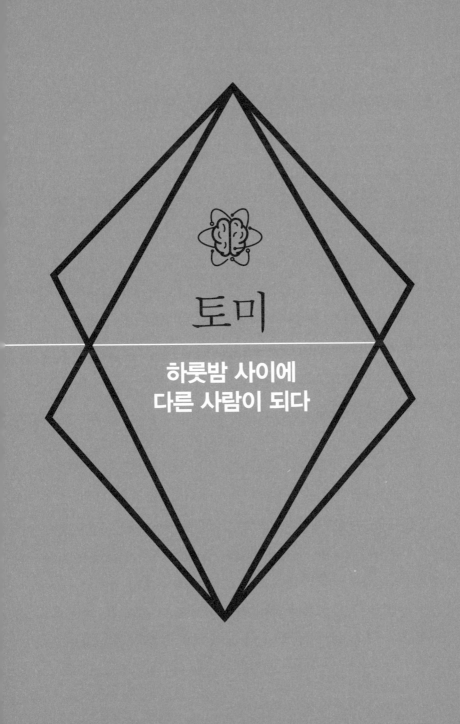

토미

하룻밤 사이에
다른 사람이 되다

교사인 루크는 2000년쯤, 자신이 끔찍한 상황에 부닥쳤음을 깨달았다. 아동 포르노물에 관심이 커지고 있었으며, 아동 청소년 포르노 잡지와 사진을 사기 시작하고 안마소에서 매춘부를 구하기 시작했다. 이런 성향이 절대로 용납되지 않는다는 사실을 아는 루크는 자신의 행동을 숨기려고 애썼지만 '쾌락 원칙'이 자제력을 넘어섰다고 나중에 고백했다. 루크가 의붓딸에게 미묘한 성추행을 시도하고 나서야 루크의 아내는 딸의 말을 통해 루크가 소아성애증이 있다는 점을 알았고, 루크는 아동 성추행으로 체포됐다.

판사는 루크에게 12단계 성 중독 교정 프로그램에 참여하거나 수감되는 것 중에서 선택하라고 했다. 루크는 교정 프로그램을 선택했지만, 간호사에게 계속 성적 취향을 캐묻고 다녀서 프로그램에서 퇴출당했다. 루크는 선고받기 전날 밤, 버지니아 대학 병원에 갔다. 두통이 있는 데다가 집주인을 성폭행할지도 몰라서 무섭다고 말했다. 루크의 뇌 영상을 찍은 의사는 우뇌 제일 앞부분인 안와전두엽에 계란만 한 종양이 있다는 폭탄선언을 했다. 이 영역은 사람마다 다르지만 사람의 욕구, 동기, 판단력뿐만 아니라 특정 행동에 대한 보상과 처벌에도 연관된다는 증거가 점차 늘어나고 있다.

의사가 종양을 제거하자 루크의 소아성애증도 사라졌다. 7개월 후, 루크는 사회에 위협이 되지 않는다고 판결받았고 가족의 품으로 돌아갔다. 그러나 몇 년 뒤, 소아성애증이 다시 나타나자 루크는 이번에는 곧바로 병원으로 갔다. 뇌 영상을 보니 똑같은 자리에 또다시 종양이 자라 있었다. 종양을 제거하자 루크의 인격은 다시 정상으로 되돌아갔다.[1]

루크의 사례처럼 부서지기 쉬운 인격의 본질에 대한 증거는 놀라울 때가 많다. 하지만 인격 변화는 희귀한 사례가 아니다. 미국인 5백만 명 이상이 알츠하이머병을 앓고 있는데 이 병은 인격에 심각한 영향을 미친다. 영국에서는 3.5분마다 누군가가 기분, 가치관, 충동에 일시적이거나 영구적인 변화를 일으킬 수 있는 뇌졸중을 겪는다. 우리는 인격이 변하지 않는 견고한 것이라고 생각하기 쉽지만, 사실 인격은 쉽게 변한다.

이 책을 집필하기 몇 년 전, 나는 인터넷으로 한 명도 아닌 두 명의 완전히 서로 다른 인격을 경험했던 사람과 친분을 쌓았다. 토미 맥휴는 뇌혈관이 터져 뇌 손상을 입은 후로 행동과 생각, 동기가 완전히 변했다. 하지만 내가 아는 토미는 뇌졸중을 일으킨 후의 반쪽 인격뿐이었다. 그래서 나는 토미의 딸을 만나 사람의 인격은 어디에서 나오는지, 한 사람에게서 두 명의 인격을 만나는 경험은 어떤 것인지 알아보기로 했다.

토미의 이야기는 감자에서 시작된다. 처음에는 그저 몇몇 식물에 회녹색 반점이 생겼다. 그 뒤 반점은 점점 커져서 갈색이 되더니 거칠고 단단해졌다. 곧 곰팡이는 근처 곡물에도 번지더니 결국 평야 전체를 황폐하게 했다. 아일랜드 대기근으로 알려진 감자 대기근 때문에 아일랜드의 수많은 사람이 굶주리고 질병이 유행하면서 백만 명 이상이 사망했다.

백만 명 이상의 아일랜드인은 이민을 갔다. 1845년부터 1852년까지 수천 가구가 아일랜드해를 건너 리버풀에 정착했다. 하지만 환영받지는 못했다. 아일랜드인에게 쏟아진 경멸은 대기근이 일어난 뒤 몇 년 동안 영국 총리를 역임한 벤저민 디즈레일리가 아일랜드인을 가리켜 "거칠고 무모하며 나태하고 불확실한 신원에 미신을 믿는 인종"으로 "영국인과 공통점이 없다"고 말한 데서도 드러난다. 아일랜드인의 이상적인 행복은 "배타적인 소란과 투박한 우상숭배의 변형이다"라고도 말했다. 이런 편견 때문에 많은 아일랜드 이민자는 일상에서 박해와 차별, 직접적인 공격에 직면했다.

토미 맥휴는 대기근이 일어난 지 100년 후에 태어났지만 리버풀에는 여전히 차별이 만연했다. 강한 리버풀 억양도 토미가 가난한 아일랜드인이라는 사실을 감춰주지는 못했다. 토미는 학교에서 가해지는 정신적, 신체적 학대에서 자신을 방어하는 법을 재빨리 습득했다. 열두 명에 달하는 토미의 형제자매는 모두 같은 처지였다.

"어떤 놀림과 조롱을 당해도 처벌은 없었습니다"라고 토미는 우리가 처음 통화했을 때 말했다. "나는 아주 어릴 때부터 주먹으로 해결하는 법을 익혔죠."

토미는 자신의 감정을 숨기는 법도 배웠다. 이는 아버지에게 배운 교훈으로, 토미의 아버지는 열심히 일했지만 술꾼이어서 일당 받은 돈을 그대로 집에 가져오는 법이 없었다.

그 결과 토미는 살아남기 위해 분투해야 했다.

"고된 삶이었습니다. 나는 버릇없는 아이였어요. 학교 안에서든 밖에서든 항상요. 약, 도둑질, 싸움, 안 하는 게 없었죠."

"아버지는 신을 신발이 없어서 다른 사람의 신발을 훔쳐야 했던 이야기를 해주곤 했습니다"라고 토미의 딸 실로는 말했다.

나는 런던 교외의 버킹엄셔에 있는 실로의 집에 왔다. 점심 무렵이었고 먹구름이 몰려와서 하늘은 어두웠다. 우리는 부엌 식탁에 앉아 실로의 어린 아들 이삭이 거실에서 커다란 나무 블록으로 철로를 만드는 모습을 지켜보았다. TV에서 방영되는 만화에서는 다양한 색이 플래시처럼 팡팡 터졌다. 내가 실로와 이야기하는 동안 이삭은 만화를 보도록 허락받았다.

나는 실로에게 아버지인 토미에 관해 물었다. 토미가 아버지로서는 어땠는지, 실로가 아버지의 과거에 대해 무엇을 기억하고 있는지, 이전의 토미는 어떤 사람이었는지 알고 싶었다.

"아버지가 어렸을 때는 당장 생존이 문제였어요. 아버지와 다른 사람들은 필요한 물건을 훔쳐야 했죠. 아버지의 형제 중 감옥에 가지 않은 사람이 거의 없을 정도였어요. 아버지는 감정에 휘둘리지 않았어요, 절대로요."

토미는 건축 시공업자가 되었고, 어린 시절의 여자 친구와 결혼했으며, 실로와 실로의 남동생인 스콧을 낳았다.

정규 교육을 제대로 받지 못했어도 토미는 책을 좋아했다. 토미는 실로가 어렸을 때 《반지의 제왕》을 읽어주었다. 십 대가 되었을 때 《반지의 제왕》 세 권을 모두 다시 읽은 실로는 좋아했던 이야기 대부분이 책에 없어서 실망했던 일을 기억한다.

"아버지가 거의 한 챕터에 가까운 분량의 이야기를 지어내셨더라고요. 내가 '빌보가 이랬으면 어땠을까요? 저 사람은 언제 만난 거죠?'라고 물었던 것 같아요."

좋은 시절은 정말, 너무나 행복했다고 실로는 말했다. "아버지는 유쾌하고 재미있는 분이셨고, 친구들은 모두 아빠 때문에 나를 부러워했어요."

그러나 그 후 실로가 '믿을 수 없을 만큼 끔찍한 시절'이라고 말하는 때가 왔다. 토미는 분노와 공격성을 억제하지 못해 힘들어했고, 때로 헤로인 같은 중독성 마약을 하기도 했다.

"아빠가 다음 순간 어떻게 변할지 전혀 알 수 없었어요. 술을 마시면 폭력적으로 변하기도 했고, 엄마가 우리를 데리고 집을 나가면 아버지가 엄마를 위협하면서 이렇게 말하는 때도 있었죠. '나가기만 해 봐, 끝까지 쫓아가서 집을 불태워 버릴 테니까'라고요."

실로의 목소리는 부드러워졌다.

"하지만 아버지는 언제나 모든 일을 정상으로 되돌리는 데 능숙했어요. 친절하고, 상냥하고, 함께 이야기하면서 즐겁게 지냈죠. 잠깐은 그렇게 모든 것이 너무나 좋아요. 그렇게 지내다가 어둠이 다시 찾아오는 거죠."

두 인격의 차이점은 실제 삶에서는 명확하게 드러나지만 객관적으로 연구하기는 매우 어렵다. 많은 과학자가 특성이나 행동 양식, 생각, 감정처럼 시간이 지나도 상대적으로 안정적인 특징을 바탕으로 인격을 정의하려고 시도했다. 놀라울 정도로 다양한 인격의 특성은 보통 소위 빅 파이브라고 부르는 개방성, 성실성, 외향성, 친화성, 신경증의 성격 요인으로 나뉜다.

개방성은 새로운 경험이나 정보, 발상에 대한 보편적인 호기심과 의지를 가리킨다. 성실성은 충동을 조절하고, 삶을 계획하며, 자제하는 능력이다. 외향성은 폭넓은 활동에 참여하는 성향으로 대화를 좋아하고 적극적이며, 주목받으면서 행복을 느낀다. 친화성이 높다면 다른 사람과 잘 지내는 일을 중요하게 여겨서 타협에 적극적이고, 친절하고 관대하며 사려 깊은 성격이다. 마지막으로 신경증은 불안해하는 정도를 나타내며 부정적인 감정을 느끼는 일반적인 성향을 나타낸다. 한 개인에게 존재하는 다섯 가지 특성 수준을 측정하면 인격을 예측할 수 있다고 여겨진다.

그러나 이런 특성을 나타내는 원인은 무엇일까? 인격은 유전자나 환경의 부산물일까? 이를 알아내려면 정말 특이했던 두 형제의 고향인 오하이오주로 가야 한다.

짐 루이스와 짐 스프링어는 태어난 지 몇 주 만에 분리되어 양부모에게 새 이름을 받고 떨어져서 자란 일란성 쌍둥이다. 39년 뒤 다시 만났을 때, 두 형제는 자신들이 공유하는 것이 이름뿐만이 아니라는 사실을 깨달았다. 두 형제 모두 긴장성 두통을 앓았고, 손톱을 물어뜯는 버릇이 있었으며, 경찰이었다. 취미로 목공예를 즐겼으며, 세일럼 담배를 피웠고, 같은 자동차를 몰았다. 플로리다의 같은 해변에서 휴가를 즐겼고, 두 사람 모두 린다라는 이름의 여성과 결혼했을 뿐만 아니라 이혼하고 베티라는 이름의 여성과 재혼했다. 두 형제 모두 아들에게 제임스 앨런(Alan) 루이스와 제임스 앨런(Allan) 스프링어라는 이름을 지어주었다. 두 형제가 키우는 개의 이름은 토이였다.

이 모든 일이 다 우연일까? 풀러턴에 있는 캘리포니아 주립대학교 행동유전학자이자 진화심리학자인 낸시 시걸은 우연만은 아니라고 설명한다.

짐 형제 이야기가 촉매제가 되어 1979년 후천적으로 분리된 미네소타 쌍둥이 연구라는 획기적인 실험이 시작되었다. 20년 동안 미네소타 대학교 연구자들은 태어난 후 분리되어 길러진 쌍둥이들의 삶을 추적했다. 이 연구는 137쌍의 쌍둥이를 연구했는데, 이 중 81쌍은 하나의 수정란이 둘로 나뉘어 발생한 일란성 쌍둥이였고 56쌍은 각각 다른 두 개의 수정란에서 발생한 이란성 쌍둥이였다.

시걸과 몇몇 연구자는 미네소타 쌍둥이 연구 자료를 함께 자란 쌍둥이에 대한 별도의 자료와 함께 분석했다. 그리고 연구팀은 놀라운 결론에 다다랐다. 분리되어 자란 일란성 쌍둥이는 함께 자란 일란성 쌍둥이처럼 성격이 똑같았다. 리더십, 권위에의 복종, 스트레스와 공포에 대한 회복력 같은 몇몇 특성은 50% 이상이 유전자의 영향을 받았다.[2]

유전적으로 수줍음을 타는 아이는 양육 방식에 따라 더하거나 덜할 수는 있지만, 외향적인 성인이 될 가능성은 거의 없다고 연구 결과는 암시한다.

내가 이런 놀라운 결과가 나올지 예측했느냐고 물었을 때, 시걸은 "정말 놀라운 일이었습니다. 분리되어 양육한 일란성 쌍둥이에서 차이점을 발견할 수 있기를 바랐지만 찾을 수가 없었습니다"라고 말했다.

물론 이 연구에 비판적인 시선도 있다. 서로 너무나 닮은 쌍둥이는 다른 사람에게서 비슷한 행동을 이끌어내는 경향이 있으므로 비슷한 성격을 갖는다는 주장도 오랫동안 이어진 비판의 하나다.

시걸은 이 가설을 시험할 방법을 2013년에 찾았다. 만약 외모가 타인의 특정한 대응을 유도한다면, 도플갱어처럼 외모는 거의 똑같지만 유전자는 다른 사람들 역시 일란성 쌍둥이처럼 성격이 비슷할 것이다.

이 실험을 위해 시걸은 여러 해 동안 도플갱어의 흑백사진 작업을 했던 프랑스계 캐나다인 사진가 프랑수아 브루넬의 프로젝트에서 23쌍의 도플갱어를 찾아냈다. 도플갱어들은 빅 파이브 요인에 따라 만든 성격 검사 설문지와 응답자의 자존감 같은 행동의 다양한 측면을 측정하는 설문지에 응답했다. 결과는? 도플갱어는 유의미할 만큼 성격 요인을 공유하지 않았고, 함께 혹은 분리해서 양육한 일란성 쌍둥이나 이란성 쌍둥이 모두와 비교할 때 성격이 비슷한 정도가 매우 낮았다.[3]

짐 쌍둥이가 보여주는 수많은 유사점은 형제가 공유한 유전자 이력 때문인 걸까?

"똑같은 해변에서 휴가를 보내게 하는 특별한 유전자가 있다는 이야기가 아닙니다. 하지만 왜 휴가를 바다에서 보내고 싶어질까요? 감기에 걸리기 쉬운 체질 때문일 수도 있고, 사교성이 높아서 사람들이 많은 장소를 좋아하기 때문일 수도 있습니다. 이런 부분은 유전자 성향이 부분적으로 좌우하는 지점이죠. 전체적으로 볼 때, 유전자 성향은 당신이 휴일을 어디에서 지낼지를 결정하는 이유를 설명할 수 있습니다"라고 시걸은 말했다.

하지만 기질-양육 논쟁에서 양육은 여전히 중요한 역할을 한다고 인정받는다. 환경이 성격에 미치는 영향을 보여주는 가장 인상적인 증거는 1990년대 킹스칼리지 런던의 로버트 플로민 연구팀이 재학생을 대상으로 한 여러 연구 논문이다. 이 연구는 독특한 삶의 경험이 일란성 및 이란성 쌍둥이의 행복과 우울감에 큰 영향을 미친다는 사실을 보여주었다.[4]

이 연구들은 어느 것이든 완벽하다고는 할 수 없지만, 변하지 않는 성격이 인쇄된 청사진을 물려받는 사람은 없다는 사실을 보여준다. 유전자는 특정 방향으로 우리를 몰아갈 수는 있지만 사람의 성격은 사는 동안 환경에 의해 만들어질 수 있다.

그리고 때로는, 하룻밤 새에 바뀔 수도 있다.

토미는 두통을 앓았다. 두통은 끈질겨서 사라지지 않았다. 하지만 드문 일은 아니었다. 토미는 몇 주 동안이나 자신을 괴롭히는 편두통을 가라앉히려고 가끔 머리에 벨트를 매어두곤 했다고 내게 말했다.

그 일이 일어났을 때, 토미는 화장실에서 신문을 읽고 있었다.

"갑자기 왼쪽 머리가 폭발하는 느낌이었습니다. 아마 내가 의식을 잃지 않은 것은 바지를 벗은 채로 발견되는 일만은 절대로 안 된다고 생각했기 때문인 것 같아요. 일어서서 바지를 입자마자 내 오른쪽 머리마저 폭발했습니다. 폭발은 마루로 나오자 끝났죠."

토미는 동맥류가 파열되면서 지주막하출혈을 일으켰다. 혈관이 터지면서 토미의 뇌에 혈액이 퍼져나갔다. 재혼한 아내 잔이 토미를 발견해서 병원으로 신고 갔고, 11시간이 넘는 수술을 받았다. 의사는 실로와 가족에게 토미가 의식을 찾지 못할 수도 있다고 경고했다.

"한번은 아버지가 일 때문에 사우디아라비아에 얼마간 가신 적이 있어요. 아마 내가 세 살인가 네 살 무렵일 거예요. 아버지는 이틀이나 사흘 간격으로 내게 편지를 보내셨죠. 열세 살이 되었을 때 아버지가 보낸 편지 봉투를 보았는데, 우편 소인이 모두 리버풀이었어요. 엄마에게 물어보니 아버지가 영국으로 가는 사람들에게 부탁해서, 그 사람들이 리버풀에서 다시 내게 보냈다고 설명해주었어요."

뇌출혈은 간신히 막았지만 토미의 뇌가 손상된 점은 의심의 여지가 없었다. 의사는 수술 며칠 뒤 토미가 침대에서 일어나 앉자 기뻐했다. 그러나 불행하게도 예상하지 못했던 합병증이 있었다.

"깨어나자마자 뭔가가 달라졌다는 것을 알 수 있었습니다. 내 마음은 놀라울 정도로 완전히 변했어요"라고 토미는 말했다.

"아빠가 유죄판결을 받았다는 사실을 알았을 때, 나는 열여섯 살이었어요"라고 실로는 말했다. "대학에 입학했는데 옆의 친구가 자기가 맥휴 옆집에 산다고 얘기했죠. 맥휴라는 성은 너무 흔해서 누구나 알고 있었어요. 어쨌든 그 친구는 맥휴 가문 사람은 누구나 한 번쯤은 교도소에 갔다 왔고, 살인을 한 사람도 있다고 했어요. 나는 집에 가서 무슨 일이 있었는지 물었고, 아버지가 사우디아라비아에 가지 않았다는 걸 알았죠. 아빠는 교도소에 있었어요."

위조수표에서 지문 하나가 발견됐는데, 바로 토미의 지문이었다. 토미는 수표에 찍힌 지문의 손가락은 열여섯 살 때 싸우다가 다친 손가락이므로 그럴 리가 없다고 주장했다. 싸움 이후로 그 손가락은 이상한 각도로 휘어져서 구부릴 수 없다고 했다.

"아버지는 혐의를 항상 부인했어요"라고 실로는 말했다. 실로는 멈칫거렸고, 그래서 나는 실로가 그 이야기를 믿는지 아닌지 알 수 없었다.

"아버지는 그 손가락이 수표에 찍힐 수가 없다고 했어요. 하지만 그러면서도 아버지는 나쁜 일을 꽤 많이 했기 때문에 경찰이 언젠가 자기를 잡으리라고 말하곤 했죠."

나는 토미에게 수술 후 깨어났을 때 어떤 기분이었는지 물었다.

"처음부터 무척 감정적이었죠. 파리를 죽이는 일조차 상상할 수 없었습니다."

토미는 병동을 둘러보고 창문으로 바깥을 바라보았다. "모든 것이 아름다워 보였습니다. 이전에는 전혀 생각하지 못했던 온갖 생각이 머릿속을 떠다녔죠. 갑자기 감정과 걱정과 배려가 솟아났어요. 내 안의 여성성을 깨달을 수 있었습니다."

"완전히 다른 두 사람으로 느껴졌어요"라고 실로는 말했다. "아버지는 놀라울 정도로 감정적으로 변해서 모자가 떨어졌다고 울고, 슬퍼하거나 행복해하기도 했죠. 수술 이전의 아버지는 완전히 사라진 것처럼 보였어요."

토미의 갑작스러운 변화는 세상의 아름다움과 새로운 감정 나침 반뿐만이 아니었다. 병원 창문을 통해 토미는 나무가 싹 틔우는 숫자를 보았다.

나는 내가 잘못 들은 줄 알았다. "나무에서 숫자를 봤다고요?"라고 나는 되물었다.

"아니요, 내 마음속에 있는 숫자였죠. 3, 6, 9 같은 숫자요. 또, 운율에 맞춰 말하게 됐어요."

"운율이요?"

"네, 항상 운율을 맞추고 싶은 충동이 일었어요." 토미는 웃었다. "이런, 또 시작이네요. 시가 왼쪽, 오른쪽, 가운데 어디서나 튀어나와요. 요즘 새로 발표된 시나 옛날 시 사이에서 나는 구름처럼 홀로 방황하죠. 나는 시를 거꾸로도, 옆으로도, 비스듬하게도 암송할 수 있어요. 제목만 말해요, 내가 암송하죠."

한 달이 지나자 토미는 퇴원했다. 의사는 어디가 잘못됐는지 명확하게 설명하지 못했다. 뇌출혈 때문에 뇌 일부가 손상된 것 같았지만, 응급수술 도중 지혈하려고 금속 클립을 집어넣었으므로 토미는 더는 뇌 영상을 찍을 수 없었다. 즉, 뇌 어느 부분이 손상을 입었는지 알아낼 수 없다.

토미는 자신의 뇌가 열성을 다하기 시작했다고 설명했다. "내 뇌 속으로 들어가면 모든 정보를 볼 수 있습니다. 각도, 언어, 구조, 수학, 생생한 천연색 그림 같은 것이죠. 무엇을 보든지 여섯 가지의 기억이나 감정, 냄새를 떠올리게 되고, 이런 정보는 잠시 내 마음속에서 각자 맴돌아요. 그러다가 이런 생각 중 하나가 다른 생각과 부딪히면서 또 다른 여섯 가지 생각을 떠올립니다. 그리고 새로 떠오른 생각들의 한 부분이 서로 만나 또다시 여섯 가지 생각이 만들어지죠. 내게는 끊임없이 패턴과 세부사항, 정보, 얼굴 등이 퍼부어집니다. 영원히 끝나지 않는 정보의 회랑 속을 걷는 것 같죠."

"내 뇌는 벌집 속에 있는 꿀벌 같아요"라고 토미는 거의 숨도 쉬지 않고 말을 이었다. "벌집 한가운데 있으면 밀랍으로 덮인 육각형의 방만 보일 뿐이죠. 육각형 방을 두드리면 부서지면서 그 안에서 수많은 방이 쏟아져 나와요, 뇌세포를 번개 같은 섬광이 치고 가는 것처럼요. 그리고 그 방에서 화산이 폭발하듯이, 비누 거품이 일어나듯이 수십억 개의 이미지가 부글거리며 뿜어져 나와요. 에트나 화산처럼 흘러나오는데 절대로 멈추는 법이 없죠. 각각의 거품에는 또 다른 수백만 개의 이미지가 들어있어요. 그게 내 마음속에서는 아주 찰나의 순간이에요. 뇌가 얼마나 무한한지를 증명하는 기분이죠. 우리가 뇌의 극히 일부분만을 사용하고 있다는 사실을 상상조차 할 수 없어요."

나는 중간에 끼어들려고 했지만 토미는 계속 말했다.

"내 뇌는 무한한 세부 정보로 채워져 있지만, 나는 그 안에서 튀어나오는 모든 정보를 이해할 만큼 교육받지 못했어요. 이렇게나 다양한 언어와 지식이 있고, 거기에 따라오는 조금은 성가신 것들이나 모든 것에 대한 작은 힌트가 있다고 내게 알려주죠. 내가 그 지식들을 이용하고 싶으면 사용할 수 있도록 거기 있다고요. 올바른 자극만 주어지면 이탈리아어로도 말할 수 있으리라는 기분이 들어요. 필요한 건 모두 내 머릿속에 들어있어요. 사람은 모두 헤아릴 수 없는 재능을 가지고 있지만, 재능을 사용하도록 입박이 가해지지 않기 때문에 뇌 속에 재능이 있는 줄 모르고 있는 것 같아요. 그게 내 뇌 속에서 내가 보는 것들입니다."

설명이 더 이어졌다. 내가 끼어들 타이밍을 찾기가 어려웠다. 토미와 대화한 지 5분이 채 지나기 전에 계속되는 생각과 연상의 포격은 토미와의 대화에도 반영되고 있다는 사실을 알 수 있었다. 토미의 마음은 한 생각에서 저 생각으로 빠르게 건너뛰었고, 사고는 순식간에 하찮은 것으로 흘러갔다.

토미는 전화하다가 잊고 말하지 않은 내용을 알려주려고 내게 장문의 이메일을 보내오곤 했다. 평범하게 쓴 편지도 있지만 운문으로 쓴 것도 있었다.

토미가 자신의 이야기 속에 짜 넣곤 하던 묘사는 가끔은 상상 속에나 나올 것 같은 것도, 통찰력이 돋보이는 것도 있었다. 토미는 현명한 말을 자주 했지만, 가끔 토미와의 대화를 녹음한 내용을 다시 들어보면 토미의 은유는 애매하거나 일관성이 없을 때도 있었다.

"가끔은 내가 매트릭스에서 뽑혀 나왔다는 생각이 듭니다." 어느 날 토미는 말했다. "누군가가 내게 보여주는 것만 보던 예전의 삶에서 갑자기 단절된 것 같아요."

"내가 좀 멍청해서 다행입니다, 헬렌. 아니면 진실을 너무 많이 알게 됐을 테니까요"라고도 말했다.

당연하게도 토미의 가족은 토미가 끝없이 늘어놓는 무미건조한 이야기와 철학적인 사색, 점잖은 예의범절에 당황했다.

"너무 달라지셔서 아버지의 세계가 완전히 거꾸로 뒤집힌 것 같았어요"라고 실로는 말했다.

시간이 지나서 충분히 회복되면 어두운 면이 숨어있는 이전의 그 사람으로 돌아오리라고 모두 생각했다. 하지만 그런 일은 일어나지 않았다.

모두가 새로운 토미를 환영하지는 않았다. 어떤 사람은 이전의 토미가 되돌아오기를 바랐다. 몇몇은 변한 토미를 받아들였지만 결국 자신과의 공통점을 찾지 못해 떠나기도 했다. 토미가 그저 연기하고 있다며 두려운 눈으로 쳐다보는 사람도 있었다.

"아버지의 형제들은 아버지가 예전으로 돌아오길 바랐어요. 특히 한 분은 항상 아버지를 분쟁에 끌어들이려고 했죠"라고 실로는 말했다.

실로의 엄마였던 토미의 첫 번째 아내도 변한 토미를 받아들이기 힘들어했다. "뇌졸중이 일어나고 십 년이 지나도 엄마는 아버지가 정말로 바뀌었다는 걸 믿지 않았어요. 엄마는 아버지 속 어딘가에 나쁜 남자가 남아있을 거라고 믿고 계시죠."

어떻게 사람의 인격이 이렇게 크게 변할 수 있을까? 이를 이해하려면 먼저 일반적으로 알고 있는 좌뇌형, 우뇌형 성격이라는 개념을 버려야 한다. 이 가설은 퇴역군인인 윌리엄 젠킨스가 로스앤젤레스에 있는 화이트 메모리얼 의료센터에서 수술을 앞두고 있던 1962년 겨울에 탄생했다.

젠킨스의 의사였던 로저 스페리는 저명한 신경과학자로, 젠킨스의 뇌를 절반으로 나누는 수술을 준비하고 있었다. 젠킨스는 제2차 세계 대전에 참전했다가 폭발 사고로 다친 후, 매일 최대 열 번의 발작을 겪고 있었다. 스페리는 좌우 뇌를 연결하는 구조물인 뇌들보를 자르면 젠킨스의 발작을 멈출 수 있으리라고 생각했다. 동물 실험 결과를 볼 때 뇌들보를 끊어도 인지능력에는 손상이 없었고, 좌뇌와 우뇌는 각각 독립적으로 움직였다.

수술은 무사히 끝났고 젠킨스의 인지능력은 표면적으로는 이상이 없었다. 그러나 이후 젠킨스와 다른 분리 뇌 환자를 대상으로 한 연구가 발표되기 시작했다. 연구 결과는 좌뇌는 몸의 우측을, 우뇌는 몸의 좌측을 통제한다는 사실을 보여주었다. 또한 좌뇌와 우뇌가 서로 다른 기능에 특화되었다는 점을 처음으로 증명했다. 좌뇌는 기본적인 단어와 짧은 구절밖에 구사하지 못하는 우뇌보다 수다스러웠다. 좌뇌는 분석적이며 수학에 더 능했다. 우뇌는 공간과 방향, 음악에 뛰어났다. 사람 얼굴을 기억하고 언어에 실린 감정을 이해하는 데 우뇌는 더 능숙했다.

이 연구로 스페리는 1981년 노벨상을 받았고, 곧이어 새로운 성격이론이 탄생했다. 새 성격이론은 좌우뇌 어느 쪽이 우세한가에 따라 논리적이고 분석적이거나, 창조적이며 감정적인 성격을 나타낸다고 주장했다. 요즘도 대중매체에서 이 가설을 발견하기는 어렵지 않다.

뇌에 특수한 기능을 수행하는 분리된 영역이 있기는 하지만, 건강한 뇌에서 어느 쪽 뇌가 더 지배적인 뇌인지를 주장할 만한 증거는 전혀 없다. 예를 들어 언어를 생각해보자. 좌뇌는 복잡한 대화를 하도록 도울 수 있지만 우뇌는 복잡한 대화에 기교를 더해준다. '밧줄을 보여드리겠습니다'라는 구절을 예로 들어보자. 좌뇌는 단어를 정확한 순서로 늘어놓지만 우뇌는 언어의 은유를 이해하고 생성한다.

그런데 좌뇌형인지 우뇌형인지를 생각하기보다는 상뇌와 하뇌로 구분해서 특히 이 두 영역이 어떻게 상호작용하는지를 생각해야 한다고 하버드 대학교 명예교수인 스티븐 코슬린은 말했다.

상뇌는 전두엽과 두정엽이 대부분을 차지한다. 하뇌는 전두엽이 일부 포함되지만 측두엽과 후두엽이 대부분을 차지한다. 뇌를 이렇게 나누면 뇌의 역할을 특정하기가 더 쉬워진다고 코슬린은 말했다. "상뇌는 계획을 세워서 실천하고, 하뇌는 세계에 관한 정보를 받아들여 해석하고 의미를 찾는다."

사람은 항상 양쪽 뇌를 함께 사용한다는 사실을 꼭 기억해야 한다고 코슬린은 말했다. "뇌는 하나의 체계다. 좌뇌와 우뇌가 상호작용하는 방식이 더 중요하다."

예를 들어 내가 술집에서 아버지를 보면, 하뇌가 눈에서 들어오는 감각 정보를 해석해서 맥락에 따라 아버지에 대한 기억을 꺼내므로 나는 아버지를 인식한다. 1장에서 살펴봤듯이 기억은 다른 기억과 연결되므로, 아버지가 테니스를 즐기고 하비스 베스트 비터 맥주를 좋아하며 카밀라 파커볼스를 좋아한다는 사실도 떠올릴 수 있다.

하지만 이것이 전부가 아니다. 아버지를 초대해서 맥주 한잔을 같이하고 싶을 수도 있고, 회계사로서의 조언을 듣고 싶을 수도 있다. 이것이 상뇌가 하는 일이다. 계획을 세우고 실천하는 것이 상뇌의 일이지만 상뇌 혼자서 할 수는 없다. 계획을 세우고 실행하려면 아버지에게 할 말이나 내 생각에 관한 정보를 하뇌에서 받아야 한다.

계획대로 되지 않으면 상뇌는 하뇌에서 받은 정보를 바탕으로 계획을 점검하고 행동을 조절해서 실수를 바로잡으려 할 것이다.

코슬린 이론의 요점은 상황에 따라 우리가 상뇌나 하뇌에 의지하는 정도가 다르다는 것이다. 어느 쪽이 우세한지에 따라 우리의 인격 특성도 달라진다.

예를 들어 상뇌와 하뇌를 골고루 사용하면 계획을 실천하고 결과를 세밀하게 분석한다. 그러나 하뇌 체계가 우세하면 경험의 세부 사항이나 사건의 결과를 분석하는 등 주변에 보이는 것을 더 깊이 생각하게 된다. 이렇게 행동하는 사람은 모든 정보를 분석하고도 계획을 실행하는 성향이 적다.

한편, 상뇌 체계가 우세하면 성공지상주의자가 되기 쉽다. 창조적이며 주도적이지만 결과에 대해 깊이 생각하지는 않는다. 코슬린은 이를 '도자기 상점에 있는 황소' 모드라고 부른다.

상뇌도 하뇌도 우세하지 않으면 경험의 세부를 따라잡지 못하거나 미래 계획을 실행하지도 못한다. 대신 이런 사람은 '순간'에 집중해서, 코슬린의 말에 따르면 외부 사건이 자신의 행동을 조절하게 뇌둔다.

"이들은 팀 플레이어다. 모두가 지도자가 될 수는 없다. 바로 그 순간, 수면 아래를 들여다보지 않고 계속해서 해야 할 일을 묵묵히 하는 사람, 병사 역할을 하는 사람도 필요하다."

자신의 뇌가 어느 쪽이 우세한지 궁금하다면 온라인(http://bit.do/

topbrain)에서 코슬린이 만든 테스트로 검사할 수 있다.

저서《상뇌, 하뇌: 우리가 생각하는 방식에 대한 놀라운 통찰(Top Brain, Bottom Brain, Surprising insights into how you think)》에서 코슬린은 자신의 이론이 인격이 갑자기 바뀌는 이유를 설명할 수 있다고 했다.[5] 피니어스 게이지를 예로 설명해보자. 앞서 설명했듯이 게이지는 쇠막대가 두개골을 관통하는 끔찍한 사고를 당했다. 역사 기록을 보면 게이지는 사고를 당하기 전에는 아주 재치 있는 사람이었고 경험을 통해 습득하는 속도가 빠른 기획자였다. 게이지는 정규 교육을 받지 않았지만 건설업체에서 승진을 계속했다. 하지만 사고 이후 게이지의 인격은 완전히 바뀌었다. 게이지는 역겨운 욕설을 하고, 다른 사람들이 받아들일 수 없는 계획만 수없이 만들었다.

게이지가 사망한 후, 그의 두개골은 과학계에 기증되어 지금은 하버드 의과대학교 워렌 해부학박물관의 작은 유리 상자 속에 보관되어 있다. 연구자들은 게이지의 두개골을 분석해서 게이지가 사고로 받은 뇌 손상을 추측했다. 게이지의 전두엽에 있는 뉴런은 전기 신호가 전달되는 기다란 부분인 축삭돌기의 약 11%가 손상되었다. 즉 전두엽의 수많은 연결망이 단절되면서 상뇌와 하뇌의 연결이 끊겼다.

이 외상은 게이지의 욕설하려는 욕구를 억누르는 능력 같은 특정 행동에만 손상을 일으킨 것이 아니다. 게이지의 부상은 상뇌와 하뇌가 함께 일하는 방식 역시 손상했다고 코슬린은 말했다.

게이지는 이전에는 전략적이며 사려가 깊은 청년이었지만 지금은 충동적이며 불안정하다. 게이지의 하뇌는 상뇌를 부적절하게 방해해서 계획을 진행하거나 계획의 결과에서 새로운 피드백을 받아 계획을 수정하는 능력을 손상하고 있다. 게이지는 변덕스러운 감정의 바다 위에 떠 있으며 감정에 적절하게 대응할 수 없다.

이 이론이 토미의 뇌에서 일어나는 일도 설명할 수 있을까?

이를 알아내기 위해 나는 토미가 사고를 당한 후 친해진 다른 사람, 즉 보스턴에 있는 매사추세츠 종합병원 신경학자인 앨리스 플래어티와 이야기를 해보기로 했다.

토미는 수술에서 회복한 직후 플래어티에게 편지를 써서 자신의 새로운 인격에 관해 설명해줄 수 있는지 물었다. 토미와 처음 이메일을 주고받았을 때에 관해 묻자 플래어티는 "토미는 정말 매력적인 사람이었죠"라고 대답했다. "토미의 이메일은 믿을 수 없을 만큼 멋진 이야기였어요."

플래어티는 토미를 미국에 있는 자신의 연구실로 초대하고 싶었지만 토미는 이전의 전과기록 때문에 비자를 받지 못했다. 결국 플래어티가 리버풀로 날아와 며칠을 머물렀다. "나는 토미가 너무 좋았어요. 토미는 누구도 상처 입힐 수 없죠. 자신이 걸어갈 길에 있을 곤충을 밟지 않으려고 길을 쓸면서 걸어가는 자이나 수도승처럼요.

토미는 근처를 떠도는 모든 길고양이를 돌봐요. 터프가이였다가 갑자기 다정한 사람이 되었어요. 정말 사랑스럽게 변했죠"라고 플래어티는 말했다.

플래어티는 토미에게 일어난 일을 설명하는 데 코슬린의 상뇌 하뇌 이론을 반드시 차용하지는 않는다. 대신 손상된 뇌 영역에 관한 지식에 근거해서 추론했다.

"토미의 사례는 뇌졸중이 중대뇌동맥에서 일어났어요. 중대뇌동맥은 전두엽과 측두엽에 혈액을 공급하죠."

추측이긴 하지만 토미의 인격 변화의 원인으로 제일 그럴듯한 설명은 측두엽 손상이다. 이유를 이해하려면 뇌가 우리를 둘러싼 당혹스러울 정도로 많은 양의 감각 정보를 어떻게 처리하는지 살펴보아야 한다. 우리는 끊임없이 형태와 색, 움직임을 보고 소리를 들으며 냄새를 맡지만, 거의 주의를 기울이지 않는다. 아버지를 만나러 술집에 들어가면, 처음에는 주방에서 흘러나오는 냄새를 맡거나 TV에 나오는 축구경기를 볼 수도 있지만 몇 초 안에 이런 자극은 사라진다. 우리는 친숙하고 상관없는 정보는 걸러낸다. 그러지 않으면 우리의 감각은 너무 많은 정보에 파묻혀 정작 당면한 문제에 집중할수 없게 된다.

그러려면 감각 정보는 감정을 감시하는 측두엽으로 들어가게 되고, 측두엽이 대뇌피질의 다른 영역에 이 정보가 생각할 만한 가치가 있는지를 알린다. 그 뒤 연관성이 높은 정보만 전두엽으로 올라가서 우리는 계획을 세우고 행동하며 정보에 근거해서 말을 한다.

토미의 행동은 보통 의식적인 자각 상태에서는 차단되는 연관성 없는 자극을 뇌가 걸러내지 않는다는 사실을 보여준다. 토미의 측두엽은 더는 감각 정보나 발상을 비판적으로 판단하지 않는다고 플래어티는 말했다. "그래서 그 모든 정보가 검열을 통과해서 토미의 의식으로 흘러 들어가는 거죠."

"측두엽이 손상된 사람 중에는 언어를 이해하는 능력은 떨어지지만 정상인보다 더 많이 말하는 사람이 있습니다. 이런 사람은 기본적으로 자신이 말하는 내용에 대한 판단력이 부족하죠. 이 증상을 '정치가의 연설'이라고 부릅니다. 말은 많지만 알맹이는 없거든요"라고 플래어티는 설명했다.

이와 달리 토미의 새로운 감정 나침반은 전두엽 손상으로 일어나는 것으로 보인다. 전두엽은 뇌의 가운데와 아랫부분으로 향하는 감정 영역을 연결하거나 억제한다. 전두엽 활성 수준은 사람의 인격에 여러 방법으로 영향을 미칠 수 있다.

1960년대 독일 심리학자 한스 아이젠크는 내성적인 사람은 피질 각성 수준이 높아서 외향적인 사람보다 자제력이 높을 수 있다고 주장했다. 즉 들어오는 정보에 피질이 더 민감하고 반응성이 높다는 뜻이다. 각성 수준이 높으면 보이지 않는 곳에서 계속 감정 영역을 억누른다.

스스로 내성적인지 외향적인지 시험해볼 수도 있다. 면봉 한쪽 끝을 혀 위에 20초 동안 올려놓는다. 그다음 레몬즙을 몇 방울 혀 위에 떨어뜨린 뒤, 면봉의 다른 한쪽 끝을 혀 위에 놓고 다시 20초를 기다린다. 그다음 실을 면봉 가운데에 묶고 레몬즙이 묻은 끝부분이 아래로 처지는지 확인한다. 침이 더 많이 나와 면봉에 묻었다면 레몬즙이 묻은 쪽이 아래로 처질 것이다. 만약 레몬즙이 묻은 쪽이 더 무겁다면 당신은 내성적인 성격이다. 각성 수준이 더 높다는 것은 당신이 레몬즙에 더 강하게 반응했다는 뜻이고, 그래서 보통 때보다 침이 더 많이 나온 것이다. 아이젠크는 다른 내향성 검사에서 높은 점수를 기록한 사람들은 이 레몬즙 검사에서 침을 더 많이 분비한다는 사실을 증명해서 자신의 이론을 뒷받침했다.

내성적인 사람을 마취시킬 때도 비슷한 일이 일어나는데, 내성적인 사람은 외향적인 사람보다 마취약이 더 많이 필요하다. 아직도 확신이 없다면 주의력 결핍 및 과잉행동장애(ADHD) 아동을 진정시킬 때 리탈린 같은 흥분제를 투여하거나 술 같은 진정제가 사람들을 일시적으로 더 수다스럽고 감정적으로 바꾸는 상황을 생각해보라.

추측이지만 토미의 전두엽과 하뇌 영역 사이의 의사소통 능력이 손상된 것으로 보인다. 게이지처럼 전두엽이 손상되어 하뇌의 감정 영역 브레이크가 멈췄을 수 있다. 밤늦도록 토미는 '이전에는 있는 줄도 몰랐던' 자신의 감정을 찾게 되었다고 말했다.

토미의 아내 잔은 토미의 모든 말, 생각, 감정을 기록하면 좋으리라고 생각해서 병원에서 퇴원한 몇 주 뒤 토미에게 그림을 그리도록 권했다. 마음속에 있는 것을 그림으로 표현하면 토미가 생각에 집중하는 데 도움이 될지도 모른다고 여겼다. 하지만 일단 그림을 그리기 시작하자 토미는 멈출 수가 없었다.

"처음에는 그저 A4 용지 여러 장을 벽에 붙여놓은 정도였어요. 우리는 회복되는 과정이라고만 생각해서 아버지를 격려했죠. 실제로도 정말 도움이 되었어요"라고 실로는 말했다. 하지만 곧 토미는 캔버스를 벗어났다. 처음에는 캔버스를 더 많이 샀지만, 점차 비용이 너무 많이 들자 토미는 집 안의 벽에 그림을 그리기 시작했다. 방 하나의 벽을 모두 그림으로 뒤덮으면 그다음 방으로 가서 그림을 그렸다. 방의 벽을 모두 그림으로 채우자 바닥에 그림을 그렸고, 탁자와 의자에도 그렸다. 그리고는 방의 벽부터 다시 그림을 그리기 시작했다.

"함께 살지 않으니까 매일 본 건 아니지만 아버지 집에 가면 집의 벽과 마루, 거의 모든 것이 거의 매달, 완전히 바뀐 것을 볼 수 있었죠. 벽난로는 아버지가 그림 위에 매번 그림을 덧그려서 두께가 5cm나 됐어요"라고 실로는 말했다.

"내 머릿속에 있는 것들을 모두 이 벽과 탁자, 천장, 문에 그렸습니다. 조각으로, 금속으로, 돌로도 만들었죠. 모든 것이 내 머릿속에서 쏟아져 나왔어요. 모두 캔버스 위에 색과 형태와 풍경으로 비워냈는데, 멈출 수가 없었습니다."[6]

토미는 하루에 스물한 시간 동안 그림을 그렸다. "아버지에게 식사하고 잠을 자라고 말해줘야 했어요. 아버지는 그림을 그리고 조각하는 일 외에는 모두 잊어버린 듯이 굴었어요"라고 실로는 말했다.

토미는 내게 자신의 그림 몇 점을 보냈다. 두 개의 얼굴에서 이미지가 쏟아져 나오는 그림이었다. 내가 실로에게 그 그림을 설명하자 "그 그림은 아버지가 느끼는 그대로 그린 거예요"라고 대답했다. "억제할 수 없는 충동과 욕구요. 아버지 자신도 통제할 수 없는, 아버지의 머릿속을 불태우는 모든 것이죠."

"아버지를 찾아가면 당신을 보고 기뻐하시던가요?" 나는 물었다.

"네, 아버지는 우리에게 보고 싶었다고, 만나서 기쁘다고 하시죠. 아버지는 상냥하지만 조금 뒤에 아버지가 다시 그림을 그리고 싶어서 안절부절못하는 것을 보게 되면 떠날 때가 됐다는 걸 알게 돼요. 문을 나서자마자 우리의 존재는 사라져 버려요."

토미의 끝없는 창의성은 결국 잔을 떠나가게 했다.

"잔 탓은 아니에요. 나는 완전히 다른 사람이 됐으니까요"라고 토미는 답했다.

"정말 힘들었어요. 우리는 모두 그림 때문에 아버지에게서 밀려난 기분이었어요. 하지만 받아들여야만 했죠. 아버지에게는 너무나 도움이 됐으니까요."

나는 숨겨져 있던 예술적 열정에 놀라지 않았는지 토미에게 물었다. 이전에도 예술에 관심이 있었을까?

"아니요, 나는 붓을 잡아본 적도 없었습니다. 화랑에 가본 적도 없고요." 잠시 생각에 잠겼던 토미가 덧붙였다. "뭔가 훔치러 갔다면 몰라도요."

플래어티는 갑작스럽고 통제할 수 없는 창조적 열정이 어떤 것인지 개인적으로 잘 이해한다. 조산한 쌍둥이 자녀가 사망한 뒤, 플래어티는 산후우울증을 앓았다.[7]

"잠잘 수 없었어요. 누군가와 말하고 싶었지만 내성적인 성격이어서 말하는 대신 글을 쓰기 시작했죠"라고 플래어티는 말했다. "내 머릿속 가장 깊은 곳 어디선가는 '맙소사, 뭔가 잘못됐어. 뭐든 조치를 취해야 하는데'라고 말하고 있었어요." 머릿속에서 샘솟는 발상 덕분에 플래어티는 넉 달 동안은 글 쓰는 일 말고는 아무것도 할 수 없었다. 플래어티는 자신의 조증이 어딘가 하이퍼그라피아와 비슷하다는 사실을 깨달았다. 하이퍼그라피아는 뇌전증과 함께 생길 수 있으며 글을 쓰고 싶은 강력한 욕구가 드는 증상이다. 플래어티는 자신의 경험을 집필하기로 했다. "책을 쓰는 일은 나 자신을 이해하는 한 방법이었어요. 항상 글을 쓰고 있는데 아무도 그 글을 읽지 않는다면 그냥 정신병일 뿐이지만, 작가라면 좋은 일인 거죠."

일 년 뒤, 역사는 반복되어 플래어티는 또다시 쌍둥이를 조산했지만 이번에는 아이들이 무사했다. 그러나 플래어티는 또다시 통제할 수 없는 글쓰기 충동을 느꼈고, 이번에는 우울증과 함께 왔다. 플래어티는 수년 동안 약물과 운동으로 이 욕구를 통제했다.

통제할 수 없는 창의성의 발현은 갑작스러운 예술 충동의 발현으로 정의한다. 즉 뇌가 특정 행동을 더는 통제할 수 없는 상황에 이르렀다는 뜻이다. 토미는 과학 문헌에서 극소수에 해당하는 유명 사례다.

비슷한 사례로는 존 샤킨이 있는데, 1989년 뇌출혈을 일으켜 청각 신경을 짓누르던 혈관을 고정하는 수술을 받은 뒤 이명현상을 일으켰다. 재활 치료를 여러 달 받은 후, 존은 그림을 그리기 시작했다. 몇 달은 몇 년이 되었고, 존은 항상 그림을 그리고 싶은 충동에 시달렸다. 결국 존은 운영하던 척추 지압 치료소를 접고 작품 가격이 1만 달러에 이르는 전업 화가가 되었다.

토니 시코리아는 뉴욕 북부에 사는 정형외과 의사다. 1994년에 토니는 가족과 함께 호수로 소풍을 갔다가 어머니께 전화하러 공중전화를 찾았다. 그러나 통화를 마치자마자 벼락을 맞아 쓰러졌다. 다행히 근처에 있던 간호사가 심폐소생술을 해서 토니는 의식을 되

찾았다.

사고를 겪은 한 달 뒤, 토니는 직장으로 돌아갔다. 대체로 편안했지만 며칠 뒤 피아노 연주를 듣고 싶다는 충동에 압도되었다. 그 후 독학으로 피아노를 연주하기 시작했고, 나중에는 머릿속에서 끊임없이 연주되는 곡을 들을 수 있었다. 당시 뇌 영상 사진에는 아무 이상이 없었으므로 다른 검사법을 권유받았을 때 토니는 정중하게 거절했다. 그에게 음악은 축복이었고 여기에는 의문을 품을 이유가 없었다.

2013년 나는 또 다른 갑작스러운 예술 충동의 발현 사례를 발견했다. 한 영국 여성이 기억력 장애와 익숙한 장소에서 길을 잃는 증세로 병원을 찾았다는 논문이었다.[8] 이 여성은 뇌전증을 진단받고 라모트리진을 처방받았다. 이후 여성의 발작이 줄어들면서 이상한 행동이 나타나기 시작했다. 여성은 강박적으로 시를 쓰기 시작했다. 때로는 희극적인 효과를 위한 운율이나 불규칙한 운율을 차용했는데, 여성의 남편은 이를 두고 엉터리 시라고 말하곤 했다. 이 여성이 쓴 시 중 한 편을 아래에 소개한다.

찬장을 정갈하게 정리하는 건 도덕적이지 않아
나는 이 시를 쓰네, 내 말이 옳다는 걸 알게 될 거야.
찬장을 치울 때마다, 몽땅 내다 버리면,
후회하지.

세상에서 사라진 보물을 생각해봐

셀 수 없는 황금, 흩어진 재물,

다이아몬드, 사파이어, 루비, 에메랄드-꼭 가져야 하는 것들,

모두 꼭꼭 숨겨져 있지. 그러니

찬장을 정갈하게 하려면 쓰레기를 치워야 해

(밤에 쓰는 시들도)

도덕적이지 않아.

그래서 나는 이 시를 쓰지.

예술과 뇌 손상의 관계는 복잡하다. 갑작스런 예술 충동이 발현하는 희귀한 사례가 나타나는 이유는 추측에 불과하지만, 플래어티는 도파민 증가를 원인의 하나로 제시한다. 도파민은 뇌에서 널리 사용하는 물질로, 행복을 향한 동기와 추진력 부여에 중요하다. 하지만 도파민이 너무 많이 분비되면 억제되지 않는 행동으로 이어진다. 그러면 도박에 빠지거나 위험한 행동을 하거나 강박적인 행동을 할 수 있는데, 여기에는 갑작스럽게 그림을 그리거나 음악을 연주하는 행동이 포함된다. 질병으로 결핍된 도파민 양을 증가시키는 약물인 엘도파를 고용량으로 복용하는 파킨슨병 환자에게서 발견한 부작용이다.

 뇌의 탈억제 경로는 부적절한 말과 소리를 내는 행동을 억제할 수 없는 투렛 증후군에서도 볼 수 있다. 흥미롭게도 이 행동은 가끔 상

당히 창의적인 동기에 의해 일어난다.

　토미의 촉발제가 무엇인지는 정확하게 알 수 없다고 플래어티는 말했다. 어쩌면 생각과 발상의 흐름이 토미의 뮤즈일지도 모른다. 아니면 도파민 분비량의 증가가 강박을 만들어냈을 수도 있고, 그림을 그리는 행동이 의미를 부여했을 수도 있다. 원인이 무엇이든 "그림을 그리는 행위가 토미에게 극상의 행복감을 선사한다는 점은 분명하다"라고 플래어티는 말했다.

　종종 새로운 토미가 예전 토미의 성격이나 가족에게 취했던 태도를 되돌아보게 되는지 궁금했다. 하지만 내가 물었을 때 토미는 자신의 어린 시절이나 약물 복용, 싸움 같은 과거의 삶을 몇 가지 이야기하기는 했지만, 자신의 이전 삶에 대해서는 거의 아무것도 기억나지 않는다고 대답했다.

　"가끔 엄마 목소리를 듣고 갑자기 과거의 기억을 떠올리지만 진짜 기억은 아닙니다. 사람들은 각자 알고 있는 나의 삶에 대해 말해주는데, 그 사람들이 무슨 소리를 하는지 이해가 안 됩니다"라고 토미는 말했다.

　"이전의 자신이 기억나지 않는다고요?" 나는 물었다.

　"기억나지 않아요. 잠에서 깨어나면 사람들을 알아보기가 힘듭니

다. 어린 시절 기억은 아주 조금 기억나지만 모두 기억나지는 않아
요. 사람들이 해준 이야기에서 많은 사실을 알았죠. 하지만 때로는
사람들을 거치면서 내용이 조금씩 달라진 게 아닐까 생각합니다. 사
람들의 이야기는 점점 부풀려져서 이제는 신경 쓰지 않습니다. 내
기억은 2001년부터 시작돼요."

그러나 이 명백한 기억 상실에 대해 실로에게 이야기하자, 실로는
다른 이야기를 해주었다.

"아빠는 종종 과거에 했던 일에 대해 미안하다고 말해요. 항상 기
억력이 별로 좋지 않다고 말씀하지만 사실은 과거의 추억에 대해서
아버지의 기억력은 완벽해요. 아버지는 과거 기억 속에 무엇이 있는
지 캐내는 걸 좋아하지 않아요. 아버지는 이전의 자신에 대해 모두
기억해내길 바라지 않는데, 사고 이후 너무 감정적인 분이 되셔서
자신이 과거에 했던 일을 인정하기가 힘들거든요."

나는 토미에게 기억하고 있는 이전의 인격보다 지금의 새로운 인격
이 더 마음에 드는지 물었다.

"토미 맥휴에게 일어난 가장 좋은 일은 화장실에서 뇌졸중을 일
으킨 겁니다"라고 토미는 대답했다.

나는 웃었다.

"이 낯설고 정체를 알 수 없는 인물을 받아들이는 수밖에 없습니
다. 그러면 적응하고 다시 살아갈 수 있게 되죠"라고 토미는 말했다.

토미는 재활치료를 하는 동안 많은 담당 의사가 새로운 토미를 수용하기보다는 예전의 토미를 찾아내려 했다고 말했다. "헬렌, 이건 나만 그런 게 아니에요. 뇌 손상에서 회복된 뒤 이상하고 새로운 세상에서 살아가는 나 같은 사람은 많아요. 하지만 대부분 무슨 일이 일어나는지 표현할 방법이나 도와줄 사람이 없습니다."

토미는 이 문제에 크게 자극받아서 다른 뇌졸중 환자와 경험담을 나누고, 예전의 인격을 되찾으려 하기보다는 자신의 새로운 마음을 수용하도록 격려하기 시작했다.

"사람의 뇌는 스스로 회복되고, 때로는 완전히 새롭고 적극적인 방식으로, 때로는 부정적인 방법으로 회복되기도 하죠. 우리에게 일어나는 이상한 일에 관해 이야기해야 합니다. 조금이라도 지지받고 회복 과정에 대한 지식을 얻을 수 있다면 100% 달라질 수 있으니까요. 우리가 살아있고, 이 험난한 모험에서 살아남았다는 사실을 많은 사람이 간과합니다." 그리고 이렇게 말했다.

"뇌졸중을 겪었지만 말하고 걸을 수 있는 환자들은 다른 사람에게 이것이 세상의 끝이 아니라 사람의 마음을 향상할 기회라는 사실을 알려야 합니다. 뇌 손상을 입은 광대라는 꼬리표를 붙여 찬장에 방치하는 대신 말이죠."

나는 실로에게 아버지가 뇌졸중을 겪은 이후 더 행복해 보이는지 물었다.

"물론이죠"라고 실로는 대답했다. "아버지의 예전 행동은 아버지가 느꼈던 중압감 때문에 나타난 거예요. 아버지가 갑자기 자신이 너무 크게 빗나갔고 (아이작이 가까이 다가오자 실로는 작게 속삭였다) '내가 다 망쳤어, 갈 데까지 가서 모두와 함께 무너지는 편이 나을지도 몰라'라고 생각하면 나타나는 스위치가 아버지의 머릿속에는 오래 전부터 있었던 거죠." 그리고 이어서 말했다.

"아버지는 외롭고 어두우며 두려운 곳까지 너무 멀리 왔다고 생각해서 모든 걸 망칠 수도 있었어요. 뇌졸중을 일으킨 후 아버지는 확실히 더 균형 잡히고 안정되었고, 행복한 사람이 되었어요. 내 생각에 예전의 아버지는 그렇지 않았지만, 지금의 아버지는 자신을 사랑해요. 좌절하더라도 지금의 아버지는 우울해지거나 자신을 포기하지 않을 거예요. 그저 한발 물러나서 다른 길을 선택하겠죠. 더는 암울한 시간이 오지 않으리라는 사실을 우리 가족이 받아들이기까지는 꽤 오래 걸렸어요."

자신들에게 내려온 것은 구원이라고, 부엌 창문에 빗방울이 사납게 떨어지기 시작했을 때 실로는 문득 말했고, 그제야 나는 시간이 많이 늦었다는 것을 깨달았다. "아버지에게는 모든 것을 바로잡을 기회였어요." 어쩌면 무의식적으로 한때 토미가 만들어냈던 '어둠의 시기'를 보상하는 것일 수도 있다.

"사람들은 끔찍한 뇌 손상을 입으면 그걸로 끝이라고 생각하지만, 아버지에게도 그렇다고는 생각하지 않아요. 뇌졸중은 아버지에게 새로운 시작을 선사했고, 삶에서 그런 기회를 가지는 사람은 드물잖아요. 아버지는 과거를 다 잊고 새 출발 할 수 있었고, 혜택을 최대한 누렸어요. 아버지는 좋은 사람으로 다시 삶을 시작했죠."

우리는 자신의 인격이나 내가 누구인지, 어떤 선택을 해나가는지에 대해 자주 생각해보지는 않는다. 어쩌면 인격은 내재된 것이라 원래 그렇다고 생각하는 경향 때문일지도 모른다. 인격을 구축하는 기전에 대해 더 많이 알면 삶을 조금이라도 더 성공적으로 헤쳐 나가는 데 도움이 될지 나는 무척 궁금했다. 어쩌면 우리를 조금이라도 더 행복하게 할지도 모른다.

2007년 애니타 울리가 이끄는 연구팀은 이 질문에 어느 정도 답을 내놓았다. 애니타는 약 2,500명에게 설문지를 돌려서 대상의 특성이나 공간 위치를 파악하는 능력을 평가했다. 이 검사로 애니타는 설문지 응답자가 '상뇌형'인지 '하뇌형'인지 추측할 수 있었다. 예를 들어 응답자들은 최근 저녁 파티에서 특정인이 입었던 복장에 대해 말해달라고 부탁받았다. 이런 문제는 색이나 형태 같은 시각 기억을 저장하는 하뇌가 주로 처리한다. 응답자들은 자유의 여신상을 회전시켰을 때 어떻게 보이는지를 묻는 공간 조작 관련 질문도 받았다. 공간 이미지는 주로 상뇌가 처리한다. 울리 연구팀은 이 중에서 상뇌 작업능력은 높지만 하뇌 작업능력은 낮은 사람과 하뇌 작업능력은 높지만 상뇌 작업능력은 낮은 사람 200명을 뽑았다.

그다음 대상자를 짝지어 가상현실 미로를 빠져나가게 했다. 미로 곳곳에는 작은 그레블이 있었다. 그레블은 현실에 있는 그 무엇과도 유사하지 않도록 컴퓨터로 생성한 그림이다. 때로 특정 그레블은 미로의 다른 곳에서 두 번씩 나타나기도 했다.

짝을 이룬 대상자 중 한 명은 조이스틱으로 미로를 빠져나가야 했고, 다른 한 명은 두 번 나타나는 그레블을 찾아야 했다. 실험 대상자들은 몰랐지만 각자에게 주어진 임무는 자신의 강점에 부합하거나 의도적으로 반대되는 임무였다. 처음 실험은 공간 지각을 하는 상뇌를 잘 이용하는 사람은 미로에서 길을 찾고, 대상 인지력이 뛰어난 하뇌 사용자 파트너는 그레블을 찾게 했다. 다음 시험에서는 파트너의 임무가 바뀌었다. 마지막 시험에서는 둘 다 상뇌 사용자거나 둘 다 하뇌 사용자로 짝이 이루어졌다.

여러분이 예상하듯이 자신의 뇌에 적합한 역할을 맡았을 때 팀은 최고의 성적을 받았다. 하지만 여기에는 문제가 하나 있는데, 이 결과는 파트너 사이의 대화를 금지해야만 나타났다. 실험 도중에 파트너가 서로 이야기하도록 놔두면, 두뇌형이 서로 다른 팀은 갑자기 자신의 두뇌형에 맞는 임무를 맡은 팀처럼 잘 해냈다.[9] 실험을 다시 점검한 연구팀은 파트너들이 재빠르게 상대방의 임무를 건네받아 과제를 완수하는 현상을 발견했다. 다시 말하면, 서로 전혀 모르는 사람들이 자발적으로 자신들의 강점과 약점을 발견해서 실험을 완수하기 위해 행동을 조절한 것이다. 재미있게도 두 사람이 모두 상뇌형이거나 하뇌형인 경우 대화하도록 놔두면, 이 팀의 결과는 대화가 단절됐을 때보다 결과가 더 나빴다. 같은 능력을 갖춘 두 사람이 잘하지 못하는 부분을 서로 도와 해결하려는 시도는 상황을 더 악화시키기만 했다.

이 실험은 빅 파이브 모델이든 코슬린의 상뇌 하뇌 모델이든, 우리가 가진 성격 특성을 이해하면 유용하다는 사실을 보여준다. 성격 특성을 알면 회사 업무나 집안일을 더 생산적으로 해낼 수 있다. 누구도 토미처럼 급격한 성격 변화를 겪고 싶지는 않겠지만, 때로 성격을 살짝 바꿔서 특정 작업에 더 적합하게 적용시키고 싶을 수는 있다.

예를 들어 해결할 수 없는 문제에 부딪혔을 때, 원래의 자신이라면 수월하게 쓸 수 없었던 전략을 이용할 수 있다고 생각해보라. "다른 모델처럼 생각하려면 더 많이 노력해야 하지만, 진지하게 노력하면 상뇌형이든 하뇌형이든 어느 쪽으로든 바꿀 수 있다"라고 코슬린은 말했다.

아니면 올리 연구팀 실험에 참가한 사람들처럼, 자신에게 부족한 기술을 가진 사람과 함께 일하면서 자신의 기술과 지식을 늘릴 수 있다. 이는 동료의 뇌 일부분을 빌리는 것과 같으며, 그렇게 하면서 자신의 이해력과 능력을 확장할 수 있다고 코슬린은 말한다.

실로의 집에서 돌아와서, 나는 내 뇌의 어느 부분이 내 삶을 지배하는지 알아보려고 코슬린이 만든 온라인 검사를 했다. 검사 결과는 내가 상뇌에 크게 의존하며, 하뇌를 무시하는 경향이 살짝 있다고 했다. 결과는 정말 잘 맞아 들었다. 나는 계획을 세우고 실행하는 데서 즐거움을 찾지만 서두르느라 종종 세부사항을 무시하곤 했다. 남편은 나와는 정반대로 하뇌 의존형이며, 세부사항을 점검하는 데는 뛰어나지만 계획을 실행하는 일은 피한다. 남편의 그런 특성에 나는 불만이 많았다. 하지만 이제는 남편과 나의 상대적인 기술과 결점을 다른 각도에서 보게 되었다. 함께 하면 우리의 성격은 완벽한 팀을 이룰 수 있다.

2012년 9월, 마지막 편지를 주고받은 지 몇 달 후, 그리고 그의 딸 실로를 직접 만난 지 1년 후, 토미는 간 질환으로 사망했다. 토미의 부고를 듣고, 나는 토미와 나눴던 모든 대화와 이메일, 편지를 다시 읽어보았다. 토미에게 받은 마지막 이메일이 시작하기에 좋은 문구 같다.

Tommymchugh2에게서 새로운 메일이 도착했습니다:

헬렌이라는 거울을 통해 내 모습을 보았습니다. 낯선 타인이 보입니다. 하지만 행복해 보입니다.

SYLVIA ———————

#5

실비아

소리를 못 듣는
사람에게
들리는 노래

아비나시 아제이브는 세계의 지붕이라 불리는 히말라야 고원 가장자리에 자리한 광대한 카라코람산맥의 빙하 위를 홀로 걷고 있었다. 그날 이른 아침, 아제이브는 여정을 완주하기에는 너무 지쳤다고 생각해서 두 동료와 헤어졌다. 이제 캠프로 돌아가는 수밖에 없어서 산 아래로 향했다. 아제이브는 몇 시간을 걸었지만 고요한 주변 풍경으로는 제대로 가고 있는지 알 수 없었다.

갑자기 모든 것이 변했다. 거대한 얼음 바위가 순식간에 다가오는 것처럼 보이더니 다음 순간에 멀찍이 물러났다. 아제이브는 왼쪽부터 오른쪽까지 둘러보았지만 불안감을 떨칠 수 없었다. 한 발 한 발 앞으로 나가는 일에 집중하면서, 아제이브는 다음 산마루나 바위 지대에 도착하자는 작은 목표를 세웠다. 다음 체크포인트까지 가는 데 한 시간은 걸린 것 같았지만, 시계를 확인해보니 겨우 몇 분만 지났을 뿐이었다.

의사인 아제이브는 자신의 상태를 확인했다. 탈수증세도 없었고, 고산병을 일으키지도 않았다. 심장 박동 수와 혈압도 정상이었다. 그런데 왜 아제이브는 자신이 죽었다는 생각을 떨쳐버릴 수 없었을까?

아제이브는 1838년 이전까지는 그저 '방랑하는 마음'이라고만 불렸던, 생생하고 오래 지속되는 환각을 겪는 중이었다. 프랑스 정신과 의사 장에티엔 에스키롤은 최초로 환각을 '감각의 인식에 대한 확신이 있으며, 이런 감각을 흥분시키기에 적합한 비외부적 대상이 감각에 자취를 남기는 것'을 경험하는 일로 정의했다.[1] 달리 말하면 실제로는 없는 무언가를 보는 현상이다.

환각은 이미지에 국한되지 않으며 음악이나 목소리, 냄새로도 나타난다. 수초 간 지속하거나 수개월 동안 나타나기도 하며, 우리의 문화, 종교, 사회를 수 세기 동안 구축해왔다. 올리버 색스는 저서 《환각》에서 사물과 사람, 동물이 실제보다 작게 보이는 왜소환각이 민간전설에 나오는 요정이나 임프, 레프러콘을 만들어낸 듯하다고 했다. 또 해로운 존재에 관한 끔찍한 환각이 악마라는 개념에 불을 붙였고, 유체이탈 환각이나 환청이 신의 존재를 만들어냈을 수도 있다고 주장했다.[2]

과거, 특히 서구 문화권에서는 환각을 정신불안증의 징후로 생각했다. 하지만 최근에는 아제이브와 유사한 경험담이 알려지면서 과학자들은 환각이 정신질병의 증상이거나 환각제가 일으키는 현상이라는 개념을 재고해야 했다. 환각이 흔하게 일어나며, 질병의 신호뿐만은 아니라는 사실을 깨닫기 시작한 것이다.

런던 북부에 사는 은퇴한 수학교사 실비아도 환각에 대해 잘 아는 사람이다. 정신건강이 놀라울 정도로 예리하고 뛰어났지만 실비아는 지난 십 년 동안 매일, 환각을 끊임없이 겪어왔다. 어느 겨울 아침, 나는 이 수상한 현상을 상세하게 조사하려고 실비아를 만나러 갔다. 실비아의 삶을 자세히 살펴보다가, 지금까지의 내 여정에서 가장 놀랄 만한 사실을 우연히 발견했다. 환각은 흔할 뿐만 아니라 현실에 대한 인식을 만드는 데 아주 중요했다. 너무나 중요해서 지금 이 순간에도 여러분은 환각을 보고 있을 수 있다.[3]

직접 겪어보지 않으면 환각이 어떤 느낌인지 상상하기 어렵다. 이것만은 분명히 말할 수 있다. 몇 달 전 이른 아침, 침대에 혼자 누워 있다가 내 방에 낯선 사람 두 명이 들어오면서 깨어났기 때문이다.

나는 공포로 마비되었다. 확실히 깨어있었지만 몸이 움직이지 않았다. 수상한 사람 중 남자는 방의 반대편으로 가고 여자는 내 침대 아래에 앉았다. 여자가 앉을 때 나는 이불이 다리에서 걷히는 것을 느꼈다. 나중에 내가 겪은 것이 각성 시 환각이라는 사실을 알았다. 수면 상태와 각성 상태 사이의 과도기에서 나타나며, 아마 뇌의 다른 부분은 완전히 깨어났지만 뇌의 특정 영역이 꿈을 꾸는 상태인 렘(REM)수면 상태에 빠져있어서 나타난다고 추측된다. 내게는 객관적인 현실이라는 느낌이 뚜렷했다. 방안에 타인이 있는 꿈을 꾼다기보다는 방안에 누군가가 실제로 있다는 감각에 훨씬 더 가까웠다.

이 차이점을 뒷받침하는 증거가 있다. 1998년 노년의 정신과의사이자 교수인 도미닉 파이시와 킹스컬리지 런던에 있던 그의 동료는 시각적 환각을 보는 사람들의 뇌 영상을 찍었다. 두 사람은 환각을 볼 때 활성화된 뇌 영역이 환각의 실제 이미지를 볼 때도 활성화된다는 사실을 발견했다. 즉 사람 얼굴을 환각으로 보는 사람은 실제 얼굴을 볼 때 얼굴을 인식하는 특화된 세포가 있는 방추상회 영역이 활성화되었다. 색과 단어 환각도 마찬가지였다. 하지만 실험 대상자에게 얼굴이나 색, 단어를 상상하도록 요청하면 해당 뇌 영역의 활성 수준은 환각이나 실제 지각에 미치지 못했다. 환각이 상상보다는 실제 지각과 더 가깝다는 최초의 객관적인 증거였다.[4]

내가 겪었던 각성 시 환각뿐만 아니라 밤에 잠들 무렵에 형상을 보거나 소리를 듣는 환각도 흔하다. 아니면 애도 기간에 사랑하는 사람의 모습을 보기도 한다. 하지만 내가 관심 있는, 그리고 뇌에 관한 정보를 알려주는 환각은 최근 감각을 상실한 사람들에게 불쑥 나타나는 환각이다.

몇 년 전 엄마는 내게 전화해서 할머니가 사람들을 보기 시작했다고 말씀하셨다. 할머니는 그때 여든일곱 살이셨는데 백내장 때문에 시력을 거의 상실하신 후, 환각을 보기 시작했다. 할머니에게 가장 먼저 찾아온 사람은 빅토리아 시대 드레스를 입은 여성이었고, 곧 아이들이 나타나 할머니 침실에서 춤추며 놀았다. 때로는 평범한 벽돌 벽을 보기도 했다. 할머니는 이런 환각에 별 영향을 받지 않는 듯했다. 생생하게 느껴져도 그런 환각이 실제가 아니라는 점을 알고 계셨고, 그러면서도 그게 무슨 의미일지에는 관심이 많으셨다.

할머니는 시력을 잃은 사람에게 흔히 나타나는 찰스 보넷 증후군을 앓고 있었다. 1720년 스위스에서 태어난 과학자 보넷은 할아버지가 시력을 잃기 시작하면서 환각을 보게 되자 환각에 관심을 갖게 되었다. 어느 날 보넷의 할아버지는 안락의자에 앉아 두 손녀와 이야기하고 있었다. 그때 갑자기 남자 두 명이 나타났다. 할아버지의 말에 따르면, 남자들은 붉은색과 회색이 들어간 멋진 망토를 두르고 은색으로 테를 두른 모자를 쓰고 있었다. 손녀들에게 손님이 오신다는 말을 왜 안 했냐고 묻고 나서야, 할아버지는 그 남자들을 자신만 볼 수 있다는 사실을 깨달았다.

다음 달부터 할아버지의 환각은 수시로 나타났다. 때로는 아주 아름다운 방문객들이었고, 때로는 비둘기나 나비였고, 때로는 거대한 마차일 때도 있었다. 보넷의 할아버지는 이 유령들이 사라질 때까지 몇 달 동안 '내 마음속 극장'이라며 이 환각 현상을 명백하게 즐겼다.[5] 보넷은 후에 할아버지와 똑같이 노년에 시력을 잃자 같은 현상을 경험했다.

2014년 BBC 방송에서 내가 인터뷰했던 맥스에게도 비슷한 일이 일어났다. 맥스는 칠십 대에 파킨슨병에 걸려서 코에서 뇌로 정보를 보내는 신경이 파괴되었다. 후각을 잃었는데도 맥스는 어느 날 갑자기 낙엽 태우는 냄새를 맡았다. 맥스는 이 수상한 냄새의 원인을 찾으려고 휴가 동안 묵고 있던 호텔 방을 둘러보았다. 맥스는 근처에 스컹크가 있으리라고 확신했다.

"냄새는 너무나 강했습니다. 내 목에 피할 수 없는 이상한 감각을 일으켰지요"라고 맥스는 말했다.

이후 몇 주 동안 냄새는 점점 더 심해졌고 냄새의 종류도 나무 태우는 냄새부터 끔찍한 양파 비슷한 악취까지 다양했다. 맥스가 집에 돌아와도 냄새는 사라지지 않았고 때로는 몇 시간씩 지속했다.

"냄새가 정말 심할 때는 배설물 같은 냄새가 납니다. 너무나 강해서 눈물이 나올 정도예요."

감각을 영구히 상실해야만 환각을 일으키는 것은 아니다. 어쨌든 아비나시는 빙하를 가로지를 때 아주 건강했다.

"내가 아프지 않다는 사실을 알고 있었습니다"라고 아비나시는 내게 말했다. "내 심장 박동 수는 양호했습니다. 탈수증상이 나타나지도 않았고 식량도 충분했죠. 나는 모든 상황을 합리적으로 보려고 노력했습니다. 자신을 꼬집으면서 내가 잠들거나 꿈꾸지 않는다는 걸 확인하려 했습니다. 어느 순간 넘어져서 손을 다쳤죠. 손에서 흐르는 피는 이게 꿈이 아니라는 사실을 확인시켜 주었습니다."

어느 순간부터 아비나시는 목소리를 듣기 시작했고 자신의 모든 움직임을 이끄는 존재가 있는 것처럼 느껴졌다. "마치 사물을 통해서 내게 말하는 기분이 들었습니다. 내게 빙하를 통과하는 길을 신중하게 고르라고 했죠. 그 목소리는 나를 돕고 있었고, 내가 가야 할 곳으로 나를 인도했습니다."

그 모든 일은 거의 아홉 시간이나 계속됐다.

"나는 한순간 '내가 죽었나?'라고 스스로 되묻기도 했죠. 험난한 트레킹이었어요. 크레바스 틈으로 떨어져 죽어도 아무도 당신을 찾을 수 없을 수도 있습니다. 산에서 다른 사람을 만난 뒤에야 나는 내가 정말 살아있다는 걸 알았어요. 하지만 내 일행과 만났을 때까지도 기분은 여전히 이상했죠. 하룻밤 푹 자고 나서야 모든 것이 정상으로 되돌아왔습니다."

자신의 괴상한 환각에 대해 조사하다가 아비나시는 자신이 '유상삼매'에 빠졌던 것이 아닐까 생각했다. 유상삼매란 불교나 힌두교의 명상 전통으로 인간으로서의 의식을 모두 비우고 시간과 공간 개념이 변형되는 상태라고 한다.

답은 아주 간단하다. 하지만 깊이 이해하려면 실비아와 이야기를 나누어야 했다.

2004년 어느 금요일 아침, 포터스바의 사람들은 하루 일과를 시작했다. 마을 중심가에서 몇 분 거리에 예순이 된 은퇴 교사인 실비아의 집이 있다. 한 가지, 바로 끔찍한 소음을 제외하면 모든 것이 정상이었다. 아침 일찍부터 시작된 두 음 연주는 실비아를 제외하면 누구도 듣지 못하는 듯했다. 처음에는 라디오 소리라고 생각했지만 확인해보니 아니었다. 하루가 끝날 때까지 점점 더 커지는 이상한 소음 때문에 겁에 질린 실비아는 침대에 누워 다음 날 아침에는 소음이 사라지길 바랐다. 그러나 다음 날 아침 깨어나 보니 소음은 여전히 울리고 있었다. 낮고 단조롭게 따 단 따 단 따 단, 두 음이 울렸다. 몇 주가 지나자 음은 바뀌면서 발전했고, 몇 달 뒤에는 완전한 음악이 들리는 환청이 되었다. 끊임없이 들려오는 음악은 때로는 너무나 시끄러워서 정상적인 대화가 파묻힐 정도였다.

내가 집으로 들어가자 "개는 신경 쓰지 않으셔도 돼요"라고 실비아가 말했다. 응접실에 얌전히 앉아있는 골든 래브라도를 두고 하는 말이었다. 수키는 실비아의 청각 장애인 안내견이었다.

"착하지." 실비아가 개를 불렀다. "이제 수키랑 인사하셔도 돼요." 수키는 풀썩 뛰어오더니 내 주머니에 코를 갖다 대었다. "아마 과자를 기대하나 봐요. 찾아봐서 손해 볼 건 없죠."

실비아는 청각 장애인이라 안내견이 필요했다. 몇 년 전 중이염을 앓은 뒤 청력을 잃어버려서 말소리나 음악이 듣기 힘들거나 끔찍하게 뒤틀린 듯이 들린다.

그랜드 피아노 옆을 지나 집 뒤편의 밝은 온실에 들어가자 실비아의 남편 존이 손을 흔들었다. 실비아가 차와 과자를 내오는 동안 나는 고리버들 의자에 앉았다.

실비아는 이 모든 일이 시작된 금요일 아침의 일을 들려주었다.

실비아는 이전에도 몇 년 동안이나 이명과 쉿쉿거리는 소리를 들었다. 하지만 금요일 아침은 완전히 달랐다. '도'와 '레' 음이 번갈아 들렸다고 실비아는 말했다. "처음에는 아주 느렸어요. '아, 이러면 안 되는데. 다른 생각을 하자'라고 생각했던 게 기억나요. 음은 여기서 부터 자라기 시작했어요. 그 후로는 조용한 적이 없어요."

몇 주가 지나자 음은 서서히 짧은 악절로 자라나 계속 반복되었다. 때로는 더 길어지면서 실비아가 청력을 잃기 전에 좋아했던 곡의 완전한 선율을 만들기도 했다.

"가장 자주 들리는 노래는 무엇인가요?" 나는 물었다.

"대개는 클래식의 짧은 구절이에요. 청력이 정상이었을 때는 클래식을 많이 듣지 않았어요."

함께 앉아서 마이크와 입술 읽기로 대화하는 중에도 실비아의 선율은 머릿속에서 계속 울렸다. 실비아가 특정 음악이나 대화에 집중하면 때때로 소리가 약해지기도 하는데, 그럴 때면 B 플랫 톤과 이명으로 바뀐다.

"악기 소리와 비슷한가요?"

"목관 플룻과 종소리 사이의 어디쯤인 것 같은 소리예요. 정말 이상한 소리죠. 아마 누구나 아는 소리가 들릴 것이라고 생각하겠지만 피아노나 트럼펫 같은 소리가 아니라 현실에서 내가 아는 그 어떤 악기의 소리와도 달라요."

"하지만 소음처럼 들리고요?"

"네, 당신의 머릿속에서 상상하는 그런 선율이 아니라 라디오를 듣는 것과 비슷하죠. 진짜 소리로 들리니까요."

실비아는 환각이 시작되자마자 아주 적극적으로 대응했다. 들리는 소리를 노트 한 권에 기록했는데 그 노트에는 지금까지 실비아가 들었던 모든 선율이 기록되어 있었다. 실비아는 절대음감이라는 희귀한 재능이 있어서 듣기만 하면 어떤 음이 연주되는지 정확하게 알 수 있다.

실비아는 악보를 가져와 내게 보여주었다. 어떤 것은 무작위로 음표가 찍혀있고 특별하지도 않았다. 다른 것들은 익숙한 곡조를 짧게 따온 것 같았다. 한 곡에서는 스코틀랜드 전통 민요 '마이 보니 라이즈 오버 더 오션'의 한 악절을 발견할 수 있었다.

실비아의 환각을 기록한 악보를 보니 반복성이 더 뚜렷하게 보였다. 음표들이 폭넓게 높아졌다가 낮아지고, 높아졌다가 다시 낮아졌다. 대부분은 이렇게 들린다고 실비아는 말했다.

여러 해 동안 수학을 가르친 실비아는 암산에 능했다. "음표가 두세 개뿐이면 연주하는 데 1초밖에 안 걸려요. 그게 무슨 뜻이냐면, 똑같은 짧은 음을 하루 동안 대략 86,000번 반복해서 듣는다는 얘기죠."

환각이 발전하던 초기에는 단어가 곡조에 따라붙기 시작했다고 말했다.

"그 일을 막으려고 온 힘을 다했어요. 간신히 막는 데 성공했죠"

라고 실비아가 말했다.

나는 이유가 뭐냐고 물었다.

"가사까지 들리는 상황은 정말 피하고 싶었어요. 단어들이 마음속에 들어오는 건 사양이에요. 어딘가 조현병이랑 비슷하잖아요."

물론 실비아의 말이 맞다. 실재하지 않는 목소리를 듣는 일은 종종 정신 질병의 징후로 여겨진다. 이 문제에 대해서라면 스탠퍼드 대학교 명예교수인 데이비드 로젠한보다 더 잘 아는 사람은 없을 것이다.

로젠한은 1973년 미국 전역에서 자신과 일곱 명의 완벽하게 건강한 친구들을 정신병동에 입원시키는 데 성공했다. 로젠한의 실험 목적은 정신과 진단체계가 타당한지를 검증하는 것이었지만 그도 이 일이 이렇게 쉬울 줄은 몰랐다. 로젠한과 동료들은 병원에 전화해서 목소리가 들린다고 말했다. 이 진술을 제외하면 이들의 삶과 병력은 모두 진짜였다. 여덟 명은 모두 입원할 수 있었으며 일곱 명은 조현병을, 한 명은 조울증을 진단받았다. 이들은 병원에 들어가자마자 환각이 사라졌다고 말했다. 의사에게 퇴원을 허락받는 일은 각자의 몫이었고, 퇴원하는 데는 7일에서 52일이 걸렸다.[6]

사실 환각은 대부분 조현병과는 상관없다. 호주 퀸스랜드 뇌 연구소 교수인 존 맥그래스는 18개국 31,000명의 인터뷰를 분석해서, 환각이 전 연령대에서 상당히 흔하게 나타난다는 사실을 발견했다. 다른 사람은 듣지 못하는 목소리를 듣는 등 환각을 경험한 적이 있느

냐는 질문에 남성의 5%와 여성의 6.6%가 '예'라고 대답했다.[7]

나는 실비아에게 다른 사람에게 환각에 관해 이야기한 적이 있느냐고 물었다.

"아니요. 말하지 않았어요. 나는 소리가 뇌까지 올라가서 그 소리에 맞는 감정을 선택한다고 배웠어요. 즉, 내가 계속 소리에 짜증 내면 소리는 항상 짜증을 유발한다는 이야기죠. 소리가 중요하지 않다고 생각하면 소리는 계속 사소한 것으로 남게 돼요. 그래서 나는 소리를 하찮게 만들자고 의식적으로 결심하고, 사람들에게 이야기하지 않았어요. 소리가 의미를 갖는 상황은 피하고 싶었어요. 내가 받은 최고의 조언이었죠. 이 조언을 따라서 소리와 함께 살 수 있게 되었으니까요."

실비아는 미소 지었다. "때로는 '아, 시끄러워'라고 말하기도 해요. 친구들은 나를 이해하지만 내 상황을 정확히는 알 수 없겠죠."

실비아는 온실로 머리를 들이미는 존을 보았다.

"존에게 축복이 있기를. 존은 정말 모든 면에서 진실한 지지자예요. 하지만 존조차도 항상 들리는 이 소리가 얼마나 호들갑스러운지 알 수 없을 거예요. 존과 나의 대화 사이에도 항상 끼어들어요. 그러면 존이 하는 말을 대개 놓치게 돼요. 어떤 때는 존이 웃긴 말을 했다고 생각했는데 사실은 아무 말도 하지 않은 적도 있었어요. 존은 이해심이 많지만 내가 듣는 환청이 어떤 것인지는 직접 겪어보기 전에는 누구도 알 수 없을 겁니다."

사실 집에서 안전하게 실비아의 증상을 경험해볼 방법이 있다. 탁구공과 헤드폰, 스카치테이프만 있으면 된다. 탁구공을 반으로 잘라 각각 눈 위에 테이프로 붙인다. 조명이 일정한 방에 앉아 헤드폰으로 백색소음을 들으며 편히 앉아 긴장을 푼다.

이런 방식으로 감각을 박탈하는 것을 간츠펠트 기법이라고 부르며, 수십 년 동안 환각의 발생을 탐구하는 데 이용되었다. 독일 프라이부르크에 있는 심리학과 정신건강 첨단영역 연구소에 있는 이리 웨커만은 〈코르텍스〉에 발표한 논문에서 간츠펠트 기법을 적용한 실험 대상자에게 나타난 몇몇 환각을 서술했다.[8]

"꽤 오랫동안 회색을 띤 초록색 개구리만 보였습니다"라고 한 실험대상자는 말했다.

"정말 지루했습니다. 나는 '아, 이게 무슨 말도 안 되는 실험이야!'라고 생각했죠. 그런 뒤 얼마 정도 시간이 흐르면서 나는 '벗어났어요', 그러니까 완전히 넋을 놓은 상태였죠. 그러자 갑자기 분필을 잡은 손이 칠판에 무언가 수학 공식 비슷한 것을 쓰는 장면이 보였습니다. 아주 또렷했지만 겨우 몇 초 정도만 보이다가 다시 사라졌죠… 안개 낀 곳을 들여다보는 창문 같았어요."

그 후에는 숲속의 빈터에서 긴 금발을 바람에 날리며 자전거를 타고 가는 여인을 보았다.

또 다른 여성 실험 대상자는 자신과 친구가 동굴 안에 있다고 느꼈다.

"우리는 불을 피웠어요. 발아래로는 작은 개울이 흘러가고 우리는 바위 위에 앉아 있었죠. 친구는 개울에 빠져서 젖은 물건들을 말려야 했어요. 친구가 내게 말했죠. '그만 일어나, 이제 가야 해.'"

거실에 앉아 탁구공을 얼굴에 붙여놓자 첫 실험 대상자가 말한 것과 비슷한 기분이 들었다. 최소한 30분가량은 아무 일도 일어나지 않았고 무작위로 떠오르는 무수한 생각과 더불어 잠이 파도처럼 밀려왔다. 포기해야 할지 고민하는 찰나, 나는 연기로 가득한 창문 같은 데서 쏟아져 나오는 영상을 보았다. 한 남자가 내 옆에 몸을 둥그렇게 말고 누워있었다. 남자는 내게 보여주려는 듯이 팔꿈치를 이상한 방향으로 구부리고 있었다. 남자는 몇 초 동안 나타났다가 사라졌다. 확실히 꿈이나 내 상상에서 튀어나오는 무작위 이미지와는 달랐다. 감각이 손상되었을 때 무슨 일이 일어날 수 있는지 보여주는 흥미로운 증거였다.

하지만 왜 이런 일이 일어나는 걸까?

"뇌는 활동이 없는 상태를 견디지 못합니다"라고 올리버 색스는 2014년에 내게 설명했다. "사라진 감각 정보에 대응해서 직접 선택한 자율 감각을 창조해내는 것처럼 보입니다."

별다른 특색이 없는 하늘에서 고공비행하는 비행사나 길고 텅 빈 도로를 달리는 트럭 운전사는 환각을 보기 쉽다는 사실이 제2차 세계 대전이 끝난 뒤 알려졌다고 색스는 말했다.

현재 연구자들은 이런 환각 경험을 통해 사람의 뇌가 현실에 대한 인식을 통합하는 방식을 엿볼 수 있다고 생각한다.

매일 매초 수천 가지의 감각 정보를 받아들이지만 뇌는 안정적인 의식의 흐름을 멈추는 법이 거의 없다. 지금 느낄 수 있는 모든 감각, 즉 모든 소리, 냄새, 촉각을 의식해보라. 바깥세상에서 들려오는 소음, 양말이 발목을 조이는 촉감, 손가락에 닿는 이 책의 감촉. 세상에서 경험하는 모든 정보를 계속 처리하는 것은 매우 비효율적인 뇌 사용법이다. 그 대신 뇌는 손쉬운 방법을 선택한다.

소리를 예로 들어 설명해보자. 귀에 들어온 음파는 외이도에 있는 수용기를 거치면서 전기 신호로 바뀌어 뇌의 일차 청각 피질로 전달된다. 뇌의 일차 청각 피질은 가공되지 않은 소리 요소, 즉 소리의 패턴과 음의 높이를 다룬다. 여기에서 신호는 더 복잡한 특징, 즉 선율, 전조, 감정적 문맥 같은 정보를 처리하는 더 상위 뇌 영역으로 이동한다.

모든 세부사항을 연쇄적인 명령체계로 전달하는 대신, 뇌는 입력되는 소리 신호를 이전의 경험과 결합해서 세계에서 무슨 일이 일어나는지 예측한다.

익숙한 선율의 시작 부분의 음을 들으면 다음에 이어질 나머지 선율을 예측할 수 있다. 우리의 의식에 떠오르기 전에 이 예측은 하뇌 영역으로 되돌아가 실제 입력되는 정보와 비교한 뒤, 전두엽으로 올라가 현실을 확인한다. 예측이 틀렸을 때만 신호는 상뇌 영역으로 올라가서 이어지는 예측을 조정한다.

이것도 직접 시험해볼 수 있다. 서식스 대학교의 인지신경과학자이자 전산신경과학자인 아닐 세스는 단순화시킨 사인파 소리를 들어보라고 한다. 처음에는 삑삑거리는 소리와 휘파람 소리가 뒤섞인 소리로밖에 들리지 않는다. 하지만 원래 소리를 각각 들은 뒤 다시 들으면 무슨 소리인지 갑자기 들리기 시작한다. 바뀐 것은 입력되는 정보에 대한 뇌의 예측뿐이다. 예측 근거로 삼을 더 좋은 정보를 갖췄다는 뜻이다. "우리의 현실은 감각에 지배되는 통제된 환각에 지나지 않습니다"라고 세스는 내게 말했다. 혹은 심리학자 크리스 프리스가 일전에 말했듯이, '현실에 부합하는 환상'일지도 모른다.[9]

이 발상은 실비아에게 일어나는 일과도 들어맞는다. 실비아의 실제 청각은 뒤틀려있지만 익숙한 음악은 때로 실비아의 환각을 잠시나마 억누를 수 있다. 2014년 티머시 그리피스는 이를 이용해서 환각 예측 모델을 증명할 수 있으리라고 생각했다.[10]

"환각을 통제할 수 없다는 점은 환각과 환각이 나타나는 원인을 연구할 때 항상 큰 장애물이었죠. 실비아는 우리에게 환각 스위치를 켜고 끌 기회를 주었습니다"라고 그리피스는 말했다.

그리피스 연구팀은 실비아를 연구실로 초대해서 뇌 주변에 나타나는 전기적 활성의 순환적 흐름인 뇌파를 분석하는 기계에 눕혔다. 기계가 실비아의 뇌 활성을 분석하는 동안 그리피스 연구팀은 실비아에게 익숙한 바흐 협주곡의 다양한 악절을 들려주었다. 실비아는 15초마다 환각의 강도를 평가했다. 실험하는 동안 실비아가 들은 음악적 환각은 길버트와 설리번의 오페레타 〈군함 피나포어〉의 반복되는 악절이었다. 바흐의 선율에 집중하면, 실비아의 환각은 몇 초간 침묵했다가 다음 발췌 부분이 시작될 때까지 서서히 소리를 키웠다. 바로 이 현상 덕분에 그리피스는 환각이 없을 때와 있을 때의 실비아의 뇌 활성도를 측정할 수 있었다.

실비아의 뇌 영상을 보면, 환각이 나타날 때는 선율과 음조의 배열을 처리하는 뇌 영역이 서로 의사소통하면서 실비아가 실제 음악을 듣는 것처럼 정보를 나누었다. 하지만 실비아의 청각 장애는 심각한 수준이므로 이들 뇌 영역은 귀에 들어오는 실제 소리에 구속되지 않는다. 실비아의 환각은 세상 밖의 실재에 대해 실비아의 뇌가 내놓은 최선의 추측이다.

이 가설은 다른 음악을 들으면 실비아의 환각이 멈추는 이유도 설명한다. 실비아가 익숙한 바흐의 음악에 집중하면 실비아의 뇌에 입력되는 신호는 훨씬 믿을 만한 정보이므로, 뇌는 더 높은 영역끼리의 일탈적인 의사소통을 억제하면서 실제 세상에서 일어나는 일에 집중한다.

환각이 빗나간 예측이라는 개념은 완벽하게 조용한 방인 무향실에서 시험받았다. 미네소타주 미니애폴리스에 있는 오어필드연구소에는 '지구에서 가장 조용한 장소'로 불리는 무향실이 있다. 무향실은 실제로는 방 안에 지어진 또 다른 방으로, 두께가 91cm에 이르는 강철과 콘크리트 벽을 세우고 아주 작은 소음도 남기지 않고 흡수하도록 설계한 들쭉날쭉한 충전재로 덮여있다. 일단 무향실에 들어서면 눈이 굴러가는 소리나 피부가 두개골 위로 당겨지는 소리까지 들을 수 있다. 사람들은 대개 무향실 문이 닫히고 난 뒤 20분이 채 지나기 전에 환각을 일으키기 시작한다.[11] 하지만 대체 계기는 무엇일까?

유니버시티 칼리지 런던의 임상심리사이자 감각 상실증 전문가인 올리버 메이슨은 두 가지 가능성이 있다고 대답했다. 첫 번째는 평소에는 억제되고 세상에서 들어오는 감각 정보로 교정되는 뇌의 감각 영역이 때때로 자발적인 활성을 나타낼 가능성이다. 극단적인 정적이 지배하는 무향실에서 간츠펠트 효과나 영구적 감각 상실의 영향을 받으면 뇌는 이런 자발적인 활성을 바탕으로 예측하면서 마구잡이로 날뛸 수 있다. 두 번째 가능성은 몸 안에서 발생한 소리를 뇌가 잘못 해석할 가능성이다. 무향실에서 혈액이 귓속을 흘러가는 소리는 낯설게 들리므로 외부에서 오는 소리로 잘못 생각할 수 있다. "일단 소리가 중요하다고 인식되면 씨앗이 심어진 겁니다. 이 씨앗은 환각이 자라나는 시작점이 됩니다"라고 메이슨은 말했다.

무향실에서 모두가 똑같이 반응하지는 않는다. 환각을 일으키지 않는 사람도 있다. 대개는 환각을 경험하지만 자신의 뇌가 장난쳤다고 깨닫는다.

"어떤 사람들은 무향실을 나와서 '당신들이 저 안에 소리를 흘린 게 분명합니다'라고 말하기도 합니다"라고 메이슨은 말했다.

바로 이 점이 내가 어리둥절한 부분이었다. 청력을 잃은 다른 사람은 환청을 듣지 않는데 실비아는 왜 환청을 들을까?

메이슨은 내게 몇 가지 가설을 알려주었다. 정신질환과 연결되는 망상이나 환각에 더 취약한 사람이 나타나는 원인을 밝힐 수 있으므로, 답을 알아내는 일은 매우 중요하다고 말했다.

뇌를 가로지르는 전기 신호는 흥분성이거나 억제성이다. 즉 이웃 뉴런의 활성을 높이거나 지연시킨다. 아직 발표되지 않은 최근 실험 결과를 보면, 메이슨 연구팀은 실험 대상자들이 무향실에 25분 동안 앉아있을 때의 뇌 활성을 분석했다. 환각을 더 많이 일으킨 사람은 뇌의 억제력 활성 수준이 낮았다. 메이슨의 말로는 아마 억제력이 약할수록 상관없는 신호가 갑자기 의미를 갖기 쉬운 것 같다고 했다.

조현병 환자는 종종 감각 피질이 과도하게 활성화되지만, 감각 피질과 전두엽 사이의 연결 수준은 매우 낮다. 뇌가 의식적으로 인식하기 전에 현실성을 점검하지 않은 예측을 수없이 많이 한다는 뜻일 수도 있다고 퍼스에 있는 웨스턴오스트레일리아 대학교의 임상신경과학자 플래비 워터스는 말했다. 찰스 보넷 증후군은 감각 피질의 활성화 수준이 낮아서 뇌가 그 틈새를 메우도록 자극되지만, 이를 정확하게 교정할 실제 감각 정보의 입력은 없다. 조현병이나 찰스 보넷 증후군은 뇌가 외부 세계에 자신을 맞추기보다는 자신의 소리에 귀를 기울이기 시작한다고 워터스는 말했다.

이런 연구는 온종일 이상한 냄새에 둘러싸여 지내는 맥스 같은 사람들이 외부 세계와 다시 연결되도록 도울 수 있다. 맥스의 환후가 신뢰할 만한 정보 부족에서 비롯된다면 실제 냄새를 맡는 행동이 환각을 억제하는 데 도움이 될지도 모른다. 맥스는 하루에 세 번, 서로 다른 냄새 세 가지를 맡는다. "희망 사항에 불과할지도 모르지만 도움이 되는 것 같습니다"라고 맥스는 말한다.

인간이 현실을 구성하는 방식의 부산물이 환각일 수도 있다는 지식은 우리가 환각을 경험하는 방식을 바꿀지도 모른다. 색스는 말년에 한쪽 눈의 시력을 잃었고 다른 쪽 눈은 심각하게 시력이 저하되었다. 색스는 피아노를 연주하다가 연주하는 악보를 주의 깊게 볼 때면 때로 내림음표의 홍수를 볼 수 있다는 사실을 깨달았다. "왜 올림음이 아니고 내림음만 보이는지는 모르겠습니다"라고 색스는 말했다. 색스는 또 글자와 때로는 단어를 환각으로 보기도 했다.

색스는 환각 때문에 힘들지는 않았다고 내게 말했다. "환각을 무시하는 법을 오랫동안 익혀온 데다, 때로는 환각을 즐기기도 합니다. 내 뇌가 놀이를 즐기는 건 기분 좋은 일이죠."

최근 실비아의 음악적 환각은 속도가 빨라지면서 음은 더 빠르게 들려온다. 소리도 더 커졌다. 이제 실비아의 환각은 크게 발전해서, 실비아가 피아노로 모차르트 소나타를 연주하고 멈추면 마음속에서 1악장 전체가 연주된다고 했다. 실비아는 마음속에 자기만의 아이팟을 가진 것 같다고 말했다. 불리한 점도 있는데, 12월은 실비아에게 악몽이 될 수도 있다.

"상점마다 캐럴이 울려 퍼질 텐데, 그러면 캐럴을 계속해서 들어야 하겠죠. 견딜 수 없을 것 같아요."

흥미롭게도 실비아의 환각에 단어도 영향을 미치기 시작했다. 바로 전날 실비아는 책을 읽고 있었는데, 펼친 쪽에 '머무르다'라는 단어가 있었다. 그러자 갑자기 '나와 함께 머물러요(Abide with Me)'라는 찬송가가 실비아의 몸속 아이팟에서 연주되기 시작했다. 그림도 노래를 촉발할 수 있다. 실비아는 손녀와 함께 장난감 가게에 들렀다가 방울 달린 모자를 쓴 어릿광대를 보았다. 그러자 갑자기 '내가 아주 작은 소년이었을 때'라는 곡이 연주되기 시작했다.《십이야》에 나오는 어릿광대의 노래였다.

또 실비아는 환각을 조금이나마 조절할 수 있게 되었다. 그날 아침 실비아는 수영장에 갔다. 귀마개는 모든 소리를 틀어막아서 실비아의 머릿속에 있는 노래가 더 명확하게 들린다. "'따다다 붐붐, 따다다 붐붐'하는 구절을 반복하고 있었는데 수영하는 동안 계속 그 소리를 듣고 싶지는 않았어요. 그래서 들리는 소리보다 반음 높은 노래를 큰 소리로 불러서 머릿속 노래와 충돌하게 했어요. 그러자 머릿속 노래가 주춤했지요. 오래 걸리기도 하지만 가끔 상황을 바꿀 수 있기도 해요. 좋아하는 다른 노래를 불러서 바꿀 수도 있어요. 잘 되는 때도 있고, 잘 안 될 때도 있지만요. 어떨 때는 바뀌는 것 같다가 원래의 거슬리는 음으로 되돌아가 버려요. 머릿속에 '싫어, 난 이걸 노래할 거야'라고 고집부리는 아이가 들어 있는 것 같아요."

나는 실비아에게 단 몇 초간이라도 침묵을 경험한 적이 있는지 물었다.

"아니요, 한 번도 없어요"라고 실비아는 답했다.

"머릿속에서 울리는 당신만의 라디오를 당신에게 맞추어서, 당신이 좋아하는 노래가 나오면 그 상황을 즐길 수 있다고 생각해봤나요?"

실비아는 잠시 생각한 뒤 대답했다. "나는 머릿속 노래가 그 어떤 감정도 담지 않도록 주의를 기울여왔기 때문에 머릿속 노래가 나를 항상 감정적으로 만들지는 않아요. 내 말은 머릿속 노래가 지금도 여전히 짜증스러워요. 때로는 잠에서 깼을 때 피로가 충분히 풀리지 않았다고 느끼죠. 일어나서 슬리퍼를 신기도 전에 머릿속에서 노래가 시작되면 정말 신경에 거슬리기도 해요. 어쩌면 내가 그냥 짜증 난 노인이기 때문일 수도 있어요! 하지만 내가 아는 노래 전체가 연주되면 별로 신경 쓰지는 않아요." 실비아는 웃었다. "가끔은 비웃기도 하고 어떨 때는 가만히 듣기도 하죠. 놀라기도 해요. 머릿속 노래가 강해지지 않도록 노래에 휩쓸리지 않으려고 노력해요."

실비아는 잠시 말을 멈췄다. "하지만 그런 뒤에는 줄어들어요. 노래는 항상 짧아지죠. 두세 번 연주되다가 점점 짧아지면서 악보의 첫 두 쪽, 혹은 큰악절로 줄어들고, 서서히 두세 개의 음으로 되돌아가요. 이 환각 때문에 정말로 미칠 것 같은 때가 바로 그때에요. 그냥 '다디다 따다, 다디다 따다, 다디다 따다…, 이것만 반복되죠."

자칫하면 영혼을 파괴할 수도 있는 질병에 대한 실비아의 통제력과 회복력, 훌륭한 유머 감각에 감탄하며, 나는 그날 오후 늦게 실비아와 헤어졌다. 사회는 우리에게 세상에 존재하지 않는 것들을 두려워하라고, 다른 사람이 보지도, 듣지도 않는 것을 보고 듣는 것을 정신 불안의 징후로 여기라고 가르친다. 실비아, 아비나시, 맥스 그리고 나의 할머니는 이것이 꼭 사실은 아니라는 점을 증명했다. 이런 오해와 맞서 싸우고 약간 특이한 경험 이야기하기를 두려워하지 말아야 한다. 사람은 누구나 항상 환각을 겪고 있을 수 있으며, 그중 몇몇이 다른 사람보다 그 사실을 더 예리하게 인지하고 있을지도 모른다.

MATAR —————————

#6

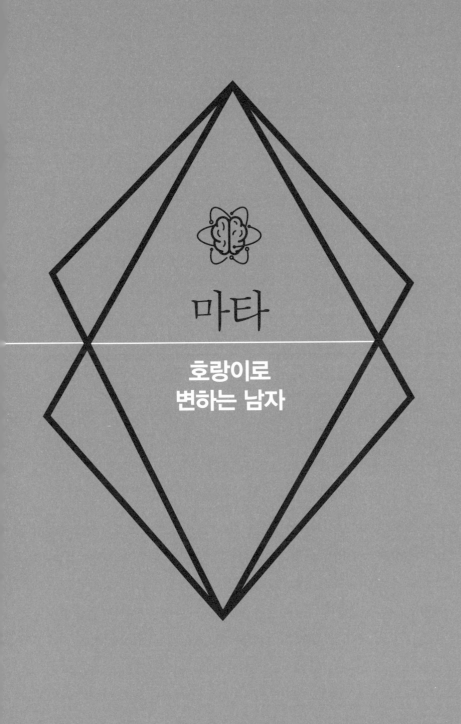

마타

호랑이로
변하는 남자

동물로 변신했다가 다시 사람으로 되돌아오는 인간에 관한 전설은 역사에 항상 존재했다. 가장 무서운 것은 늑대인간 전설인데, 살인 충동에 시달리는 피에 굶주린 괴물로 살아있는 것이든 죽은 것이든 가리지 않고 먹어 치운다.

사람이 야수가 되는 이야기는 거의 모든 시대마다 나타났다. 가장 최초의 인기소설 《사티리콘》부터 로마 신화인 리카온 이야기까지 다양하다. 리카온은 아르카디아의 잔혹한 왕으로 하늘의 신인 주피터를 죽이려고 한 죄로 벌을 받아 늑대가 되었다. 오늘날 우리는 《해리포터》나 《트와일라잇 시리즈》를 읽으며 늑대인간 이야기의 잔혹한 매력이 전혀 줄어들지 않았음을 느낀다.

세상에서 가장 이상한 뇌를 가진 사람을 만나는 내 여정에서 늑대인간이 왜 튀어나왔는지 이상하게 여길 수 있다. 하지만 늑대인간 이야기에 숨은 기이한 진실은 늑대인간이 대중 소설이나 전설만은 아니라는 점이다. 초기 의학 문헌을 살펴보면 동물로 변하는 사람에 관한 기록이 남아있다. 파울루스 아이기네타는 7세기 알렉산드리아의 의사로, 이 병은 우울증이나 과량의 흑담즙으로 고통받는 사람의 질병이라고 설명했다. 중세에는 악마와 마법의 산물이라고 해석되었고, 그 결과 짐승과 비슷한 울음소리를 내거나 육류를 날로 먹거나 다른 사람을 공격하게 된다고 했다.

이런 질병의 원인은 무엇이었을까? 어쩌면 당시 다른 질병에 처방되던 연고가 만성적인 저린 느낌 같은 부작용을 일으켰을 가능성이 있다. 그러면 환자는 피부 속에서 털이 자라 나온다고 느낄 수 있어서 사람이 동물로 변신하는 '증거'가 됐을 수도 있다.

역사가는 양귀비나 독이 있는 벨라돈나와 비슷한 사리풀 같은 약용식물을 섭취한 탓이라고도 말한다. 17세기 약초 의사들은 사리풀을 진정제로 사용했고, 류머티즘 통증이나 치통 치료제로도 사용했다. 지금은 이런 치료제가 생생한 환각을 일으킬 수 있다는 사실이 알려졌다. 이런 약용식물을 먹은 수많은 사람이 자신이 일시적으로 표범이나 뱀, 신화 속의 동물로 변신했다고 생각했다.

시간이 지나면서 몇 가지 치료법이 생겼는데, 식초를 마시거나 방혈하는 방법이 있었고 가장 극단적인 방법으로는 은 탄환으로 쏘는 것도 있었다.

가장 유명한 늑대인간 이야기는 프랑스 랑드 지방에 살던 열네 살 소년 장 그르니에 이야기다. 17세기 초, 그르니에는 자신이 50명 이상의 아이들을 잡아먹었다고 자랑했다. 네 발로 뛰는 쪽이 더 편하고 날고기, '특히 어린 소녀의 고기'를 먹고 싶은 충동을 느끼는데, 어린 소녀 고기는 '아주 맛있다'고도 말했다.[1] 그르니에는 교수형을 집행한 뒤 시체는 화장하라는 선고를 받았다. 하지만 형이 집행되기 전에 지방 의회는 의사 두 명을 보내 그르니에를 조사했다. 의사들은 그르니에가 '악마에 의해 인간의 눈이 그런 망상을 보도록 기만당하는 동물화 망상증'을 앓고 있다고 결론 내렸다.[2] 그르니에는 처형당하지 않고 수도원으로 보내졌다.

19세기 중반에서야 완전히 이성적인 설명이 우세해졌고, 의사들은 이것이 신비로운 전설이 아니라 정신병이라고 결론 내렸다. 지금은 임상적 동물화 망상증으로 알려진 이 질병은 지난 세기에 폭넓게 정의되어 어떤 동물로든 변한다는 망상증을 모두 아우른다. 자신이 개나 뱀, 하이에나, 심지어 벌로 변신한다고 생각하는 사람들에 관한 보고서가 발표되었다. 하지만 동물화 망상증은 극히 희소하다. 네덜란드 파르나시아 정신과학연구소의 정신과 의사 잔 디르크 블롬이 국제 기록을 조사한 결과, 지난 162년 동안 늑대로 변신한다는 망상을 가졌다고 입증된 환자는 13명뿐이었다.

흥미롭기도 했지만 이 흔치 않은 병에 나는 다소 불안해졌다. 샤론과 루벤은 세상을 인식하는 지각이 얼마나 쉽게 다른 사람과 달라지는지 내게 보여주었다. 실비아는 우리 모두가 경험할 수 있는 환각에 눈뜨게 해주었다. 하지만 이 경우는 훨씬 더 극단적이다. 뇌가 사람의 형태를 그토록 쉽게 부정할 수 있을까? 어떻게 사람이 팔다리 대신 발톱과 날개를 가지고 있다고 확신할 수 있는가? 거울을 들여다보았는데 짐승이 마주 보고 있다면 어떤 기분일까? 이 현상이 우리가 자신의 몸에 대해 생각하는 방식을 알려줄 수 있을까?

블롬이 입증했듯이 이 사례는 극히 희소하므로 임상적 동물화 망상증을 겪는 사람을 만날 수 있으리라고는 기대하지 않았다. 그래도 나는 정기적으로 전문의와 정신과 의사에게 동물화 망상증 환자를 아는지 확인했다. 임상적 동물화 망상증은 독립적인 질병이 아니라 조현병처럼 더 흔한 정신질환과 함께 나타난다는 사실을 금방 알 수 있었다. 의사들은 대부분 동물화 망상증 환자를 본 적이 없다고 했다. 실제로 환자를 본 사람은 아랍에미리트 대학교 의학 및 건강과학대학교 학장인 햄디 모셀히뿐이었다. 사실 햄디는 동물화 망상증을 한 번 이상 치료한, 세계에서 손꼽히는 연구자다.

햄디가 처음 임상적 동물화 망상증 환자를 만난 시기는 1990년대 초, 영국 버밍엄 올세인츠 병원에서 전문의 수련의로 일할 때였다. 거기서 자동차도로에서 헤매다 체포된 후 몇 년 동안 이상 행동을 하는 서른여섯 살의 남성을 만났다. 이 환자는 바닥을 기어 다녔고 개처럼 짖으면서 거리에서 토사물을 먹었다. 환자는 의사에게 자신이 개이므로 변기 물을 마시고 개처럼 행동하라는 목소리를 들었다고 했다.[3]

"정신과학 수업에서 이 질병에 관해 한 번도 들은 적이 없었습니다." 햄디는 처음 만났을 때 내게 말했다. "나는 그 환자가 범죄를 저지른 일을 덮으려고 개인 척한다고 생각했습니다." 햄디가 지도교수에게 그렇게 말하자 지도교수는 동물화 망상증을 조사하라고 일러

주었다. 과거 사례에서 뭔가 알아내기를 바라며 햄디는 의학문헌을 샅샅이 뒤졌다.

햄디는 불안과 긴장으로 응급실에 왔던 서른네 살의 여성에 관한 기록을 발견했다. 갑자기 이 여성은 개구리처럼 뛰어다니면서 개굴 개굴 소리를 내고, 파리를 잡으려는 것처럼 혀를 내밀었다. 또 다른 사례에서는 한 여성이 자신은 벌이라는 생각에 사로잡혀 자신이 점점 작아지고 있다고 느꼈다고 했다.[4]

2015년 말에 햄디는 수년 동안 동물화 망상증으로 종종 고통받는 마타라는 환자를 만났다고 내게 이메일을 보냈다. 몇 시간 동안 마타는 자신이 호랑이로 변신했다고 확신했다. 하지만 지금은 증상이 통제되었고 내게 자신의 증상에 대해 말하고 싶어 했다. "아부다비로 와서 마타를 만나보시겠습니까?"

오전 9시였지만 이미 차 안의 온도는 44℃에 이르고 있었다. 시원하고 편안한 택시 안에서 나는 창밖으로 쏜살같이 지나가는 번쩍이는 마천루들을 바라보았다. 아랍 에미리트 연합국에서 가장 큰 사원인 셰이크 자이드 그랜드 모스크의 거대한 갈색과 금색 탑들이 지평선에 솟아 있었다. 우리는 서쪽으로 달려서 거대한 건물들이 축소된 가게가 작게 늘어선 것처럼 보이는 도시 외곽에 도착했다. 야자수가 줄지어 선 5차선 고속도로를 올라타자 투명한 경계선에 도달한 것처럼 건물들은 갑자기 사라졌다. 창밖 풍경은 황량한 사막의 모래언덕과 기이한 나무, 가끔 나타나는 낙타 경주로 표지판으로 바뀌었다.

이 풍경은 한 시간 동안 바뀌지 않았다.

"알 아인 주민들은 순박하죠." 택시 운전사가 갑자기 한 말에 나는 사막이 끌어낸 무아지경에서 깨어났다. 주변을 둘러보고 도로 양쪽이 조금씩 초록빛을 띠기 시작했다는 것을 깨달았다.

주민들은 작은 마을이라고 생각할지 몰라도 알 아인은 사실 아랍에미리트에서 네 번째로 큰 도시로 오만과의 국경선 근처에 있다. 수많은 공원과 가로수가 심어진 거리 덕분에 전원도시로도 알려져 있다.

이 도시 한 곳에 자리 잡은 알 아인 병원 앞에 도착하자 택시에서 내렸다. 오븐을 연 것처럼 뜨거운 공기가 덮쳐 와서 나는 재빨리 에어컨이 가동되는 가까운 건물로 들어갔다. 그곳에서 부드러운 말투와 맹렬한 지성을 갖춘 전문의인 햄디와 라피아 라힘을 만났다. 병원 주 건물로 돌아가면서 나는 라피아에게 마타는 잘 있는지 물었다.

"마타는 괜찮습니다. 다만 오늘 아침에는 조금 불안해했어요"라고 라피아가 대답했다.

마타는 넓고 복잡한 복도 한쪽에 놓인 의자에 앉아 있었다. 전통복 장인 흰 셔츠 형태의 깐두라를 입고 흰색 머리 두건을 쓰고 있었다. 사십 대 중반이지만 눈 밑의 다크서클 때문에 실제보다 나이 들어 보였다. 간간이 회색이 섞인 검은 수염이 무성했고 주름이 가득한 뺨은 통통했다.

마타는 자리에서 일어나 자신을 따뜻하게 맞는 햄디를 마주 보았다.

"여기는 헬렌입니다." 햄디가 말했다. 나는 손을 내밀어 마타와 악수했다.

우리는 함께 병원을 가로질러서 빈 사무실이 있는 부속 건물로 갔다. 복도 끝에는 책상 하나와 의자 네 개가 있는 작은 연구실이 있었다. 햄디는 자리를 권한 뒤 물을 가지러 갔다. 마타는 문과 가장 가까운 의자를 선택했고 나는 마타를 마주 보고 앉았다. 라피아는 사무실에 확인할 것이 있다면서 잠시 방을 떠났다.

둘만 남자 나는 마타에게 웃어 보이고 나를 만나러 병원으로 와 줘서 고맙다고 인사했다. 마타는 나를 응시하더니 순간 당황했는지 고개를 옆으로 갸우뚱했다. 나는 마타에게 괜찮냐고 물었다. 이번에도 마타는 내가 하는 말을 이해하지 못하는 듯 보였다. 마타의 영어가 유창하지 않다고 들었지만 그래도 조금은 알고 있으리라고 생각했다. 나는 다시 웃고 문을 향해 고갯짓을 해 보였다. "햄디를 기다려야겠네요."

침묵 속에 앉아서 나는 마타에 대해 알고 있는 사실을 되새겨 보았다. 조현병을 진단받았을 때 마타는 열여섯 살이었다. 당시 마타는 지역 정신 병동에 자주 입원했다. 폭탄이 터지는 청각적, 시각적 환각을 겪은 후 아랍 에미리트가 공격받았다고 생각해서 경찰에 신고한 적도 있다. 마타가 한 신고 때문에 군대가 동원되었고, 나중에 마타는 거짓 신고를 한 죄목으로 체포되었다.

성인이 되자 마타는 의사에게 원래 겪었던 환각에 더해, 밤에 자신이 호랑이로 변신하기 시작했다고 말했다. 손과 발에서 발톱이 자라나는 것을 느꼈고 방안을 어슬렁거리며 으르렁거렸다고 했다. 호랑이로 변신했을 때, 마타는 밖에 나가면 사람을 잡아먹을까 봐 두려워져서 자신을 방안에 스스로 가두었다. 마타는 햄디에게 머리를 자르다가 호랑이로 변했던 날에 대해서도 말했다. 마타는 의자에서 펄쩍 뛰어올라 이발사를 물어뜯으려 했다.

조현병은 인간의 모든 질병을 통틀어서 가장 복잡한 병이라고들 말한다. 대략 100명에 한 명꼴로 나타나며, 일반적인 증상으로는 편집증, 환각, 체계적이지 않은 사고, 동기부여 결핍 등이 있다. 유전적 요인이 강하게 나타나지만(직계 가족 중에 조현병 환자가 있는 사람은 조현병에 걸릴 위험이 매우 높다) 트라우마나 약물 남용 같은 환경적인 자극도 명백한 요인이며, 아직도 조현병이 나타나는 원인은 정확히 알수 없다.

몇몇 유전 연구를 보면 22번 염색체 중 뉴런의 발달과 성숙에 관련된 영역의 돌연변이가 원인인 것으로 보인다. 일본 이화학연구소 산하 뇌과학연구소의 연구자들은 해당 돌연변이를 가진 사람의 줄기세포에서 뉴런을 분화시켰는데, 돌연변이가 없는 사람의 줄기세포에서 분화한 뉴런보다 성장한 뉴런 수가 더 적었고 이동 거리도 더 짧다는 사실을 발견했다.[5] 이 결과는 22번 염색체 돌연변이가 생명체의 초기 발달단계에서 비정상적인 성장과 발달을 유도하며, 이는 다시 뇌 안의 의사소통을 담당하는 신경망에 다양한 영향을 미칠 수 있다는 점을 보여준다.

조현병의 증상은 너무나 다양해서 어떤 신경망이 가장 큰 영향을 받는지 집어내기가 어려웠다. 하지만 최근 몇 년간 조현병의 몇몇 증상은 외부세계에 속하는 자극과 우리 자신이 만든 자극을 구분하는 신경망이 붕괴하면서 나타난다는 주장이 나왔다.

대개 이 차이점에는 누구도 주의를 기울이지 않는다. 우리는 대부분 발을 내딛거나 농담을 하면, 내딛는 발이 자신의 발이고 들리는 말이 자신이 한 말이라는 것을 본능적으로 안다. 하지만 이런 결론에 다다를 수 있는 이유는 뇌가 자기 행동의 감각적 결과를 예측할 수 있어서 우리가 말과 행동을 통제한다고 느끼기 때문이다. 1980년대 말 이후 유니버시티 칼리지 런던의 크리스 프리스 연구팀은 이런 감각 작용이 일어나는 기전과 이 기전으로 조현병의 몇몇 증상을 설명할 수 있는 모델을 만들었다.[6]

다리를 예로 들어보자. 발가락을 꿈틀거려 본다. 이 동작을 하려면 뇌 상부에 있는 영역인 운동 피질이 다리에 있는 근육에 앞뒤로 움직이라는 신호를 보내야 한다. 프리스 모델에 따르면 이 신호의 복사본이 뇌의 다른 영역에도 동시에 전달되어 의도한 움직임을 뇌에서 재현해봐야 한다. 즉, 이 행동의 결과를 예측해야 한다. 일단 발가락을 꿈틀거리면 이 움직임이 만들어내는 모든 감각, 발가락이 움직이는 모습과 피부나 힘줄, 관절이 움직이면서 일어나는 감각을 이 예측과 비교한다. 예측과 느껴지는 감각이 일치하면 행동에 관한 감각 작용 정보를 얻게 된다.

스스로 만든 움직임은 타인에 의해 생성된 감각 정보보다는 약한 강도로 뇌에 저장된다. 아주 현명한 적응이다. 자기 자신의 팔을 만질 때마다 예상치 못한 때에 타인이 우리를 건드렸을 때처럼 놀라서 펄쩍 뛰지는 않는다는 뜻이다. 이와 비슷하게 말할 때마다 뇌는 성대를 움직이기 위한 지시 사항 복사본을 청각 피질에도 보낸다. 말하고 몇 천 분의 일초가 지나면 청각 피질은 활성이 줄어든다. 이 현상은 타인이 하는 말을 들을 때는 일어나지 않는다. 성대의 움직임을 근거로 우리가 의도적으로 내려는 소리를 뇌가 예측해서 실제로 입력되는 소리와 이 예측을 비교하는 것이다. 예측과 소리가 일치하면 이 소리는 자신이 낸 소리로 인정되어 무시된다.

하지만 의사소통이 안 되거나 생체시계 기전이 망가져서 이 체계의 어느 한 부분이라도 엇나가게 되면, 우리는 더는 의도와 행동, 예측 결과를 연계시킬 수 없다. 그러면 뇌는 왜 이런 일이 일어나는지에 대해 다른 해명을 만들어내야 하는 압박에 시달리게 된다.

2016년 프랑스 릴 대학교의 앤 로르 르메트르 연구팀은 조현병 환자에게 이 현상이 일어난다는 가설을 집에서도 할 수 있는 간단한 실험으로 검증했다. 웃옷을 벗고 왼쪽 팔을 하늘 높이 들어 올린 뒤, 오른손으로 겨드랑이를 간지럼 태우기만 하면 된다. 아마 아무 일도 일어나지 않을 것이다. 자신을 간지럼 태우기는 정말 힘들다. 우리의 뇌가 오른손이 움직이는 결과를 예측하고 그에 대한 반응을 억제하기 때문이다. 간지럼을 제대로 태우기 위해 꼭 필요한 기대와 놀람이라는 요소는 사라졌다. 그러나 르메트르가 조현병 환자와 비슷한 특성을 갖춘 사람들에게 깃털로 스스로 간지럼 태우는 능력을 시험하자, 조현병 특성이 없는 대조군보다 간지러움을 보고한 사람이 더 많다는 사실을 발견했다.[7] 이 결과는 조현병 환자가 자신의 행동이 일으키는 감각 결과를 예측하기가 더 어려우며, 이는 자신의 내부에서 일어나는 감각과 외부에서 들어온 자극이 일으키는 감각을 구분하기 어렵다는 문제로 이어진다는 가설을 입증한다.

조현병 환자는 자신의 목소리를 예측하는 기전도 붕괴했다는 사실을 알 수 있다. 즉 조현병 환자의 뇌는 내부에서 나오는 목소리와 외부에서 발생하는 목소리를 구별하지 못한다. 이런 기전 붕괴가 자신의 행동이 통제되지 않고 있으며 내부의 독백이 자신이 아니라 어딘가 다른 곳에서 나온다는 결론으로 이어진다는 주장이 지나친 비약은 아니다.

모두에게 나눠줄 작은 물병을 들고 돌아온 햄디 덕분에 내 생각은
멈췄다. 햄디는 내 옆에 앉았고, 곧이어 들어온 라피아는 책상 뒤에
자리 잡았다.

내가 마타에게 병원으로 와주어서 고맙다고 하자 햄디가 통역했
다. 마타와 따로 약속을 잡을 필요는 없었다. 마타는 어머니와 여동
생과 함께 근처 마을에 살고 있는데, 특별히 나와 이야기하려고 혼
자 병원까지 왔다.

마타에게 자신의 배경이나 자라온 환경, 배우자에 관해 내게 이야
기하고 싶은지 물었다. 마타는 몇 초가량 생각하더니 아내가 있다고
부드럽게 말하기 시작했다. 하지만 거의 동시에 마타는 멈칫거렸다.
동물화 망상증 환자는 수줍음을 탈 수 있다는 사실을 어디선가 읽
었으므로 나는 햄디에게 "불편한 질문에는 대답하지 않아도 된다고
마타에게 알려주시겠어요"라고 부탁했다.

갑자기 마타는 찡그리더니 머리를 뒤로 젖히며 이상한 소리를 냈
다. 나는 잠시 당황했지만 곧 마타는 흐느껴 울었다. 천장을 보는 마
타의 어깨가 위아래로 흔들렸다. 라피아는 티슈 상자를 책상 위로
밀어주었다. 마타는 눈물을 닦고 사과했다. 이제 더는 만날 수 없는
아이들 생각이 나서 슬퍼졌다고 했다. 큰아이는 열네 살, 작은아이
는 여덟 살쯤 됐을 것이라고 마타는 말했다. 아이들을 본 지가 너무

오래돼서 정확하지는 않다고 했다.

"아내는 이제 아이들과 내가 만나기를 바라지 않습니다. 가족은 아주 먼 곳에 살고 있습니다"라고 마타는 말했다.

마타가 동물화 망상증을 겪기 시작하자 마타의 아내는 마타가 아이들을 해칠까 봐 자녀들을 데리고 떠났다고 햄디는 설명했다. 나는 고개를 끄덕여서 말이 아닌 행동으로 이해한다는 뜻을 전하려 했다.

몇 분이 지나자 햄디는 마타에게 인터뷰를 계속할지 물었다. 마타는 그러겠다고 했고, 나는 증상이 어떻게 시작됐는지, 어떤 느낌이었는지 물었다.

"내 조현병은 시각적 환각에서 시작됐습니다. 실제로 존재하지 않는 사람들이 오고 가는 것을 보았습니다. 남자, 여자, 아이들이 내 다리에 매달려서 바닥에 넘어졌죠."

환각은 시간이 지나면서 점점 심해졌다. "그 사람들이 내 말을 통제하기 시작하고, 내 생각을 읽을 수 있는 것처럼 느껴졌습니다. 그 사람들은 내가 말하지 못하게 했어요."

갑자기 마타는 말을 멈추고 나를 낯선 눈길로 쳐다보았다. 마타는 햄디에게 무언가를 말했고 내 쪽으로 손가락질을 했다.

나는 햄디를 쳐다보았다.

"당신이 영국인이라 의심스럽다고 마타가 말하는군요"라고 햄디가 대답했다.

"왜죠?"

햄디는 마타에게 몸을 돌리고 이유를 설명해달라고 했다.

"영어를 너무 많이 하고 있어서 마타가 불안해하고 있어요"라고 햄디가 전했다.

두 사람은 잠시 아랍어로 대화를 나눴다. 대화가 끝날 때쯤 마타는 다시 진정한 듯 보였다. 마타는 사실 자신은 영국을 좋아한다고 했다. 영국의 한 대학교에서 장학금도 받았지만 영어를 더 배워야만 했다고 말했다. 언젠가는 영국에서 공부하고 싶다고도 했다.

마타가 훨씬 편안해 보여서 호랑이로 변신하는 기분이 들 때 무슨 일이 일어나는지 설명해달라고 했다. 마타는 잠시 생각하더니 자기 머리와 목을 가리켰다. "내 생각과 몸속에 호랑이가 들어있는 것 같습니다"라고 마타는 말했다.

마타는 소매를 걷어 올려 팔을 보여주더니 굵고 검은 털을 팽팽하게 잡아당겼다.

"호랑이로 변신하기 시작하면 털이 모두 쭈뼛 일어섭니다. 온몸의 털이 일어서죠. 그다음에는 몸과 수염이 뾰족한 것에 찔리는 것처럼 가려운 기분이 들어요. 왼쪽 다리에 통증이 일어나면서 오른쪽 다리에도 통증이 일어나고, 그다음에는 팔까지 올라옵니다. 온몸이 전기에 감전된 느낌이 들죠. 그러면 누군가를 물어뜯고 싶은 생각이 듭니다. 통제할 수 없고, 그저 내가 호랑이로 변신했다는 걸 알게 되죠."

마타는 말을 멈추고 목을 만졌다. 그러더니 나를 똑바로 바라보며 내가 알아들을 수 없는 아랍어로 뭐라고 말했다.

나는 당황한 표정의 햄디를 슬쩍 쳐다보았다.

"마타가 지금 그 느낌이 든다고 합니다."

언론은 너무 자주 조현병 환자를 폭력적 인물로 묘사한다. 사실 조현병의 폭력성에 관한 과학적 증거는 거의 없다. 존스홉킨스 블룸버그 공중보건대학의 베스 맥긴티 연구팀이 1995년부터 2014년까지의 뉴스를 분석한 결과, 모든 정신질환 관련 뉴스의 40%는 정신질환과 폭력성의 연관성에 초점을 맞춘 기사였다. 정신질환을 앓는 사람들의 실제 폭력성 비율에 비추어 볼 때 심각한 불균형을 보인다.

영국에서 정신질환자가 저지른 살인사건은 1973년에 절정을 이루었고, 마지막으로 분석한 2004년에는 10만 명 중 0.07명까지 비율이 떨어졌다. 전체 살인사건과 비교하면 같은 기간 동안 일반인에 의한 살인사건은 증가했고 2004년에 절정을 이루어 10만 명 중 1.5명이었다.[8]

기자와 대중, 정책입안자들 사이에 정신질환이 폭력의 뿌리라는 오해가 퍼지는 일은 위험하다. 물론 때로 정신질환 때문에 폭력성이 돌출되기도 한다. 세간의 눈길이 쏠렸던 미국 정치가 개브리엘 기퍼즈 암살 시도 사건은 재러드 리 라우너가 범인이었는데, 재러드는 테러 직후 편집조현병 환자로 진단받았다. 그러나 폭력적인 행동은 대부분 조현병에 따라오는 환각이나 편집증의 결과가 아니라 분노와 감정 문제, 약물, 알코올 남용의 결과다. "대부분의 정신질환자는 폭력적이지 않으며, 대부분의 폭력은 정신질환자가 일으키지 않는다"라고 맥긴티는 말했다.

이 사실을 알기에 나는 당황하지 않았다. 나는 햄디와 라피아가 지시를 내려주기를 기다렸다. 두 사람은 마타에게 조용히 말을 건넸다. 긴장을 풀도록 유도하면서 여기서 불안을 느낄 필요가 없으며 우리는 모두 친구라고 마타에게 말했다.

얼마 동안 방안은 조용했다. 마타는 마음속에서 일종의 내전을 겪는 듯 보였다. 갑자기 마타가 다리를 움켜쥐었다.

"공격하고 싶은 기분이 듭니까?" 햄디가 침묵을 깨고 물었다.

마타는 햄디를 쳐다보았다.

"어떻게 알았습니까? 내 마음속을 읽기라도 했습니까?"

햄디는 마타에게 자신은 사람의 마음을 읽을 수 없으며, 그저 기분이 어떤지 묻는 것이라고 대답했다.

마타는 의심의 눈초리로 햄디를 보았다. 그리고는 아랍어로 무언가를 말하자 햄디가 부드럽게 미소 지었다.

"어떻게 된 거예요?" 나는 물었다.

"내가 자기가 알고 있는 햄디가 정말 맞느냐고 물었습니다. 아마 내가 사기꾼일지도 모른다고 생각했나 봅니다. 자기가 기억하는 햄디는 뚱뚱하다고 하네요."

마타가 고개를 끄덕였다. "내가 아는 햄디는 비만입니다"라고 마타가 덧붙였다.

나는 햄디를 향해 눈썹을 치켜올렸다. "마타 말이 맞습니다." 웃으며 햄디가 말했다. "오랫동안 마타를 만나지 못했는데, 마지막으로 마타를 만났을 때 난 정말 비만이었거든요."

햄디가 마타에게 최근 살을 뺐다고 설명하자 마타는 햄디와 라피아를 알아보았다.

"내가 아는 햄디는 더 친절했는데"라고 마타는 말했다.

햄디는 웃으며 마타와 조금 오래 대화를 나누었다. 햄디는 인터뷰를 더 할지 멈출지 물었다. 갑자기 마타의 어깨가 풀어지더니 눈동자가 또렷해졌다.

"좋아요, 계속합시다." 마타가 말했다.

나는 깊이 숨을 들이마신 뒤, 마타에게 고양이나 다른 동물이 아닌 호랑이로 변했다고 느끼는 이유가 무엇인지 물었다.

"나는 당신이 닭 다리를 먹듯이 내 다리를 먹는 것처럼 느껴집니다"라고 마타는 내 질문을 무시하고 말했다. "당신은 사자 같아서, 당신이 나를 공격하기 전에 먼저 공격해야 할 것 같습니다."

일이 꼬이고 있다는 직감이 들었다. 끔찍하게도 마타의 증상이 재발하고 있다는 사실을 부인할 수 없었다. 마타는 갑자기 숨을 들이쉬더니 자신의 허벅지를 내려다보았다. 깊은, 그리고 놀라울 정도로 실제 같은 으르렁거리는 소리가 마타의 입에서 연이어 나왔다.

펜이 메모장 위를 맴돌았다. 나는 이 상황에서 포식자와 피식자가 어떤 행동을 할지 상상하고 있었다. 햄디는 내 왼쪽에 앉아있었고 문은 오른쪽에 있었다. 하지만 섣불리 움직여서 마타를 놀라게 하고 싶지 않았다. 마타는 양손 모두 주먹을 꼭 쥔 채로 무릎에 올려놓았고 손가락은 발톱이 있는 것처럼 구부러지기 시작했다. 으르렁거리는 소리는 나를 향해 있었다. 햄디가 말을 걸자 마타는 햄디를 향해 으르렁거렸다.

"우리를 공격하고 싶습니까?" 햄디가 물었다.

"당신들 셋 모두." 마타가 대답했다.

두 의사는 서로 쳐다보았다. 두 사람은 영어와 아랍어로 동시에 말하기 시작했다.

"마타, 긴장을 풀어요, 안심해요. 우리가 누군지, 왜 여기 있는지 알고 있잖아요. 여기 와서 헬렌에게 당신의 병에 관해 이야기하고 싶다고 했죠. 기억합니까?"

마타는 끄덕였다. 공격하고 싶은 충동을 억제하는 것처럼 보였다. 마타는 몇 번 숨을 깊이 들이쉬더니 갑자기 다시 의식이 또렷해졌다. 마타는 담배를 피우고 싶다고 했다. 라피아가 책상 뒤에서 나와 마타를 방에서 데리고 나갔다.

마타가 나가자 나는 햄디에게 방금 무슨 일이 일어났는지 물었다.

"마타가 약을 먹지 않은 것 같습니다"라고 햄디가 대답했다. 마타는 보통 증상을 조절하는 항정신성 약물과 항우울제, 항불안제를 섞어서 복용한다고 했다. "마타가 약을 먹지 않게 된 이유가 있을 겁니다. 이 방은 안전하지 않을 것 같군요."

나도 햄디의 말에 동의하고 인터뷰를 여기서 끝내자고 했다. 햄디는 반대했다. 그저 더 큰 방으로 옮겨가면 된다고 했다.

"문 쪽에 앉아 있다가 위험해지면 문밖으로 뛰어나가십시오."

마타의 병이 더 악화되는 쪽으로 재발할지도 모른다고 생각하니 기분이 좋지 않았지만 의사의 말에 따랐다. 햄디와 라피아에게는 이 병에 관해 더 많이 알아낼 수 있는 흔치 않은 기회라는 생각이 들었다. 우리는 넓은 세미나실로 자리를 옮겨 의자를 다시 배치했다.

마타와 라피아가 돌아오기를 기다리는 동안 햄디에게 마타의 조현병이 왜 호랑이로 변신한다는 희귀한 믿음의 형태로 나타나는지 물었다. 조현병에 걸린 환자는 많은데, 왜 마타에게 이런 일이 일어났을까?

햄디는 아주 중요한 질문이라고 대답했다. "뭔가 다른 일이 일어나고 있습니다. 동물화 망상증 환자는 자기 몸을 사람이 아니라 동물로 봅니다. 우리의 질문은 '어떻게 그럴 수 있는가?'가 되어야 합니다."

이 병은 극도로 희소하므로 동물화 망상증 환자를 연구해서는 답을 알 수 없을지도 모르지만, 그렇다고 해서 방법이 없지는 않다. 동물화 망상증으로 몸의 형태가 바뀌거나 다른 식으로 변형되는 것처럼 느끼면서 고통을 겪을 필요는 없다. 세상에는 팔다리가 필요 없다고 느끼거나, 없는 팔다리가 있다고 느끼거나, 팔다리가 작아지거나 커진다고 생각하는 이상한 질병이 많다. 이런 질병 중에는 마타에게 무슨 일이 벌어지고 있는지에 관한 단서를 줄 질병도 있을 것이다. 하지만 더 많은 사실을 알아내려면 한 청년의 머리를 민 뒤 의식이 깨어있는 채로 뇌를 열었던 1934년의 수술실로 되돌아가야 한다.

와일더 펜필드는 작은 전극을 청년의 뇌 표면에 갖다 댔다. 단추를 누르자 미세 전류가 금속 막대기를 타고 흘러나가 뇌 표면에 충격을 주었다.

"어떤 기분이 듭니까?" 의사가 환자에게 물었다.

"턱에 얼얼한 감각이 느껴집니다." 환자가 답했다.

펜필드의 조수는 결과를 기록하고 방금 자극한 뇌 부분에 마커를 올려놓았다. 펜필드는 전극을 아주 조금만 옆으로 옮겨서 같은 과정을 반복했다. 이번에는 환자가 팔 윗부분을 만지는 것 같은 감각이 느껴졌다고 대답했다.

이미 1장에서 펜필드가 해마 근처를 자극해서 환자의 기억을 끌어냈던 일을 이야기했다. 이번에 펜필드는 환자의 뇌에서 발작을 일으키는 영역을 찾아내서 제거해야 할 부분과 남겨둬야 할 영역을 탐색하고 있었다. 이런 수술을 할 때면 펜필드는 뇌 위쪽에서 전두엽과 두정엽을 나누는 유명한 고랑인 중심구에서부터 시작하곤 했다. 이 중요한 지표 바로 앞에 척수를 타고 내려가는 세포들이 모여 있는 가느다란 조직인 일차 운동 피질이 있어서 근육에 도달하는 운동 뉴런과 연결된다. 중심구 바로 뒤는 두정엽으로 여기에도 비슷하게 일차 체감각 피질이라는 가느다란 조직이 있다. 일차 체감각 피질에는 몸 전체의 촉각 정보를 받아들이는 세포가 있다. 펜필드가 일차 운동 피질을 자극하면 환자는 특정 근육이 움직이는 감각을 느낄 수 있었다. 체감각 피질을 자극하면 환자는 몸이 만져지는 촉각을 느낄 수 있었다.[9]

이런 수술을 수백 번 거치면서 펜필드는 '뇌에 있는 몸 영역'을 나타내는 피질 지도를 만들었다. 이 지도를 만들면서 펜필드는 이 가느다란 조직 안에 몸이 익숙한 순서로 배치되어 있다는 사실을 발견했다. 즉 실제 몸에서 인접해 있는 부분은 뇌에서도 해당 영역이 가까이 있었다. 다리 위쪽의 촉각을 담당하는 체감각 피질 영역은 뇌에서도 다리 아래쪽의 촉각을 담당하는 영역과 가까이 있었다. 그리고 차례로 발목, 발, 발가락 영역의 순서로 이어진다.

펜필드는 지금은 '호문쿨루스'라고 부르는 몸의 지도를 그렸다. 호문쿨루스는 손, 손가락, 입술, 혀가 유별나게 커서 기괴하게 보이는 땅딸막한 사람 그림이다. 호문쿨루스는 해당 신체 부분에 할당되는 뇌 영역의 크기를 나타내고, 각각의 영역은 신체의 물리적 크기가 아니라 근육 신경이나 감각 신경 말단이 얼마나 풍부하게 분포하는지에 비례해서 그린다. 예를 들어 감각 호문쿨루스는 입술과 손이 거대해서 불균형하게 보이는데, 이 부위는 극단적으로 촉각이 예민해서 뇌 영역을 많이 차지하기 때문에 그렇다. 호문쿨루스의 몸통이나 팔 위쪽은 신경 말단이 적게 분포해서 뇌 영역도 적게 차지하므로 아주 작다.

이런 지도는 사람의 몸이 어떻게 생겼는지, 그리고 신체 각 부분이 항상 어디에 있는지 알려주므로 중요하다. 이 말이 이상하게 들릴 수도 있다. 아마 여러분은 자신의 몸을 볼 수 있으므로 어떻게 생겼는지 잘 알고 있다고 생각하겠지만 신체를 인식하는 방법은 시각적 자극뿐만이 아니다.

눈을 감고 손을 뻗어본다. 이제 코를 만져본다. 이 동작은 눈을 감고도 할 수 있다. 뇌에 자신의 몸이 어떻게 생겼는지 알려주는 모델이 있기 때문인데, 머릿속에서 생성된 이 이미지를 과학자들은 때로 육체적 자아라고 부르기도 한다. 이 이미지를 만들려면 펜필드의 운동과 감각 지도와 함께 관절과 움직임에 관한 정보를 처리하는 고유수용성 지도가 필요하다. 이 지도는 고정된 것이 아니라 매일 매초 정보가 갱신되어 몸이 어디에 있는지, 어떤 느낌인지, 무엇을 하고 있는지를 유동적인 감각으로 전해준다. 예를 들어 몸무게가 늘면 불룩 튀어나오는 배에 대한 시각 감각과 피부와 근육에서 오는 내적 감각이 뇌의 내적 신체 개요를 수정한다. 자기 몸의 최종 이미지가 어디에서 완성되는지는 정확하지 않지만 상두정소엽이 관련된다는 증거가 있기는 하다(뇌졸중으로 상두정소엽이 손상된 환자는 자기 팔다리를 자신의 신체로 인식하지 못하기도 한다). 지금 우리가 알고 있는 사실은 모든 신체 지도가 서로 의사소통을 하면, 물리적 실재와 일치하는 몸을 소유한다는 느낌을 만들어낸다는 점이다. 때로 이 체계가 잘못될 수 있는데, 바로 여기서부터 기분이 불편해지는 문제가 시작된다.

환각지라는 말은 1871년 미국 신경학자 실라스 위어 미첼이 처음 만들었다. 환각지를 겪는 사람은 절단된 팔다리가 아직 존재한다고 느끼며 때로 통증을 느끼기도 한다. 넬슨 경은 산타크루스 데 테네리페 전투에서 오른팔을 잃은 후 존재하지 않는 오른팔의 통증을 느꼈고, 이를 '영혼이 존재한다는 증거'로 여겼다. 넬슨 경은 팔도 물리적인 파괴에서 살아남을 수 있는데 사람이 그러지 못할 이유가 무엇인가, 라고 되물었다.

지금은 환각지가 영혼의 증거가 아니라 상당히 특별한 현상, 즉 신경가소성이나 살아가면서 자신을 재구성하는 뇌의 능력을 보여주는 증거라는 점을 알고 있다. 팔다리가 절단되면 절단된 팔다리에서 신호를 받아들이던 뇌 영역은 이제 무시된다. 뇌는 귀중한 공간을 낭비할 생각은 없으므로 팔다리 하나가 없어지면 나머지 신체 이미지가 재빨리 확장되어 그 자리를 차지한다. 이것이 환각지가 생기는 이유다. 팔의 촉각을 담당했던 뇌 영역이 얼굴의 촉각 정보를 처리하는 뉴런에게 넘어갔을 수 있다. 그러면 사실 촉각이 느껴지는 부위는 얼굴이지만 절단된 팔에 촉각이 느껴진다고 생각할 수 있다.

환각지는 얼어붙거나 주먹을 꼭 쥔 것처럼 느껴지면서 가끔 아플 수 있다. 뇌의 운동 영역이 여전히 사라진 팔다리에 명령을 보내지만 아무런 답을 받지 못하는 상황 때문일지도 모른다. 이런 혼란은 환각지가 마비된 것처럼 느끼게 한다. 이런 고통을 즉시 줄여주는 간단한 방법이 있다. 남아있는 팔다리와 절단된 팔다리 사이에 거울을 두고 앉는다. 거울을 보면 환각지가 느껴지는 곳에 팔다리가 보인다. 주먹을 펴거나 진짜 팔을 움직이면 환각지가 똑같이 움직이는 듯한 착각이 든다. 이런 식으로 환자는 통증을 누그러트리거나 환각지를 사라지게 할 수 있다.

자신의 신체 이미지에 환각지를 만들려고 실제로 팔다리를 절단할 필요는 없다. 바람을 넣은 고무장갑과 작은 빗 두 개를 준비하고, 고무장갑을 앞쪽 탁자 위에 올려놓는다. 진짜 손은 나무판이나 판지로 감춘다. 이제 친구에게 여러분의 감추어진 진짜 손을 빗는 동시에 고무장갑도 반복해서 빗어달라고 부탁한다. 일단 환상이 끼어 들어와 고무장갑이 여러분에게 속한 신체라고 느끼게 되면, 그 후에는 빗이 닿는 촉감을 직접 느낄 수 있다.

이 실험은 우리의 신체 이미지가 얼마나 쉽게 바뀔 수 있는지를 보여주는 가장 유명한 사례지만, 이 외에도 수많은 사례가 있다. 2011년 빌라야누르 라마찬드란 연구팀은 제노멜리아라는 새로운 질병을 발표했는데, 이성을 갖춘 개인이 자신의 건강한 팔다리를 절단하려는 충동에 사로잡히는 병이다. 라마찬드란의 첫 번째 환자는 스물아홉 살 남성으로 대략 열두 살 때부터 자신의 오른쪽 다리를 절단하고 싶다는 강렬한 욕망에 시달려왔다고 회상했다. 이 환자는 오른쪽 다리가 '지나치게 완벽해서' 그저 다리가 없어지기만을 바랐다고 한다. 환자는 이런 감정이 정상이 아니라는 사실을 순순히 인정했다. 라마찬드란의 진료를 받은 한 달 뒤 이 환자는 자신의 다리 아래쪽에 드라이아이스를 들이부었고, 결국 의사가 자신의 다리를 잘라내게 했다.

많은 의사가 이런 행위는 그저 관심받고 싶거나 어렸을 때 절단 수술을 받은 사람을 본 심리적 트라우마의 결과일 뿐이라고 주장한다. 하지만 라마찬드란은 이 질병이 뇌의 생물 기전에 의해 일어나는 식별할 수 있는 질병이라고 주장했다.

"제노멜리아 환자에게 팔다리의 자르고 싶은 부위에 선을 그려보라고 하고 한 달 뒤 같은 질문을 하면, 환자는 항상 같은 위치에 선을 그립니다"라고 당시 라마찬드란은 설명했다. "그저 일종의 강박으로만 치부하기에는 너무나 구체적이죠."

라마찬드란은 자신의 주장을 증명하기 위해 캘리포니아 대학교 샌디에이고 캠퍼스에 있는 신경과학자 폴 맥그로치와 함께 자신의 다리 한쪽을 절단하고 싶어 하는 제노멜리아 환자 네 명을 분석했다. 시험은 간단했다. 환자의 다리를 만지면서 뇌 영상을 찍었다.

결과는 놀라웠다. 시험 대상자들은 '정상적인' 자신의 다리를 만지거나 절단하고 싶은 선 윗부분을 만지면 뇌의 오른쪽 상두정소엽이 폭발적으로 활성화되었다. 환자들이 없어지길 바라는 다리 부위를 만지면 뇌의 오른쪽 상두정소엽의 활성은 변화가 없었다. 연구팀은 오른쪽 상두정소엽이 이질적인 감각 입력 정보를 통합해서 신체에 대해 일관된 감각을 창조하는 데 가장 이상적인 뇌 영역이라고 말했다. 연구팀은 팔다리를 만지는 감각을 느낄 수 있지만 촉각 감각이 신체 이미지에 통합되지 않는 부자연스러운 상황일 때 제노멜리아가 생긴다고 주장했다. 그 결과는 이물질처럼 보이는 팔다리를 잘라내고 싶은 욕망으로 나타난다.[10]

흥미롭게도 트랜스젠더가 종종 자신의 몸에 대해 갖는 기묘한 느낌도 이와 비슷하게 설명할 수 있다. 최근 캘리포니아 대학교 샌디에이고 캠퍼스의 로라 케이스 연구팀은 해부학적으로는 여성이지만 남성의 몸을 원하는 강렬한 욕망으로 남성으로 인정된 여덟 명의 사람을 모집했다. 대조군으로 성전환 욕구가 없는 여성도 모집했다. 두 집단의 뇌가 몸의 성적 매력 정보를 처리하는 방식에 뚜렷한 차이가 있는지 조사하기 위해, 케이스 연구팀은 시험 대상자의 손이나 가슴을 가볍게 두드리면서 뇌 영상을 찍었다. 모두 예상하듯이 손과 가슴의 자극은 해당 신체를 관장하는 두정엽 영역을 활성화했다. 하지만 트랜스 집단은 이런 활성화 수준이 손과 비교해서 가슴을 만질 때 현저히 낮았다.[11]

닭이 먼저냐 달걀이 먼저냐의 문제다. 특정 신체 부위에 대한 혐오감이 뇌에서 이런 차이점이 나타나는 원인인지 결과인지는 알 수 없다. 그런데도 두 실험은 내적으로 생성된 신체 이미지와 신체 이미지를 생성하는 두정엽의 중요성을 명백하게 보여준다. 하지만 이런 결과가 동물화 망상증의 존재를 설명하는 데 도움이 될까?

이에 대한 긍정적인 신호가 하나 있다. 1999년 햄디는 우연히 뇌전증과 심각한 우울증을 앓는 쉰세 살의 여성을 만났다. 아직도 이 환자는 자신의 발에 발톱이 자란다는 생각을 떨쳐버리기 힘들어한다. 이 환자의 뇌 영상을 보면 두정엽 일부 조직이 손상된 것을 알 수 있다. 동물화 망상증 환자가 자신이 변신하고 있다고 말할 때 정말로 이런 느낌을 인지하고 있다는 첫 번째 단서였다.

또한 앞서 설명한 고무 손 실험 같은 신체 환상에 조현병 환자가 더 높은 감수성을 보인다는 사실도 알려졌다. 뇌 영상을 보면 이 현상은 시각에서 오는 감각 정보에 더 많이 의존하고 저장된 신체 이미지가 더 약해지는 움직임으로 설명할 수 있다. 몇몇 극단적인 사례에서는 발톱이나 동물 머리 같은 시각적 환영이 신체 이미지에 더 쉽게 삽입될지도 모른다.

불행하게도 마타의 뇌 영상에서는 아직 비정상적인 면을 찾지 못했다. 그렇다고 해서 비정상성이 없다는 뜻은 아니다. 내가 만났던 의사 중에는 지금보다 뇌 영상 기술이 더 발전하면 아직 알려지지 않은 동물화 망상증과 조현병의 특성이 발견되리라고 생각하는 사람도 있다.

"가설이나 부분적인 해답은 수없이 많지만 결론을 내리기 전에 더 많은 환자의 뇌 영상을 촬영하고 대규모 연구를 더 진행해야 합니다. 지금으로서는 마타의 조현병을 치료하면서 이 치료가 자신이 호랑이로 변할 수 있다는 마타의 생각도 바꾸기를 기대하고 있습니다"라고 햄디는 말했다.

다시 알 아인으로 돌아와서, 라피아의 뒤를 따라 마타와 세 명의 젊은 의사가 방에 함께 들어왔다. 마타가 담배를 피우는 동안 라피아는 마타의 어머니가 여동생과 함께 멀리 인도에 갔다는 사실을 알아냈다. 마타의 여동생이 조현병 증세를 보이기 시작해서 전문병원에서 검사받는 중이었다. 라피아는 마타가 약을 먹지 않았고, 멀리 있는 어머니 걱정에 마타의 증상이 악화됐다고 생각하는 듯했다.

방을 가로질러 온 마타는 정신이 맑아 보였다. 마타는 앞의 의자에 앉았다. "인터뷰를 계속하고 싶습니다." 마타는 나를 보며 말했다.

나는 웃으며 마타에게 고맙다고 인사한 뒤, 변신한다는 느낌이 들 때 다른 동물이 아닌 호랑이라는 것을 어떻게 알 수 있는지 다시 물었다.

이번에는 마타가 막힘없이 곧바로 대답했다.

"왜 호랑이로 변하는지는 알 수 없지만 내가 호랑이인 것은 저절로 알 수 있습니다. 내 주변에서는 수많은 소리가 들리는데, 내가 쓸모없다고 말하죠. 나를 비웃어요. 내가 쓰레기고 인간이 될 자격이 없다고 말합니다. 가끔은 내 주위에 사자가 어슬렁거리는 느낌이 들기도 해요. 사자는 때로 내 목 뒤를 잡아채면서 나를 공격합니다. 그러면 고통으로 움직일 수 없습니다. 공격당한 부위에서 피가 흐르는 모습을 볼 수 있죠."

"스스로 방어할 수 있다고 느낀 적은 없나요?"

"아니요." 마타는 고개를 저었다. "사자에게서 나를 지킬 수는 없습니다. 사자는 나보다 강해서 내가 먼저 공격해야만 해요."

"얼마나 오래 지속되나요?"

"어떤 때는 몇 분밖에 안 되지만, 때로는 몇 시간씩 가기도 합니다."

햄디가 끼어들었다. "최근에 그런 기분이 든 적은 있나요? 아니면 오늘만 그런가요?"

"어젯밤부터 그랬습니다"라고 마타가 대답했다. 마타는 당황한 듯 보였다. "침대에 누워 있었는데 그럴 것 같은 기분이 들었어요. 그래서 문을 잠그고 수건을 머리 위에 올린 뒤 이불로 나를 둘둘 말아서 팔이나 몸을 움직이지 못하게 했죠."

마타는 충동에 저항할 수 없을 것 같을 때는 신발에 무거운 시멘트 블록을 묶어서 움직이지 못하게 한다고 말했다.

"다른 사람을 해치고 싶지 않을 뿐입니다."

"호랑이로 변신했을 때 거울을 본 적이 있나요?"

"네, 내가 호랑이가 됐다고 느꼈을 때 거울을 봤는데 두 가지 모습이 보였어요. 나는 호랑이였는데 사자가 내 머리와 목을 잡아채고 있었습니다. 이성적으로 판단할 수가 없었습니다. 너무 무서웠거든요."

오늘 보여준 행동에도 불구하고 마타는 누구에게도 위험한 사람으로 보이지 않았다. 마타는 치료받으면서 대체로 사회에 잘 적응하고 지역사회에서도 잘 지냈다.

"마타가 집에서 지낼 수 있어서 다행입니다. 마타에게는 가족이 있고 그를 돌볼 지역 간호사도 있지요. 영국과 이곳은 사정이 다릅니다. 환자를 돌보는 데 가족의 역할이 중요하죠"라고 햄디가 말했다.

나는 다시 마타를 보았다. "약을 먹는 것 말고는 환영이 생기는 일을 예방할 수 있는 방법이 없나요?"

"나는 항상 흰색 옷을 입습니다." 마타는 긴 소매가 달린 하얀색 옷과 머리 두건을 가리켰다. "기분을 진정시키는 효과가 있죠. 하얀색을 입으면 평화로운 기분이 들어서 이상한 기분이 들 때 도움이 됩니다."

마타가 크게 소리 내어 웃는데 갑자기 분위기가 변했다. 마타는 손가락을 쭉 펴더니 손가락 마디를 구부려 주먹을 쥐었다. 고개를 낮추고 신을 벗었다. 그러더니 왼쪽 다리를 잡고 고통으로 얼굴을 찡그렸다.

갑자기 으르렁거리는 소리가 다시 들렸다.

"지금 방에서 나가는 편이 좋겠습니다." 내 옆에 앉았던 의사 중한 명이 말했다. 다른 의사가 마타에게 불안을 가라앉히는 약이 필요한지 물었다. 마타가 고개를 끄덕이자 의사는 곧바로 방을 나가사라졌다.

이쯤에서, 온갖 약물의 혼합처방과 심리 치료로 마타의 망상이 사라졌고, 마타가 지금은 잘 지내고 있다는 소식을 덧붙이고 싶다. 하지만 불행히도 일은 그렇게 흘러가지 않았다. 집에 돌아온 몇 달 뒤, 나는 라피아에게 이메일을 보내 나를 만나러 와줘서 고맙다는 내용의 이메일을 번역해서 마타에게 보내달라고 부탁했다. 나는 마타가 어떤 기분인지 알고 싶었다. 라피아는 곧바로 답장을 보냈다. 나와 인터뷰한 그날 보여준 마타의 행동은 상당히 심각한 재발을 예고하는 징후로, 마타가 병원 입퇴원을 반복하고 있다고 했다. 아직은 마타가 일상생활을 영위할 수준까지 회복하지 않았다고 했다.

마타의 뇌는 정말 특이하지만 이런 극단적인 사례에서도 우리가 배울 수 있는 교훈은 많다. 특히 가족이 계속 환자를 돌볼 때 환자의 건강이 보장되는, 놀라운 가족의 힘을 빼놓을 수 없다. 만약 동물화 망상증 환자와 성형수술처럼 의도적으로 신체를 변형한 사람을 나란히 놓고 비교해 본다면, 모두가 당연하게 생각하는 일상적인 감각만이 나타날 것이다. 즉 몸을 '나 자신의 것'이라고 느끼는 감각을 만들어내느라 쉬지 않고 일하는 뇌는 모두 똑같다.

LOUISE ———————

#7

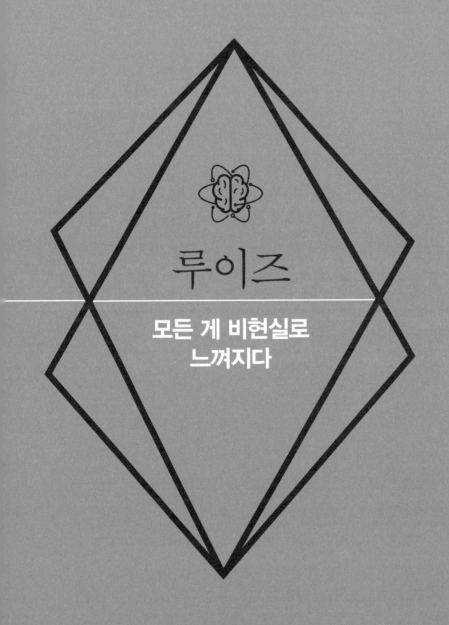

루이즈

모든 게 비현실로
느껴지다

이제 여러분에게 질문할 때가 왔다.

당신은 누구인가?

언뜻 보기에는 단순한 질문 같다. 답은 수없이 많을 수 있다. 나 자신이 누구인지는 대개 타인의 관점에서 나온 생각이기 쉽다. 나는 나를 기자, 딸, 친구, 아내, 제임스 본드 팬으로 규정한다. 하지만 '나'를 구성하는 다른 것은 무엇이 있을까? 마타가 내게 보여주었듯이 '나'의 일부분에는 몸도 포함된다. 내 몸은 키가 큰 편이고 날씬하다. 발도 크다.

그러나 나의 일부분은 몸 안에도 존재한다. 감정, 기억, 생각, 견해, 신체 감각 등 모든 것이 '나라는 존재'의 느낌을 구성한다. 거울에 비치는 내 몸은 매일 바뀌지만 몸 안에 있는 사람은 항상 똑같다. 과학자는 이것을 자아감이라고 부른다. 생각과 감각에의 애착은 꽤 오래갈 것 같다. 하지만 항상 그렇지는 않다.

스위스 철학자 헨리 프레데리크 아미엘은 일기에 자신이 느꼈던 이상한 느낌을 묘사한 적이 있다. "나라는 존재는 무덤 너머 다른 세상에서 온 것 같다. 모든 것이 낯설다. 말하자면 진정한 나는 내 몸,

내 인격 외부에 존재하는 것 같다. 인격이 함몰되고 분리되어 있으며 영원히 표류하는 기분이다. 나는 미친 걸까?"[1]

이 증상은 후에 이인성 장애로 정의되었다. 이인성 장애는 자신으로부터 분리된 느낌을 받으며, 외부와 내부 세계가 현실이 아닌 것처럼, 혹은 아미엘이 묘사했듯이 자신의 정신적 경험에 더는 매여 있지 않은 것처럼 느낀다. 자기 자신이 출연하는 영화를 보는 기분이라고 설명하는 사람도 있고, 세계에 대한 지각이 질적으로 저하된다고 말하기도 한다.

어쩌면 직접 경험한 독자도 있을 수 있다. 짧게 나타나는 가벼운 이인성 장애는 특히 스트레스를 많이 받거나 피로가 심할 때 흔히 나타난다. 시차증이나 숙취 때문에 느낄 수 있는 멍한 기분이 바로 일시적인 이인성 장애 증상이다. 엑스터시 같은 마약류도 이런 기분을 불러일으킨다.

이인성 장애는 명확한 촉발제 없이 갑자기 나타날 수 있고, 심각한 스트레스나 어린 시절의 트라우마 때문에 생기기도 한다. 이인성 장애가 자기방어 기제라는 가설도 있다. 극단적인 위험에 부딪히면 자아감은 스트레스에서 벗어나기 위해 위험이 일어나는 세계에서 자신을 분리한다는 주장이다. 이 가설을 듣고 나는 어느 아침 치과에 가다가 잠시 이인성 장애를 경험했던 기억을 떠올렸다.

도로는 젖어있었고 자갈과 낙엽이 우리 집 근처 삼거리까지 쓸려와 있었다. 삼거리 끝 정지선에서 브레이크를 밟았을 때 차가 미끄러지면서 전속력으로 다가오는 차와 충돌했고, 그 뒤 내 차는 빙글 돌면서 가로등을 들이받았다. 이 모든 일이 너무나 느리게 일어나는 것처럼 느껴졌을 뿐만 아니라 내가 아닌 다른 사람에게 일어나는 일 같았다.

브레이크가 망가지자마자 내 몸이 내 것이 아닌 듯, 내 몸에서 분리된 느낌을 받았던 것을 뚜렷하게 기억한다. 운전 교습을 받으면서 강사가 이런 상황에서는 어떻게 하라고 알려준 적이 있었는지 생각했던 것도 기억한다. 강사가 알려준 것이 없다는 사실이 확실해지자, 그다음에는 강사의 형편없는 통찰력에 분노했다. 그리고는 예전에 본 영화에서 차가 미끄러지는 동안 누군가가 페달을 밟아댄 것이 떠올라서 따라 해봤다. 하지만 차가 멈추지 않자 다가오는 차들을 보면서 어느 차와 충돌할지 관찰했던 것을 기억한다.

삼거리에 점점 가까워지는 나 자신을 바라보는 기분이 들었다. 다가오는 다른 차에 경고할 방법이 없는지 생각하던 것, 나를 보고 놀랄 운전자에게 미안한 표정을 지으려 했던 것도 기억한다. 다가오는 첫 번째 차를 들이받고 180도로 회전하는 차 안에서 나는 에어백이 왜 안 터지는지를 생각했고, 두 번째 충돌에서 조금이라도 덜 다치려면 어떻게 해야 할지도 생각했었다. 내 몸이 거의 '나 자신'이 아닌 것처럼 여겨졌다. 내 머릿속 어딘가에서 이 광경을 지켜보고 있는 것처럼 느껴졌다. 슬로우 모션으로 진행된 재난은 결국 내 차가 도로를 가로질러 가로등에 부딪히면서 끝났다. 만약 이런 느낌이 이인성 장애라면 상당히 짧은 시간 동안 지속된 셈이다. 가로등을 받은 차 앞부분이 찌그러지면서 어깨에 가해지는 고통은 나를 나 자신에게로 되돌려놓았다.

그러나 이인성 증상이 주는 느낌이나 나 자신에게서 분리된 기분은 누군가에게는 영원한 삶의 궤도이기도 하다.

색색의 테라스가 달린 집들이 줄지어 선 좁은 뒷골목으로 들어섰다. 비는 세차게 내리고 자갈이 깔린 길은 너무 좁아서 내 소형차도 돌리기가 힘들었다. 나는 영국 남쪽 해안도시인 브라이튼에 왔다. 차에서 내려 가장 가까운 집의 문이 열리자 비를 피해 뛰어들었다. 작은 아이가 나를 보고 웃었다.

"헬렌이세요?"

나는 아이를 따라 집으로 들어갔다. "안녕하세요?" 나는 큰 소리로 말했다. 루이즈가 불쑥 계단 위에 나타나서 내게 손짓했다. 거실에서 아이 두 명이 고개를 내밀고 나를 쳐다보았다.

"안녕하세요? 집안이 어지러워도 이해해주세요. 아이 친구들이 놀러 와서요. 차를 드릴까요?" 루이즈는 밝은 목소리로 말했다.

몇 년 전에 만났던 루이즈 같지 않았다. 당시 런던의 테이트 미술관에 앉아 있던 루이즈는 마음이 산란하고 경계심이 높으며 탈진한 듯 보였다. 주변 사람들을 공허한 눈으로 쳐다보았다. 그때 루이즈는 자신이 연극 무대에 서 있는 것 같고, 나를 포함한 주변의 모든 사람이 배우처럼 느껴진다고 말했다. 루이즈는 세상에서 완전히 동떨어져 있는 것 같았다.

"나는 내가 당신에게 말하는 걸 들을 수 있어요. 이성적으로는 이게 내 목소리라는 걸 알지만 내 목소리 같지가 않아요. 모든 게 현실처럼 느껴지지 않아요."

지금 부엌에서 주전자에 물을 끓이는 루이즈는 완전히 다른 사람 같았다. 우선 구불거리던 금발이 짙은 갈색으로 바뀌었다. 하지만 가장 크게 달라진 것은 루이즈의 눈이었다. 일 년 전 세상에 거리를 두고 의심하던 눈은 지금은 맑고 초점이 정확했다. 밝게 웃는 루이즈는 자신감이 넘쳤고, 엉망으로 어질러진 거실을 두고 농담을 던졌다. 루이즈는 차를 두 잔 따른 뒤, 내게 좁은 계단 아래층을 가리켜 보였다.

아이들 목소리가 들리는 거리에서 벗어나자 루이즈는 내게 이렇게 말했다.

"지금은 이인성 증상이 와도 당황하지 않아요. 그냥 나 자신에게 '이건 현실이 아니야, 그냥 내 뇌가 그럴 뿐이야. 바뀐 건 없고, 이건 내 팔이고, 여긴 내 집이고, 계속 오늘을 살아가면 돼'라고 타이르죠."

루이즈는 차고라고 생각했던 곳을 열어 보였다. 그 안은 밝게 꾸민 칵테일 바였다. "몇 년 전에 여기를 싹 고쳤어요"라고 루이즈는 설명했다.

바는 유리잔과 초, 줄에 매달린 조명으로 가득했고, 벽에는 민속 가면과 화환이 걸려있었다. 나는 바 앞에 놓인 의자에 앉아 루이즈에게 모두 빠짐없이 이야기해달라고 했다.

이인성 장애 때문에 처음 병가를 내고 학교를 쉬었을 때, 루이즈는 여덟 살이었다.

"아침에 일어났는데 갑자기 내 몸으로 굴러 들어간 것 같은 기분이 들었어요. 설명하기가 정말 어려운데, 방금 태어난 것 같은 느낌이었죠. 주변의 모든 것이 새롭게 느껴졌어요. 바로 몇 초 전의 자신과 완전히 달라진 것 같은 그런 기분이죠. 모든 것이 완전히 다른 나 자신을 생각해봐요. 내가 어디에 있는지, 내가 누군지부터 시작해서 주변의 모든 것이 낯설다는 사실을 갑자기 깨닫게 되는 거예요"라고 루이즈는 설명했다.

루이즈는 잠시 말을 멈췄다. "나 자신도, 내 주변 모든 것도 낯설게 느껴져요. 이성적으로는 바뀐 것이 없다는 사실을 알지만, 인식할 수는 있어도 더는 느낄 수 없는 세상 속을 걷는 것과 같아요. 내 몸과 세상에서 떨어져 나왔다는 느낌을 떨쳐버릴 수 없죠."

"아! 설명하기가 너무 어려워요." 루이즈는 앓는 소리를 냈다.

루이즈도 다른 이인성 장애 환자와 마찬가지로 자기 마음의 상태를 설명하기 어려워했다. 그 어떤 설득력 있는 비유도 루이즈의 감정을 정확하게 표현하지 못하는 듯했다. 루이즈는 다시 한번 설명했다.

"세상을 보고 있는데, 더는 그 세상에 속하지 않은 것 같은 기분이에요."

루이즈가 처음 이인성 장애를 겪었을 때는 지속시간이 짧았다. "어렸을 때는 몇 분 동안만 지속됐어요. 나는 겁이 나서 다른 사람들 사이에 섞여들려고 했지만, 누구에게도 이야기하지는 않았어요"라고 루이즈는 말했다.

"왜 얘기하지 않았어요?"

"모르겠어요. 그냥 정말 이상하다고만 생각했어요. 다른 사람이 내가 미쳤다고 생각하는 게 싫었어요."

바로 이 점이 이인성 장애와 조현병의 차이다. 자기 자신과 주변 세상이 바뀌었다고 느끼는 이 혼란스러운 기분은 정신질환을 일으키지 않는다. 이인성 장애를 앓는 사람은 현실과 현실이 아닌 것을 구별하는 능력을 절대로 잃지 않는다.

"자신이 대체 현실의 일부라는 사실을 절대로 믿지 못할 테지만, 바로 그게 문제예요. 이성적으로는 세상이 갑자기 바뀌었다는 이 이상한 느낌이 실제일 리가 없다는 사실을 알지만, 계속 그렇게 느껴지는걸요. 그래서 너무 무서워지는 거죠. 요정의 나라에 가 있는 것보다 훨씬 나빠요. 미쳤지만 정상인 것 같은 기분이에요."

루이즈의 이인성 장애가 처음으로 심각해진 것은 대학 때였다. 편두통을 앓고 있었는데 갑자기 세상이 멀어지더니 몸에서 분리되었다. 루이즈는 더는 자신이 속하지 않은 세상의 주변을 떠다녔다고 말했다. 이 기분은 당시 며칠이나 지속되었다.

"그러다가 일주일 동안 계속되었고 점점 더 길어졌어요. 그렇게 서서히 내 안에 자리 잡더니 사라지질 않았죠. 결국 나는 대학교를 졸업하지 못했어요. 뒤로 젖혀져 넘어지기 직전인 의자에 앉아 있는 것처럼 항상 불안했거든요. 언제나 그런 기분이 들었죠. 모든 것이 너무나 이상하게 느껴진다는 생각을 멈출 수가 없었어요. 난 내가 미친 줄 알았어요. 너무 끔찍했죠"라고 루이즈는 말했다.

이런 내적 혼란 속에서도 주변 사람들은 루이즈가 뭔가 잘못되었다는 사실을 금방 알아챌 수 없었다. 루이즈는 이성적으로 자신이 어떻게 행동해야 하는지 알고 있었고, 그래서 루이즈의 행동은 완벽하게 정상으로 보였다. 하지만 루이즈는 수년 동안 고립감과 좌절감, 공포에 시달렸다. 루이즈의 괴상한 증상에 어깨를 움츠릴 뿐인 의사들을 수없이 만난 뒤 루이즈는 우울증에 걸렸고, 비현실감과 함께 끊임없이 닥쳐오는 불안감에 떨어야 했다.

"가끔 최악의 상태일 때는 집 안의 소음조차 참을 수 없었어요. 증상이 나타나면 주변 모든 것이 자기를 쳐다보라며 나를 향해 비명을 지르는 것처럼 느껴져요. 하지만 동시에 내가 아니라 내가 영향을 미칠 수 없는 다른 사람에게 일어나는 일처럼 느껴지죠. 꼭 타르 속을 헤쳐 나가는 것 같아요. 지치는 일이죠."

"무시할 수는 없었고요?" 나는 물었다. "모든 게 정상이라고 말해주는 뇌의 이성적인 부분에 집중한다거나 해서요."

"아니요. '긍정적으로 생각해봐요'라는 말은 깁스한 채로 터져버린 다리를 치료하려는 것과 같아요."

잠시 말이 없다가, 갑자기 루이즈가 물었다. "에드바르트 뭉크의 그림을 본 적 있나요? 주황색 하늘을 배경으로 비명을 지르는 얼굴이 그려진 그림이요. 그 그림이 이인성 장애를 표현한 그림이라는 말도 있어요."

1800년대에 뭉크는 〈절규〉라는 네 점의 그림을 그렸다. 유화, 파스텔, 크레용으로 그린 그림들은 모두 해골 같은 얼굴을 한 인물이 화면을 향해 입을 크게 벌리고 손은 양쪽 뺨에 대고 있다. 인물의 뒤쪽 하늘에는 붉은색이 소용돌이치고 저 멀리에 물이 보인다. 근처에 서 있는 두 사람은 이 인물의 혼란을 눈치채지 못한 듯하다. 당시 표현주의 화가들은 현실의 이미지보다는 내적 감정과 느낌을 그림에서 강조하곤 했다. "화가가 그려야 할 것은 의자가 아니라 의자를 보고 느끼는 감정이다"라고 뭉크는 말했다.[2]

뭉크는 시를 통해 〈절규〉에 대해 이렇게 설명했다. "두 친구와 함께 길을 따라 걸었다/해가 저물고/하늘은 붉게 물들었다/나는 슬픔의 파도를 느끼며/죽음에 지쳐 걸음을 멈췄다/위에는 짙은 남빛의 피오르와 도시의 핏빛, 불꽃 같은 혀가 맴돌았다/친구들은 계속 걸었고/나만 뒤에 남아/삶의 불안에 몸을 떨었다/자연 속에서 거대한 절규를 느꼈다."[3]

"내게는 그 그림이 너무나 와닿아요. 사람과 풍경이 모두 나를 향해 비명을 지르고 있죠. 이인성 장애를 정확하게 나타낸 거예요. 그럴 때면 침착할 수가 없어요. 외부 세계만 낯설게 보이는 게 아니라 내 마음속도 낯설게 보이죠. 친숙했던 모든 것이 이질적으로 변해요. 모든 것에서 분리돼요, 내 기억에서조차요. 내 행동에 관한 기억이 갑자기 내 기억이 아닌 것 같고, 그러면 과거가 박탈당하는 거예요. 나 자신이 누구인지에 관한 가장 중요한 핵심이 사라져버리죠"라고 루이즈는 말했다.

"기억이 내 기억이 아닌 것 같다고요?"

"맞아요. 나라고 생각했던 모든 것에서 뜯겨져 나온 것처럼 느껴지죠. 기억이든 목소리든요. 내 말은, 이게 내 목소리고 내 기억이라는 건 알지만, 이인성 장애가 나타날 때면 내 것이라는 생각이 들지 않아요. 내가 말하는 것을 통제하고는 있지만 그저 영화 속에 등장하는 인물 같고, 내게 속한 것 같지가 않죠. 세상의 중심에 나 홀로 서 있고, 그 외 다른 것은 다 현실이 아닌 것 같아요. 그러면 고립됐다는 기분이 들면서 외로워지죠. 세상에 유일하게 존재하는 사람은 나뿐이라는 느낌이에요."

몇 년 전 우리가 처음 만났을 때는 루이즈가 병원에 입원하면서 헤어졌다. 그때 루이즈는 둘째 아이를 낳았다.

"아이를 낳을 때까지 이인성 장애를 앓고 있었는데, 임신 기간 내내 정말 기분이 이상했어요"라고 루이즈는 말했다. "다른 사람을 책임져야 하는데 나조차도 책임질 수 없는 기분이라면 최악의 상황인 거죠. 아이가 태어난 후 나는 처음으로 진정한 휴식을 취했어요. 하지만 샤워를 하면서 갑자기 기이한 기분이 다시 나를 덮쳤죠. 거대한 공포가 짓눌러왔어요. 세상 전체가 닫혀버리고 사방이 캄캄해졌죠."

그 후 두 달간의 기억은 흐릿하다고 루이즈는 말했다. "아이가 태어난 후와 병원에 다시 입원할 때까지의 두 달은 정말 아무것도 기억이 안 나요. 더는 견딜 수 없었어요. 이인성 장애 증상이 내 마음을 송두리째 점령했고, 나는 거기에 압도되어 생각할 수가 없는 상태였죠."

루이즈의 남편은 뭔가 잘못됐다고 생각했지만 정확하게는 알 수 없었다. "모두 우울증이 아니냐며 자살할 생각이 드는지 물어봤지요. 난 그냥 이 기괴한 느낌만 사라지면 좋겠다고 대답했어요. 돌봐야 할 어린아이가 있었고 난 계속 살아가고 싶었어요. 그저 거대한 악몽일 뿐이었죠. 지옥에 있는 것 같았어요. 난 그런 걸 바란 적이 한 번도 없었어요."

루이즈를 처음 만난 뒤, 나는 이인성 장애에 대해 더 자세히 알아보려고 인터넷 사이트를 찾아 몇 개의 포스트를 둘러보았다.[4] 어떤 사람은 자신이 누구인지와 사람들이 살아가는 방식을 잊어버리는 심각한 증상이 있다고 했다. "내가 최선을 다해 지구인 흉내를 내는, 다른 차원에서 온 외계인처럼 느껴집니다. 내 모든 기억은 그대로지만 기억을 믿을 수 없다는 기분이 들고, 내 뇌는 기억을 받아들이지 않고 동화되지도 않습니다"라고 그는 말했다. 또 다른 사람은 자신을 "조개껍질만도 못한 껍데기일 뿐이다. 나를 구성하던 모든 것은 더는 존재하지 않는다"라고 표현했다. 어떤 사람들은 자신의 세계에 속하지 않는 사람들과 어울리고 싶지 않아서 집안에 스스로 갇혀있다. 이 사이트에 정기적으로 글을 쓰는 어떤 사람은 정확히 그 반대로 행동해서 하루에 16km를 걸었지만 여전히 아무런 느낌도 들지 않았다. "어디든 갈 수 있고, 무엇이든 할 수 있지만 마비된 것처럼 아무것도 느낄 수 없다"라고 그는 썼다.

다양한 감정적 마비 현상이 흔하게 일어나는 듯했다. 나는 루이즈도 사람들과 주변에 감정이 마비된 기분을 느끼는지 물었다.

"이성적으로 생각하면 부모님이나 남편에게 감정적 애착을 갖고 있어요. 하지만 이인성 장애 증상이 시작되면 모든 것은 연극처럼 변하고 내가 서 있는 공간은 무대 위로 바뀌죠. 그러면 주위에 있던 부모님도 남편도 그저 배우일 뿐이에요. 그때는 주위 사람이나 주변 환경에 특별한 애착이나 감정을 느끼지 않아요."

나는 이 특이한 역설에 놀랐다. 루이즈와 이인성 장애 사이트에 있던 사람들은 감정적 마비 증상과 자신과 외부세계의 단절을 호소했지만, 이 기괴함에서 비롯된 고통이 주는 강렬한 느낌 때문에 괴로워했다. 뭉크의 그림처럼, 이인성 장애 환자들은 세상이 자신을 향해 비명을 지르지만 자신은 그 세상에 속하지 않는다고 느꼈다. 아무것도 느낄 수 없는 동시에 모든 것을 느끼는 일이 가능할까?

이 질문에 대한 답은 흔치 않은 살인사건에서 시작된다.

1921년 여름, 윌리엄 하이타워는 캘리포니아 살라다 해변 어딘가에 묻혀있는 밀주(密酒) 위스키를 찾으려 모래를 파내고 있다고 신문기자에게 말했다. 파는 동안 검은색 영대(성사를 집행할 때 사제가 목에 걸쳐 무릎까지 늘어뜨리는 헝겊 띠-옮긴이 주)를 찾았는데, 하이타워는 그 영대가 패트릭 헤슬린 신부의 것 같다고 말했다. 패트릭 헤슬린 신부는 그 지역 사제로 일주일 전 자취를 감추었고 몸값을 요구하는 편지가 날아왔다.

헤슬린 신부를 찾기 위해 하이타워는 기자와 한 무리의 경찰과 함께 자신이 파헤치던 해변으로 갔다. 사람들은 모두 모래를 파기 시작했다. 한 경찰이 하이타워에게 밑에 묻혀있는 시체의 얼굴을 삽으로 내려치지 않게 조심하라고 말했다. 그러자 하이타워는 신부님의 발 쪽을 파고 있으니 걱정하지 말라고 대답했다. 하이타워는 체포되었고 헤슬린 신부의 시체가 발견되었다.

샌프란시스코 〈콜앤포스트〉지는 하이타워가 심박 박동 수-호흡 수-사이코그래프라는 새로운 기계의 시험대상이 되었다고 보도했다. 지역 언론은 존 오거스터스 라슨이 발명한 이 기계에 재빠르게 '거짓말 탐지기'라는 이름을 붙였다. 라슨의 기계는 혈압과 피부 전도도, 맥박, 호흡을 측정하는 기계였다. 라슨은 몸의 반응을 측정하면 거짓말을 탐지할 수 있다고 믿었다. 하이타워는 거짓말 탐지기의 첫 번째 대상이 되었다. 8월 17일 지역 신문의 1면 머리기사 제목은 '과학이 하이타워의 유죄를 증명하다'였다. 경찰은 나중에 하이타워의 호텔 방에서 신부를 살해한 권총과 몸값을 요구하는 편지를 쓰는 데 사용한 타자기, 약간의 모래를 찾았다.

과학계가 거짓말 탐지기를 완전히 받아들이기에는 신뢰도가 낮았지만, 인간의 무의식적인 신체 반응이 생각과 연결되어 있다는 사실을 최초로 증명한 사례다.

'직감을 믿고' 일을 진행한 적이 있는가? 아니면 '마음 내키는 대로' 한 적이 있는가? 우리는 항상 몸의 감각에 의지한다고 얘기하지만, 이 말에는 깊은 뜻이 숨어있다. 심장 박동을 예로 들어보자. 지금 심장 박동에 대해 생각해보라. 흉골 안쪽에서 부드럽게 뛰는 심장을 느낄 수 있는가? 쿵쾅거리며 뛰고 있을 수도 있다. 아예 아무런 느낌이 들지 않을 수도 있다. 잠시 가슴에 손을 얹거나 맥박을 짚지 않고 심장 박동 수를 세어보라. 생각보다 더 어려운가? 잠시 심장 박동 수를 세어보라고 하면 네 명 중 한 명은 50%의 확률로 포기한다.

자기 몸의 상태를 감지하는 능력을 신체내부감각이라고 한다. 미처 깨닫지 못했더라도 이 개념에는 모두 익숙할 것이다. 극소수의 예외를 제외하면 사람들은 대부분 춥거나 더운 것, 고통이 감지되는 부분, 갈증과 허기를 감지할 수 있다. 이 모든 것이 신체내부감각이다.

과학자들은 신체내부감각 능력을 측정하는 방편으로 심장 박동을 이용해왔다. 사람들은 자기 몸을 인지하는 능력이 모두 다르고, 지금은 이 능력이 우리의 사고, 느낌, 사회적 행동과 긴밀하게 연결된다는 사실이 알려져 있다. 자신의 심장 박동을 잘 감지하는 사람은 자신의 감정도 잘 파악한다. 자신의 감정을 잘 파악하는 사람은 타인의 감정을 해석하는 데도 더 뛰어나다. 신체내부감각 능력이 뛰어난 사람은 주변에서 주어지는 미묘한 단서를 포착해서 더 나은 결정을 내리고, 더 빠르게 직관적인 선택을 한다. 시간의 흐름을 더 정확하게 판단하며, 분리 집중력도 높아서 여러 업무도 각각 훌륭하게 해낸다.

신체내부감각이 우리의 생각에 어떤 영향을 미치는지 보여주는 주목할 만한 사례가 〈사회인지 및 감정 신경과학〉에 실렸다. 아르헨티나 신경과학자인 아구스틴 아이바네즈가 발표한 '두 개의 심장을 가진 사람'이라는 논문이다.[5] 문제의 신사는 심장질환을 앓고 있어서 아이바네즈는 이 신사에게 인공심장을 이식했다. 하지만 이 신사는 배꼽 바로 위에 이식한 새 심장이 주는 감각에 거부감을 느꼈다. 기계의 박동이 만들어내는 감각 때문에 가슴이 복부로 떨어진 것 같다고 환자는 말했다. 흥미롭게도 환자의 새 심장이 만드는 감각은 환자의 행동에도 영향을 주었다. 환자의 새 심장은 원래 심장과 다르게 외부 사건에 반응하지 않았다. 수술하기 전 환자는 다른 사람과 공감하는 일에 어려움을 느끼지 않았다. 하지만 인공심장을 이식한 후에는 타인의 동기를 이해하기 힘들었고, 고통스러운 그림을 보며 동정할 수 없었으며, 의사결정에 어려움을 겪었다.

이 사례는 윌리엄 제임스가 19세기에 처음 주장했던 가설을 뒷받침한다. 제임스는 우리가 외부 세계에서 일어나는 일을 지적이며 이성적인 방법으로 기억할 수 있으며, 세계에 대한 풍부한 감정적 반응을 상기시키는 우리 '몸'의 반응, 즉 심장 박동 수나 손바닥에 나는 땀 같은 것을 기억한다고 주장했다.

이 분야에서 가장 영향력 있는 인물인 포르투갈 과학자 안토니오 다마시오는 감정과 느낌을 각각 분리된 별개의 것으로 설명한다.[6] 다마시오의 설명에 따르면 감정은 특정 물리적 자극으로 일어나는 뇌 반응이다. 예를 들어 광견병에 걸린 개가 우리를 보고 짖기 시작하면 심장은 마구 뛰고 근육은 수축하며 입안은 바짝 마른다. 이런 감정적 반응은 저절로 일어난다. 그러면 뇌는 이 감정이 유익한지,

강한지, 부정적인지 등등의 가치를 부여한다. 느낌은 우리 몸이 물리적으로 변화를 일으킨 것을 인식한 후, 그 감정을 의식적으로 표현하기 시작했을 때 일어난다. 그때 단어를 부여하면서 느낌이 이름을 갖게 된다.[7]

지금 바로 이 가설을 시험해볼 수 있다. 입꼬리를 단단히 맞물고 시작한다. 양 끝을 천천히 당긴다. 조금 더 당긴다. 이제 입을 조금 벌린다. 빰을 눈 쪽으로 힘주면서 올리면 웃는 모습이 된다. 이 상태로 잠시 기다린다. 기분이 나아졌는가? 아마 나아졌을 것이다. 과학자들은 의도적으로 웃는 행동을 하면 실제로 행복한 기분이 든다는 사실을 증명했다. 다마시오의 가설에 따르면 뇌는 웃을 때 근육의 움직임을 인식해서 여기에 알고 있는 모든 긍정적인 가치를 부여하며, 따라서 이 움직임은 행복한 느낌을 만들어낸다.

최근 연구를 보면 내부 감각에서 나오는 모든 정보를 통합하는 뇌 영역은 뇌섬엽이다. 뇌섬엽은 뇌 중앙 깊숙한 곳에 있다. 뇌섬엽의 뒤와 중간 부분에서 몸에서 오는 정보를 수집하고 통합해서 뇌섬엽 앞부분에 보내며, 여기서 사람의 의식으로 들어오는 느낌이 생성된다는 주장이 가장 유력하다.

"뇌섬엽 앞부분은 '지금 여기 내가 있다'라는 기본 설정을 형성하는 영역이다"라고 브라이튼 앤 서식스 의과대학교의 의식 전문가 닉 메드퍼드는 말했다. 메드퍼드는 사람들을 뇌 영상 촬영기 아래에 눕히고 기괴한 수술 장면이나 더러운 욕실, 바퀴벌레 사진처럼 혐오스러운 반응을 끌어내는 사진을 보여주며 뇌 영상을 찍는 데 대부분의 시간을 보냈다. 보통 이런 자극적인 장면을 보면 뇌섬엽이 활성화된다. 하지만 메드퍼드가 열네 명의 이인성 장애 환자에게 이런 사진을 보여주었을 때, 환자들의 뇌섬엽은 활성화되는 정도가 극히 낮았다. 특히 이인성 장애가 없는 사람과 비교할 때 왼쪽 뇌섬엽 앞부분의 활성이 눈에 띄게 낮았다.

또한 복외측 전전두엽피질 영역이 섬뜩한 사진을 볼 때 뇌섬엽의 반응을 억제할지도 모른다는 연구 결과도 있다. 복외측 전전두엽피질 영역은 사람의 감정을 억누르는 것으로 알려져 있으며, 이인성 장애 환자는 이 부분이 과도하게 활성화되거나 억제되는 것으로 보인다.

메드퍼드 연구에 참여한 이인성 장애 환자 열네 명 중 열 명이 기분장애 치료 약을 4~8개월 먹은 뒤 뇌 영상을 다시 찍었다. 그 결과 뇌섬엽 활성이 증가한 사람은 증상도 나아졌다. 증상이 개선된 사람은 약을 먹은 뒤 복외측 전전두엽피질 영역의 활성도 감소했지만, 증상이 계속된 환자들은 복외측 전전두엽피질 영역이 여전히 활성화된 상태였다.[8]

메드퍼드는 이인성 장애 환자의 세상에 대한 신경 반응이 억제되어 있다면 자극에 반응하는 몸의 자율반사도 억제됐으리라고 생각했다. 여기서 '자율'이라는 단어는 우리가 통제하지 못하는 몸의 반응을 가리키며, 이것이 라슨 거짓말 탐지기의 기본 전제가 된다. 메드퍼드는 피부 전도도에 초점을 맞춰서, 우리가 흥분하면 잠깐 높아지는 피부 전기 전도율을 측정했다. 이때는 땀샘이 활성화되면서 전기 전도도가 높아진다. 피부 전도도는 사람의 감정 반응에 대한 객관적인 통찰을 보여주기 때문에 신경과학자가 즐겨 이용하는 도구다. 손바닥에 나는 땀을 조작할 수 있는 사람은 없다.

이인성 장애 역시 마찬가지다. 사진이 얼마나 기괴하고 불쾌하든 간에 이인성 장애 환자는 몸이 반응하는 신호가 거의 없었다.[9] 어쨌든 외부 세계를 향한 이인성 장애 환자의 자율반사 반응은 줄어들었고 자신이나 주변 세계에 대한 주관적인 느낌으로 통합되지 않는다. 하지만 왜 이 현상이 자신의 목소리가 자기 것이 아니고 세계가 현실이 아니라는 감각을 만들어낼까?

이것은 우리가 이미 알고 있는 사실, 즉 뇌가 예측을 통해 세계에 대한 감각을 만든다는 발상과 관련되었을 수 있다. 5장에서 살펴보았듯이 뇌는 몸과 외부 세계에서 들어오는 감각을 모두 일일이 처리하지 않는다. 그러는 대신 이런 정보가 뜻할 수 있는 '가장 잘 맞는 추측'을 세운다. 만약 예측대로 들어맞지 않으면 뇌는 앞으로의 예측을 새롭게 갱신하거나 받아들이는 정보와 더 잘 맞는 세계에 대한 인식을 만들어낸다.

이 예측 모델은 이인성 장애도 설명할 수 있다. 아무 문제가 없을 때는 뇌가 몸속에서 일어나는 일에 대해 세운 예측과 뇌가 받아들이는 실제 신호가 일치한다. 이는 모든 것이 '나'에게 속한다는 느낌으로 끝난다. 하지만 만약 이 과정의 어딘가가 잘못되어 내적 신호를 생성하거나 통합하는 데 문제가 생기면, 뇌가 몸의 내적 상태에 대해 세운 예측과 뇌가 받는 실제 신호가 일치하지 않는다. 이 혼란을 정리하려고 뇌는 몸의 신호와 거기서 비롯되는 느낌이 다른 곳에서 온다고 생각한다. 그 결과 내가 내 몸이나 생각에서 분리되고 주변 세계가 나 없이 굴러간다는 감각이 생겨난다.

일단 이 특이한 느낌이 머릿속에 스며들면 그 감각에서 벗어나기 힘들어 보인다. 결국 이는 처음의 역설로 우리를 이끈다. 주변 세계에 대한 느낌이 마비되었는데도 이인성 장애 환자는 내적 불안이라는 감각에 압도되는 것이다.

병원에 입원했던 시기는 루이즈가 자신이 미쳤는지 의심했던 마지막 기간이었다. 병원에 있는 동안 루이즈는 메드퍼드를 만났다.

"메드퍼드 박사의 사무실로 가서 모든 것을 털어놓았어요. 무척 속상했어요. 이렇게 느끼는 사람은 온 세상에 나만이 유일한 것 같았지만 메드퍼드 박사는 내가 이인성 장애를 앓고 있는 것 같다고 말해주었죠. 나는 그저 '다행이다, 난 미친 게 아니었구나'라고 생각했어요. 내 상태가 질병 때문이고, 정신병이나 종양에 걸린 것도 아니라는 사실에 너무나 안도했어요. 그러고 나니 모든 게 더 쉬워졌죠."

이인성 장애 환자는 불안감을 조절하는 데 도움이 되는 특별한 안정제를 먹기도 하지만 모두에게 효과가 있지는 않다. 다른 사람들처럼 루이즈도 인지행동치료가 잘 맞았다. 인지행동치료는 이인성 장애 환자의 증상을 악화시키는 내적 세계와 외적 세계의 낯선 망상에 사로잡히는 악순환을 끊는 데 도움이 된다.

루이즈는 이인성 장애 증상을 불안과 우울감에서 분리하는 방법도 배웠다. "지금은 증상이 가장 심각할 때도 더 침착하게 대응할 수 있어요. 나 자신에게 말해요. '괜찮아, 뇌에서 일어나는 과정일 뿐이야. 무서워할 필요 없어. 잘못된 건 아무것도 없어. 나는 나고, 그게 제일 중요해'라고요. 이제는 증상이 나타나도 뇌의 이성적인 측면이 증상에 반응하는 속도가 빨라져서 전처럼 공포에 완전히 짓눌리는 일은 없어요."

루이즈는 다시 의자에 앉았고, 우리는 잠시 차고 문을 두드리는 빗소리에 귀를 기울였다. 주변을 둘러싼 밝은색과 소음에도 불구하고 기이할 정도로 평화로웠다.

"내가 다시는 이 증상 때문에 흥분하지 않을 것이라는 뜻은 아니에요. 하지만 이제는 그런 상황에 대비할 수 있다는 느낌이 들어서 예전처럼 심각하게 나빠지지는 않을 거예요. 지금은 대항할 무기가 있거든요."

갑자기 작은 발걸음 소리가 계단을 내려오더니 아기가 아장아장 걸어 들어왔다.

"모건과 마르타가 나 같지 않아서 참 다행이에요." 루이즈는 빠르게, 그리고 단호하게 말했다. "이인성 장애 환자가 자신의 감정에서 완벽하게 분리된다는 이야기를 들었어요. 나도 주변 사람들에게 어느 정도 그런 면이 있지만 아이들은 예외에요." 루이즈는 모건을 바라보았다. "아이들은 절대 그렇지 않아요. 정확하게는 아이들이 나를 구원했죠. 두 아이가 아니었더라면 나는 이 병을 절대로 이겨낼 수 없었을 거예요."

아이들에게 인사하고 나는 비가 쏟아지는 밖으로 나왔다. 잠시 차 안에 앉아 앞 유리에 흘러내리는 빗물을 바라보았다. 마음이 차분해졌다. 느낌은 나의 내적 세계와 외부 세계가 빈틈없이 통합되면서 생겨난다. 생각은 뇌가 하지만, 아리스토텔레스가 수천 년 전에 주장했듯이 감정은 가슴으로 느낀다.

나 자신의 존재에 관한 가장 기본적인 느낌이 몸의 내적 상태를 감지하는 능력에 의존한다는 사실은 놀라웠다. 이 능력이 뛰어나면 많은 부분에서 도움이 된다. 몸의 내적 상태를 감지하는 능력을 더 향상할 방법은 없을까?

명상하면 몸 내부를 인식하는 데 도움이 된다는 이야기가 있지만 과학적 증거는 거의 없다. 사실 아이오와 대학교의 사히브 칼사가 티베트 불교나 쿤달리니 요가를 수행하는 숙련된 명상가 집단을 대

상으로 시험했을 때, 이들은 명상하지 않는 대조군보다 심장 박동을 더 잘 감지하지는 않았다.[10]

다른 실험에서도 신체내부감각을 통제하려는 수많은 시도는 모두 효과가 없었다. 한동안 사람의 신체내부감각 인식은 견고하고 변하지 않는 것처럼 보였다. 그러나 2013년 로열홀러웨이런던 대학교의 비비언 에인리 연구팀은 답이 우리 코앞에 있다는 사실을 증명했다.[11] 에인리 연구팀은 시험 대상자 45명에게 자기 사진을 보면서, 혹은 자신을 묘사하는 여섯 개의 단어, 즉 이름, 고향, 친한 친구 이름 등을 보면서 심장 박동 수를 세어보게 했다. 참가자들은 다른 사람의 사진을 보거나 무작위로 뽑은 여섯 단어를 볼 때보다는 자신의 사진이나 자신과 관련된 단어를 볼 때 심장 박동 수를 훨씬 더 잘 세었다. 왜 이런 결과가 나오는지는 아직 명확하게 알려지지 않았지만, 연구팀은 자기를 나타내는 그림이나 글에 집중하면 뇌섬엽을 통해 뇌의 주의력을 외부 세계에서 내부 세계로 끌어오면서 신체내부감각의 정확성을 높인다고 주장했다.

여기에는 임상적 효과가 있다. 이인성 장애 환자뿐만 아니라 식욕부진이나 우울증처럼 더 흔한 질환을 앓는 환자에게도 도움이 될 수 있다. 식욕부진이나 우울증은 모두 신체내부감각 인식이 극히 낮은 현상과 관련 있다고 여겨졌다.

이런 훈련이 신체내부감각을 지속적으로 높일 수 있는지는 연구를 더 해봐야 알 것이다. 하지만 경쟁우위를 약속하는 뇌 훈련 앱과

지능 향상 약물 산업이 활개 치는 세상에서, 그저 거울을 보는 것만
으로 우리가 더 나은 결정을 내리고 주의집중력이 향상되며 더 많이
공감할 수 있다는 발상이 나는 마음에 든다.

GRAHAM———————

#8

그레이엄

저는 걸어 다니는 시체입니다

주요 도로에서 벗어나 미로 같은 일방통행 거리로 들어선 나는 마침내 찾아 헤매던 입구를 발견했다. 차를 세우고 나오다가 안뜰 타일 바닥에 맹렬하게 제초제를 뿌리는 하얀색 야구 모자를 쓴 노인을 보았다. 노인은 다른 각도에서 뿌리려는지 허리를 펴고 일어섰다.

내 쪽으로 돌아서기에 노인이 나를 볼까 봐 당황한 나는 재빨리 그곳을 벗어났다. 곧 나는 벽돌에 기대 세워진 이동 주택들이 만든 통로에 둘러싸였다. 노랑, 파랑, 갈색의 주택 외벽은 혹독한 영국의 겨울 때문에 색이 바랬다. 하지만 오늘은 하늘이 푸르고 근처에서는 갈매기 울음소리가 들려왔다. 비포장도로를 따라 주택단지 안으로 깊숙이 들어가니 저 멀리 목적지가 보였다. 작은 갈색 방갈로 밖에 누군가를 기다리는 것이 확실해 보이는 한 남자가 주머니에 손을 넣은 채 서 있었다. 남자의 얼굴이 나를 지나쳐버리자, 나는 걷는 속도를 늦춰서 잠시 우리의 만남을 미루었다.

갑자기 남자가 몸을 돌리더니 내 쪽을 바라보았다. "헬렌?" 나는 초조하게 웃으며 고개를 끄덕여 인사했다.

나는 이 특이한 대화를 어떻게 시작해야 할지 아직 감을 잡지 못한 상태였다.

그레이엄은 쉰일곱 살이었지만 더 나이 들어 보였다. 얼굴에는 주근깨와 세월의 흔적이 가득했으며, 며칠 동안 면도하지 않았는지 수염이 짧게 자랐고, 정수리 쪽으로 갈수록 머리숱이 적어지고 있었다. 운동복 바지와 두꺼운 플리스 후드티를 목 주변에서 빈틈없이 조인 차림이었다. 나는 그레이엄의 자부심이자 즐거움인 오래된 갈색 재규어가 앞마당에 자랑스럽게 주차된 것을 발견했다. 이 주택단지 어딘가에 그레이엄의 전처 두 명이 살고 있으며, 그레이엄이 그중 한 명을 아직도 깊이 사랑한다는 사실도 알고 있었다.

나는 그레이엄을 따라 작은 이동 주택으로 들어갔다. 지붕이 달린 현관에는 담배 냄새가 배어있고 바닥에는 지저분한 카펫이 깔려 있었다. 짧은 복도를 따라 들어가자 그레이엄은 빛바랜 가죽 소파를 가리켰다.

"편히 있어요." 그레이엄은 놀랍도록 부드러운 서부 억양을 들려주었다.

"감사합니다."

나는 소파에 앉아서 내게 있는 요령과 눈치를 모두 끌어 모았다. 그레이엄이 들어와 내 앞에 앉자, 나는 "그러니까, 그레이엄 씨는 자신이 죽었다고 생각한다고 들었습니다"라고 말문을 열었다.

이 책에 어울리는 뇌가 있다면 바로 자신이 죽었다고 생각하게 만드는 뇌일 것이다. 내가 이 병을 처음 알게 된 때는 2011년으로, 〈타임스〉가 세계에서 가장 영향력 있는 사람 100인 목록에 꼽았던 빌라야누르 라마찬드란을 인터뷰할 때였다.

우리는 세계에서 가장 규모가 큰 과학학회의 하나인 신경과학회 연례학회에 참석하려 샌디에이고에 와 있었다. 나는 드물게도 얼굴을 직접 마주하는 인터뷰 기회를 잡았다.

기억력이 나쁘기로 악명 높은 라마찬드란이 다행히 약속을 기억하고 나타나서 나는 재빨리 라마찬드란을 회견장 바로 옆의 작은 복도로 데리고 나왔다. 나란히 걸어가면서 라마찬드란은 내게 "자기가 죽었다고 믿는 환자들이 있습니다. 썩어가는 살냄새가 난다고 말하지만 자살의 징후는 없죠. 이미 죽었는데 뭐 하러 자살을 하겠습니까?"라고 말했다.

라마찬드란이 꺼낸 한담이었다. 나는 깜짝 놀라서 그를 쳐다보았다.

"맞아요, 정말 으스스하죠." 라마찬드란은 눈을 빛내며 말했다.

하지만 사람들은 수 세기 전부터 이런 이야기를 상상해왔다. 바이킹에게 시체와 비슷한 괴물은 사후세계의 중심이었고, 북유럽 신화에는 드라우그라는 죽지 않은 시체가 등장한다. 라마찬드란은 환자가 자신이 죽었다고 믿는 망상인 코타르 증후군이라는 병을 언급한 것으로 이 병은 종종 '걷는 시체 증후군'이라고도 부른다.

의학 문헌에는 코타르 증후군에 관한 기록이 거의 없지만, 가끔 발견되는 기록을 보면 항상 프랑스 신경학자 쥘 코타드가 등장한다. 쥘 코타드는 1880년대에 최초로 이 질병을 보고해서 자신의 이름을 남겼다.

젊은 코타드는 '진지하고 사려 깊은' 성격이었다고 한다.[1] 파리 의과대학에서 공부한 코타드는 프랑스 철학자 오귀스트 콩트와 교류했는데, 이들의 우정은 코타드에게 정신에 관한 열정적인 흥미를 불러일으킨 것으로 보인다. 1864년 코타드는 파리의 수련병원이자 세계적인 신경과 전문의를 배출하기로 유명한 살뻬뜨리에 병원의 인턴이 되었다. 이 병원에서 코타드는 '다양한 형태의 정신병을 연구하는 … 열정적인 학생'이 되었다.[2]

프로이센-프랑스 전쟁에서 군의관으로 잠시 복무한 뒤 코타드는 고향으로 돌아와 정신병원에서 몇 년간 근무했고, 그 후에는 작지만 인구가 많은 파리 교외 방브에 자신의 병원을 열었다. 나라 곳곳에서 정신질환을 연구할 기회가 많았던 코타드는 특히 심각한 망상에 흥미를 갖게 되었다. 이때쯤 코타드는 처음으로 '허무주의적 망상'을 가진 환자에 대해 기록했는데, 환자는 몸의 특정 부분이 죽거나 자신이 죽었다는 우울한 믿음을 가진 것이 특징이다. 심한 경우는 자신이 아예 존재하지 않는다고 믿기도 했다. 코타드는 1882년 〈신경과학회보〉에 코타르 증후군에 관해 자세하게 기술했다. "환자는 내장도, 뇌도, 머리도 없고, 먹지도, 소화하지도, 옷을 입지도 않는다. 사실 환자들은 단호하게 음식을 거부하고 배변도 하지 않는다."[3]

자신의 지성이 죽어서 멍청이가 됐으며 생각할 수도 없고 허튼소리나 한다고 믿는 환자도 있고, 때로는 자신의 지성이 제거됐다고 생각하기도 한다고 코타드는 덧붙였다. 가끔 망상은 외부 세계와 연결되기도 해서 "환자는 자신에게 가족도 나라도 없다고 상상하고, 파리가 파괴되었으며 세상이 멸망했다고 생각한다."

코타르 증후군은 정의된 이후로도 환자 사례가 100여 건을 넘지 않는다. 이 중 최소한 다섯 사례는, 그리고 몇몇 사례는 코타드 자신이 직접 강의와 논문을 통해 밝혔다.

코타드의 환자 중에는 '마드모아젤 X'라는 색다르게 들리는 이름의 특별한 환자가 있다. 마드모아젤 X는 이름을 물었을 때 자기는 이름이 없다고 대답했다. 후에 조사 결과가 나오자 예전에는 카트린이라고 불렀다고 했지만 어떻게 이름을 잃어버렸는지는 말하지 않으려 했다. 마드모아젤 X는 나이도 모르고 부모도 없다고 했다. 코타드가 마드모아젤 X에게, 그리고 다른 코타르 증후군 환자에게 두통이나 복통 같은 통증이 몸 어디에라도 있는지 물었을 때, 환자들은 간단하게 자신은 "머리도, 위도, 몸도 없다"라고 대답했다.

코타드는 자신은 목구멍이 없어서 위나 혈액도 없다고 주장한 여성 환자 C에 대해서도 기록했다. 남성 환자 C는 자신의 몸이 거대한 호두라고 생각해서 옷 입기를 거부했다. 또 다른 남성 환자 A는 자신에게는 성기도 고환도 없으며, 사실 "더는 남은 신체가 없다"고 믿었다.[4]

이 책을 집필하기 시작했을 때 라마찬드란이 한 말의 뜻을 거듭 생각했다. 나는 여러 의사에게 코타르 증후군에 대해 들은 적이 있냐고 물었다. 몇몇 의사는 그저 논문으로만 읽었다고 했고, 해당 질병을 앓는 환자들은 이미 사망했거나(그러니까 흔히 통용되는 바로 그 뜻이다) 세계 곳곳에 흩어져 집에서 간호받는 처지라 회복할 수 없으리라고 대답했다.

그러다 어느 날 갑자기 그레이엄이 나타났다. 그레이엄은 엑서터 대학교 신경과 전문의인 애덤 제만의 환자였다. 제만은 수년 동안 코타르 증후군 환자인 그레이엄을 치료하고 있으며, 지금은 그레이엄의 '상태가 양호해져서' 나와 이야기하고 싶어 한다고 했다.

그레이엄의 정신과 주치의에게 허락받고 약속한 대로 그레이엄의 전화번호가 내 메일함에 전해지기까지 몇 주가 흘렀다. 그런 과정을 거쳐서 나는 집에서 멀리 떨어진 이곳의 가죽 소파에 앉아, 최근 겪은 자신의 죽음에 대해 침착하게 말하는 중년 남성의 이야기를 듣게 되었다.

"그래서, 자신이 죽었다고 생각하신다고요."

"맞습니다." 겉보기에는 편안한 얼굴로 맞은편 소파에 앉으며 그레이엄이 말했다.

1990년대에도 그레이엄은 바로 이 방갈로에서 살았지만 삶은 완전히 달랐다. 아이가 둘 있었고 전 아내는 한 명뿐이었다. 그레이엄은 영국의 식수와 폐수를 처리하는 회사의 도급업자로, 수량계를 설치하는 일을 했다. 그레이엄은 두 번째로 이혼하는 중이었고, 시간이 흐르면서 심각하게 우울해졌다. 그레이엄은 일하러 나가지 않았고 친구들과 만나지 않았으며 집에서 나가지도 않았다. 어느 날 그레이엄은 샤워하다가 욕조 속으로 플러그가 꽂힌 드라이기를 들고 들어갔다.

"선을 넘게 만든 무언가가 있었나요?" 나는 조심스럽게 물었다.

"그렇지는 않았던 것 같아요. 그냥 기분이 가라앉았어요. 어떻게 그렇게까지 됐는지는 나도 잘 모릅니다. 사실 거기에 대해서는 생각하기 싫습니다"라고 그레이엄이 대답했다.

다음에 무슨 일이 일어났는지는 확실하지 않다. 겁에 질려 동생 마틴에게 전화했다는 사실은 기억한다. 마틴은 구급차를 불렀다. 병원에서 몇 주를 지내야 했고 의사들은 그레이엄이 심각한 우울증이라고 진단했다. 하지만 의사들이 눈치채지 못하는 사이에 그레이엄의 우울증은 완전히 다른 무언가로 변했다.

"병원에 있는 동안 무슨 일이 일어난 거예요?" 나는 물었다.

"그냥 내 머릿속에 아무것도 없다고 느꼈어요. 그 욕조 속에서 내가 뭔가를 했기 때문에 내 머릿속에는 뇌가 없다고 확신했죠. 그냥 공백이에요. 마음이 비어있어요"라고 그레이엄은 말했다.

"의사에게 그렇게 말하셨나요?"

"의사에게 나는 이제 뇌가 없다고 말했습니다."

의사들이 잘못된 부분을 찾아내려 애쓰는 동안 이 기분은 지속되었다. 가끔 의사들은 논리적으로 그레이엄을 이해시키려고 했다. "그레이엄, 뇌가 없다면 어떻게 걷고 여기 앉아서 내게 말을 할 수 있겠습니까?"라고 의사가 말했다. 이 딜레마는 의사뿐만 아니라 그레이엄도 혼란스럽게 했다.

"설명하기가 어렵군요. 내 뇌는 물을 더는 흡수할 수 없는 스펀지 같았어요"라고 그레이엄은 말했다.

그레이엄은 놀라울 정도로 아무 느낌 없이 사망의 부작용을 나열했다. "나는 정말로 생각도, 감정도 없었어요. 아무것도 느낄 수 없었습니다. 냄새도 맡을 수 없었고 미각도 잃어버렸죠. 열두 살부터 피웠던 가장 좋아하는 담배도 아무 맛이 없었습니다. 그래서 담배도 끊었어요. 미칠 것만 같았죠. 어떤 것도 내게 더는 즐거움을 주지 못했으니까요. 심지어 즐겁다는 게 어떤 느낌인지도 기억할 수 없었어요. 그저 텅 비어버린 마음을 끌어안은 채로, 왜인지는 모르겠지만 뇌가 없어졌다는 사실을 그냥 깨달았습니다."

"'좋아, 내가 여기 앉아서 숨 쉬고 있으니까 뇌는 분명히 있어'라고 생각한 적은 없었나요?"

"아니요. 난 어쩔 줄을 몰랐습니다. 뇌가 죽었는데 어떻게 숨 쉬고 말할 수 있는지 몰랐어요. 그냥 뇌가 죽었다는 것만 알았죠."

그레이엄의 주치의에게는 어려운 문제였다. 그레이엄은 말하고 숨 쉬고 걸을 수 있었지만, 이 감각을 통합해서 살아있다는 느낌을 받지는 못했다. 자신이 존재하지 않는다는 느낌에 압도된 환자를 대체 어떻게 해야 살아있다고 확신시킬 수 있을까? 의사들은 항정신성 약물과 항우울제 같은 온갖 약을 다 써보았지만 소용없었다. 뇌 영상을 찍어도 그레이엄의 뇌는 해부학적 구조에는 이상이 없었고, 어떤 심리 치료도 효과가 없었다.

"이미 알고 있는 사실을 확인시켜줄 뿐이었습니다. 나는 의사에게 내 뇌는 죽었다고 말했죠. 내게 과자나 주는 편이 나을 거라고도 말했습니다"라고 그레이엄은 말했다.

치료는 교착상태에 빠졌다. 그레이엄은 의료진에게 자신이 죽었다고 설득할 수 없었고, 의료진은 그레이엄에게 그가 살아있다고 확신시킬 수 없었다. 결국 그레이엄은 형제와 지역 간호사의 감독 아래 집으로 돌아올 수 있었다.

그레이엄은 소파를 가리켰다. "지금 헬렌이 앉아있는 것처럼 나도 거기 앉아있었습니다. 온종일, 수개월 동안이나요. 생각할 일도 없었고, 아무것도 하고 싶지 않았고, 말하고 싶지도, 누구를 만나고 싶지도 않았습니다. 그냥 벽만 쳐다보고 있었습니다. 식물처럼 말입니다. 내 몸은 뇌가 죽었다는 사실을 깨닫지 못했습니다만 나는 알고 있었습니다. 지금 생각해보면 정말 끔찍합니다. 하지만 그때는 그랬죠."

정말 그랬다. 나는 눈을 감고 잠시 이 불쾌한 가능성을 생각했다. "대체 어떻게 견뎌내셨나요?" 나는 물었다.

"할 수 있는 게 뭐가 있었겠습니까? 나는 죽었어요. 나는 그저 그 사실을 받아들였죠"라고 그레이엄은 대답했다.

코타드가 그레이엄 같은 환자에 대해 광범위하게 서술했지만 의료계가 이 질병의 병명에 코타드의 이름을 붙인 것은 실수일지도 모른다. 《초기 영국의 정신질환》이라는 책에서 바질 클라크는 네덜란드 의사인 레비누스 렘니우스의 연구를 설명했다.[5] 클라크는 렘니우스의 환자 중 그레이엄과 매우 비슷한 환자에 대해 설명했다. 렘니우스는 정말 코타드보다 한 세기 전에 코타르 증후군을 최초로 보고했을까?

이 사실을 확인하려고 나는 케임브리지 대학교의 희귀본 문서실을 찾아갔다. 희귀본실은 넓고 거의 완벽한 정적에 잠긴 곳으로, 때

때로 연필이 종이를 긁는 소리만 들렸다. 이곳에서는 펜을 사용할수 없다. 내가 도착했을 때 미리 신청해둔 책은 준비되어 나를 기다리고 있었다. 아주 작은 가죽 장정의 책으로 1581년 인쇄된 책이었다. 레비누스 램니우스의 책 제목은《체질의 시금석》이었다.[6]

나는 오래된 책을 조심스럽게 문서실 뒤쪽으로 가져가서 지시대로 부드러운 벨벳 받침대 위에 내려놓았다. 이 오래된 책의 쪼글쪼글한 종이 어딘가에서 그레이엄의 질환에 관한 구절을 찾을 수 있기를 바랐다.

소문에 따르면 램니우스는 점성술과 수명, 주술의 신비에 관한 책을 출판한 인기 작가였다.《체질의 시금석》은 다양한 질병의 증상과 원인을 설명한 일종의 초기 대중 과학서로 "자기 몸의 외적인 상태, 습관, 기질, 성향을 정확하게 알고, 내적인 마음의 성향, 애착, 움직임, 욕망을 누구나 알 수 있는 … 가장 단순한 규칙"을 설명했다고 주장했다.[7]

코타드 증후군의 존재를 알았더라도 램니우스는 그 시대의 의학론에 따라 체액계의 불균형 탓이라고 했을 것이다. 사실 네 종류의 체액, 즉 흑담즙, 황담즙, 혈액, 담즙과 인간 유기체의 균형을 유지하는 체액의 중요성은 이 작은 가죽 장정 책의 주요 주제였다.

이 책의 마지막 장에서 드디어 나는 찾던 것을 발견했다. 책 뒷부분에서 램니우스는 뇌를 설명하면서 여러 종류의 우울증을 언급했는데, 특히 자신이 '영혼의 우울증'이라고 부른 환자에 초점을 맞추었다. 렘니우스는 매우 흥미로운 환자 사례를 설명했다. "한 남자는 극도의 고통을 겪으면서 거짓 행복에 빠졌다. 이 남자는 자신이 죽었다고 생각했고 이 삶에서 자신이 분리되어야 한다고 자신을 설득했다."

이 남자의 친구와 지인들은 남자를 달래거나 꾸짖어서 이전 상태로 되돌리려 했지만 소용없었다. 남자는 친구들의 말을 모두 반박하고 가져다준 음식을 거부했으며, 자신이 죽었다고 확신하면서 "자신과 같은 상태에 있는 사람은 음식이나 영양분이 필요 없다"라고 말했다.

많이 들어본 소리였다. 의사들은 그레이엄에게 음식을 먹고 마시게 하려고 애썼지만 그레이엄은 음식이 필요 없다고 말했다. 가족이 매일 와서 음식을 먹도록 강요하지 않으면 그레이엄은 음식에는 신경도 쓰지 않았다.

렘니우스의 기록에 나타난 남자가 모든 도움을 거절하면서 남자는 정말 죽음의 문턱에 서게 되었다. 이 시점에서 남자의 친구들은 기발한 계획을 세웠다. 친구들은 시체에 입히는 수의를 입고 남자의 집 거실에 앉았다. 친구들이 앉은 탁자 위에는 음식이 담긴 접시가 가득했다. 남자는 수의를 입은 친구들을 보자 그들이 누군지, 여기서 무얼 하고 있는지 물었다. 친구들은 자신들이 모두 죽은 자라고 대답했다.

"뭐라고? 죽은 사람이 먹고 마실 수도 있나?"

"물론이지. 이쪽으로 와서 우리와 함께 앉으면 진실이라는 걸 알수 있을 것이네"라고 친구들은 대답했다.[8]

남자는 이 이상한 논리를 받아들여서 음식을 먹게 됐다. 실망스럽게도 렘니우스는 이후 이 남자가 회복됐는지는 기록하지 않았다.

그레이엄의 이동 주택으로 돌아와서, 나는 그레이엄에게 렘니우스의 이야기를 들려주었다. 이야기를 들은 그레이엄은 슬퍼 보였다. 그레이엄은 자신이 가족에게 큰 빚을 지고 있으며, 특히 남동생 마틴에게 미안하다고 했다.

"마틴은 내가 음식을 먹었는지 확인했습니다. 지금도 매일 와서 내가 괜찮은지 들여다봅니다. 병에 걸린 나를 돌보는 건 마틴에게 힘든 일이었을 겁니다." (후에 나는 마틴에게 그레이엄의 병에 대한 이야기를 나누고 싶다고 청했지만 마틴은 거절했다.)

나는 친구 중에 그레이엄의 질병을 아는 사람이 있는지 물었다.

"아니요, 누구에게도 말하지 않았습니다. 다른 사람에게 '나는 뇌가 없어'라고 말하기에는 이상하지 않습니까. 친구들은 그저 '벌써 알고 있었어!'라며 농담으로 생각할 겁니다. 나 자신도 이해하지 못하는데 다른 사람에게 내가 죽었다고 말할 수는 없었죠. 내가 미쳤다고 생각했을 겁니다."

가끔 의학 문헌에 나타나는 코타르 증후군 연구는 충격적인 사례도 있다. 예를 들어 자신이 연옥에 있다고 믿었던 한 여성 환자는 죽기는 했지만 아직 연옥에 머무르고 있다고 생각했다. 이 여성은 자신의 육체에서 영혼을 꺼내는 유일한 방법은 몸에 산을 뿌리는 일뿐이라고 믿었다. 이 사례를 알고 있던 나는 그레이엄에게 여러 주가 여러 달이 되고, 수년이 지나도 왜 다시 자살 시도를 하지 않았는지 물었다.

"자살하려고 했던 건 기억합니다. 생각은 했습니다. 정말 끔찍한 일이지만 사실 나는 다시 자살한다면 기차에 뛰어들거나 선로에 머리를 집어넣겠다고 생각했죠…. 나는 간호사에게 '아마 그렇게 해도 내 머리는 거기 그대로 있을 게 확실해요. 그래도 난 말할 수 있을 겁니다. 왜냐하면 난 이미 죽어있으니까요. 그러니까 기차는 나를 죽일 수 없을 겁니다'라고 말했습니다."

그레이엄에게는 다행스럽게도 의학은 네 가지 체액설을 믿던 예전보다 눈부시게 발전했다. 코타르 증후군을 나타낸 지 몇 달 후, 그레이엄은 지금 우리의 만남을 주선해준 신경과 전문의인 애덤 제만에게 보내졌다. 제만은 벨기에 리에주 대학교 신경과 전문의인 스티븐 로리스와 함께 그레이엄을 진료했다. 그 이유에 대해 제만은 웃으며 내게 이렇게 말했다. "로리스가 괴상한 일들을 좋아한다는 걸 알았기 때문이죠."

이에 관해 물었을 때 로리스는 "그걸 어떻게 잊을 수 있겠습니까"라고 대답했다. "제만이 '자신이 죽었다고 주장하는 남자가 있는데, 와서 이 환자를 진료해볼래요?'라고 말했던 유일한 순간인데요."

자신이 죽었다고 생각했을 때 단 두 사람만을 자기편으로 둘 수 있다면, 바로 이 두 사람을 선택해야 한다. 로리스는 경력 대부분을 사람의 정신에 관한 가장 매혹적인 실험을 하는 데 바쳤으며, 그 결과 또한 깜짝 놀랄 만하다. 로리스의 연구실은 의식 장애로 고통받는 환자를 이해하고 진단하고 치료하는 모든 일을 한다. 때로는 의식 없는 식물인간 상태로 생각했지만 사실은 의식이 몸에 갇혀 있는 환자를 찾는 일을 하기도 한다. 이런 환자는 주변 환경을 모두 인식하지만 타인은 환자가 의식이 있다는 사실을 모른다.

2006년 로리스와 에이드리언 오언은 식물인간 상태인 환자가 자신의 집을 거닌다거나 테니스를 하는 생각을 하도록 유도해서, 실제로 지시를 이해해서 따를 수 있는지 검사하는 방법을 만들었다. 자신의 집을 거닐거나 테니스를 하는 생각은 뇌 활성 패턴이 서로 달라서 연구팀이 뇌 영상으로 구별할 수 있다. 연구팀의 첫 번째 환자는 스물세 살의 여성으로 교통사고를 당한 후 식물인간 기준에 부합하는 상태가 되었지만, 연구팀의 요구에 따라 두 가지 뇌 활성 패턴을 보여주었다. 후에 연구팀은 이 환자가 몸을 움직일 수는 없지만 주변 환경을 인식할 수 있다는 사실을 발견했다. 환자는 집을 돌아다니는 생각과 테니스를 하는 생각을 각각 '예'와 '아니요'로 사용해서 연구팀의 질문에 답할 수 있었다.[9]

한편 제만은 뇌전증으로 나타날 수 있는 영구적인 데자뷔 같은 더 기이한 의식 장애를 연구하는 데 집중했다. 최근에는 불면증이 유도하는 일시적 기억상실을 연구하는데, 심각하게 수면 부족인 의사는 복잡한 단계의 소생술을 시행한 뒤 자신이 한 일을 완전히 잊어버리기도 한다. 이 두 신경과 전문의가 발견한 의식 장애는 여러분의 상상 이상으로 기이하다.

대부분 사람이 의식이 있는지 없는지만을 인식하는 수준임을 고려할 때, 다양한 의식이라는 표현은 이상하게 들릴 수도 있다. 하지만 앞서 두 개의 장에서 살펴보았듯이 인간의 의식은 수많은 측면에서 비틀리고 엇나갈 수 있다. 심약한 사람은 의식이라는 주제를 파헤치는 연구를 할 수 없다. 심리학자, 신경과학자, 철학자처럼 세계에서 가장 영리한 사색가들이 수 세기 동안 설명하려고 분투한 주제이기 때문이다. 대부분 과학자는 사람의 의식이, 혹은 자아감이 몸과 조화를 이루는 뉴런의 방대한 조합의 움직임에서 생겨난다고 믿는다. 이론적으로는 사람은 이 모든 신경 활동을 상세하게 기록할 수 있고, 이를 통해 우리의 모든 행동을 뇌 상태로 설명할 수 있다. 예를 들어 뇌가 어떻게 기억과 주의집중과 색을 만드는지 설명할 수 있다. 과학자들은 이런 것은 '쉬운 문제'라고 말한다. 하지만 우리가 사람 행동의 기저에 깔린 뇌의 활성을 모두 이해하더라도 '어려운 문제'는 여전히 남아있다. 뉴런의 활성이 왜 인간의 풍부한 색과 소리의 경험이 되는지, 혹은 고통을 느끼는 방식이 되는지, 욕망의 경험이 되는지는 알 수 없다. 인간의 의식적인 자아감은 그 존재를 이해하고 설명하려는 모든 시도에 고집스럽게 저항한다.

신경과학자 아닐 세스는 의식을 이해하려면 우리의 시야를 '쉬운 문제'와 '어려운 문제' 사이 어딘가에 두고, 의식의 특별한 특징이 생겨나는 과정을 측정할 수 있는 생물 기전을 통해 탐색해야 한다고 말한다.

예를 들어 의식이 있는 뇌와 의식이 없는 뇌를 정확하게 구별하는 방법을 찾는 데서 시작할 수 있다. 세스는 얼마나 많은 뉴런이 활성화됐는지는 상관없다고 말한다. 뇌의 뒷부분에 있는 소뇌에는 피질보다 훨씬 많은 뉴런이 있지만 소뇌가 의식에 미치는 영향은 거의 없다는 사실에서 이를 확인할 수 있다. 2014년 스물네 살의 여성이 어지럼증과 메스꺼운 증세로 중국 산둥성 지난의 PLA 군인종합병원에 입원했다. 이 여성은 의사에게 평생 똑바로 걷지 못했다고 말했고, 여성의 어머니는 이 여성이 여섯 살이 되어서야 제대로 말했다고 했다. 의사는 여성의 뇌 영상을 찍자마자 원인을 알 수 있었다. 이 여성은 소뇌가 없었다.[10]

뉴런의 수가 중요하지 않다면 의식이 있는 뇌와 없는 뇌를 구분하는 다른 요인은 무엇일까? 밀란 대학교의 아데나워 카살리 연구팀이 최근 짧은 파동의 자기장으로 뇌를 자극해서 이 질문의 답을 탐색하는 중요한 실험을 했다. 마취한 사람이나 꿈꾸지 않는 수면에 든 사람을 자기장으로 자극했더니 활동파는 자극한 지점부터 짧은 거리까지만 전달됐다. 하지만 같은 실험을 의식이 있는 사람에게 했더니 활동파는 피질 표면을 따라 더 멀리 전달됐다. 아닐 세스는 후에 이 실험을 뇌를 두들긴 뒤 메아리를 듣는 일이라고 비유했다.[11] 카살리 연구팀은 이 메아리를 이용해서 사람이나 동물이 의식이 있는지 없는지 측정하는 의식측정기를 만들기 시작했다.[12]

의식을 일으키는 데 중요한 뇌 영역도 알아냈다. 뇌의 앞과 위쪽에는 의식을 구성하는 데 중요한 역할을 하는 전두 두정엽 신경망이라는 영역이 여러 곳 있다. 이 신경망은 두 부분으로 나뉜다. 전두엽과 두정엽 외부를 따라 생기는 활성은 외부 세계, 즉 우리 주변의 냄새, 맛, 소리의 인지와 연관된 것으로 보인다. 전두엽과 두정엽 내부에 있는 두 번째 신경망의 활성은 우리 몸속 내부 세계, 즉 몸속 지각과 지적 심상 인지와 연관된 것으로 추측된다. 외부 환경에 집중하면 전두엽과 두정엽 외부가 활성화되면서 뇌의 다른 부분 활성은 줄어든다. 우리가 몸속 자극에 집중하면 반대의 결과가 나타난다.

최근 몇 년 동안 과학자들은 사람의 의식에 오케스트라 지휘자 같은 역할을 하는 곳이 있어서 의식의 과정을 관리하는지 탐색했다. 이 가설의 지지자로는 선구적인 신경과학자이며 DNA 구조를 밝힌 프랜시스 크릭이 있다. 2004년 여름 사망하기 며칠 전, 크릭은 시애틀에 있는 앨런 뇌과학 연구소에서 동료인 크리스토프 코흐와 함께 논문을 쓰고 있었다. 크릭은 이 논문에서 뇌의 지휘자가 세계를 이해하려면 멀리 떨어진 뇌 영역에서 각자 다른 시간에 도착하는 정보들을 빠르게 통합해야 한다는 가설을 세웠다. 꽃의 향기와 색, 이름, 기억이 만들어진 시간 등의 정보는 밸런타인데이에 받은 장미라는 하나의 의식 경험으로 통합할 수 있다.

크릭과 코흐는 뇌의 다양한 영역을 연결하는 가늘고 얇은 구조 물인 전장이 이 역할에 딱 들어맞는다고 주장한다. 전장은 뇌 중앙에 깊이 파묻혀있어서 과학 연구는 거의 이루어지지 않았다. 하지만 2014년 워싱턴 DC에 있는 조지워싱턴 대학교 무하마드 쿠바시 연구팀은 뇌전증 여성 환자를 연구하다가 전극 하나가 전장에 꽂혀있는 것을 발견하고는 이를 이용해서 뇌 활성을 기록했다.

연구팀이 전장에 꽂힌 전극에 고주파 전기 충격을 주자 여성은 의식을 잃었다. 여성은 글을 읽던 행동을 멈추고 시선이 멍해졌다. 깨어있는 상태였지만 의식은 없었으며 소리나 시각에 반응하지 않았고 숨 쉬는 속도는 느려졌다. 전기 자극을 멈추자 환자는 즉시 의식을 회복했지만 의식을 잃었던 일을 기억하지는 못했다. 이틀간 이어진 실험에서 전장을 자극할 때마다 같은 현상이 일어났다.[13]

사람의 의식 경험을 촉발하는 데 뇌의 어느 한 영역이 다른 영역보다 더 중요하다고 말하기는 어렵다. 나는 이 문제를 차에 비유한다. 차가 달리려면 수많은 부품이 있어야 한다. 어떤 부품은 다른 부품보다 더 중요할 수도 있다. 예를 들어 휘발유, 엔진, 열쇠나 전자 열쇠는 당연히 있어야 한다. 아마 차의 이런 부품은 뉴런, 전두 두정엽 신경망, 전장과 비슷할 것이다. 이들 영역이 없다면 사람의 의식은 존재하지 않는다. 하지만 차의 다른 부품은 차가 제대로 달리게 해준다. 와이퍼, 핸들, 브레이크처럼 뇌의 다른 영역도 우리 몸을 움직이거나 내적 세계와 외부 세계를 통합하거나 색과 소리를 경험하게 한다. 차의 한 부분이 고장 나도 달릴 수는 있겠지만 제대로 굴러가지는 않을 것이다.

그레이엄의 집에 배어있는 퀴퀴한 담배 냄새에 나는 그레이엄이 지나가듯 한 말을 떠올렸다. 담배를 피워도 별다른 느낌은 없었다지만 그레이엄은 병을 앓는 중에도 여전히 때때로 담배를 피웠다.

"그냥 심심해서요"라고 그레이엄은 대답했다.

그레이엄의 태도 어딘가가, 흡연습관에 대한 그레이엄의 기억 어딘가가 나를 당혹스럽게 했다. 정말로 죽었다고 생각한다면, 그래서 먹지도 마시지도 않는다면, 왜 담배를 피울 생각이 날까? 당연히 갈망이 여전히 남아있어야만 할 것이다. 아마 나처럼 그레이엄의 의사중 누군가도 여기에 생각이 미쳤을 테고, 그레이엄이 말한 모든 것이 과장이 아닌가 의심했을 것이다. 내가 이 생각을 하는 동안 그레이엄은 바지 끝을 걷어 올려 다리를 보여주었다.

"보다시피 다 빠졌지요"라고 그레이엄은 말했다.

"뭐가요?" 깜짝 놀라 나는 물었다.

"털이요. 다리에 털이 수북했거든요."

"지금은 아니고요?" 나는 그레이엄의 매끈한 발목을 쳐다보았다.

"아무것도 없어요. 털이 다 빠져나갔죠. 털 뽑힌 닭처럼요."

잠시 침묵이 흘렀다.

"잠수부가 되었더라면 편했을 겁니다." 그레이엄은 그날 아침 내가 처음 봤던 웃는 얼굴로 돌아왔다.

"의사는 뭐라고 했나요?"

"의사는 설명할 수 없었어요. 의사도 원인을 몰랐습니다. 나는 계속 내 뇌가 욕조에서 튀겨졌다고 말했죠. 하지만 의사는 내 말을 들으려 하지 않았습니다."

그렇게 나는 그레이엄의 말을 믿게 되었다.

그러나 제만은 그레이엄을 만나자마자 그의 말을 믿었다. "나는 그레이엄의 말을 믿습니다. 그럼요, 완전히 믿죠." 나중에 제만을 만났을 때 내가 떠올렸던 의심을 이야기하자 제만은 이렇게 대답했다.

로리스는 제만보다는 확신이 더 필요했다. "그레이엄은 자기 뇌가 죽었다고 말합니다. 굉장히 이상한 이야기라 그레이엄이 그 사실을 믿는다는 게 말도 안 된다고 생각할 겁니다. 당연히 의심하게 되겠죠. 그레이엄이 나를 속이는 게 아닐까, 하고요."

그러나 두 과학자는 그레이엄의 뇌 영상을 한 번 더 촬영해야 한다는 사실 한 가지에 대해서는 동의했다. 무엇인가가 그레이엄의 자아감을 변화시켰고 과학자들은 그것이 무엇인지 찾아내고 싶었다.

그레이엄은 리에주 대학교 사이클로트론 연구센터에 있는 거대한 하얀 도넛처럼 생긴 기계에 들어갔다. 이 기계는 양전자방출 단층촬영을 하는 장비로 보통 PET 스캔이라고 부르는데, 뇌에서 일어나는 모든 대사활동, 즉 다양한 세포 과정을 모두 보여준다. 깨어있는 사람의 뇌에서는 상당한 활동량을 볼 수 있다.

"뇌 영상을 보고 우리는 충격을 받았습니다"라고 로리스는 말했다.

그레이엄의 뇌는 대사 활동이 너무나 낮아서 혼수상태나 수면상태의 뇌와 비슷했다.[14]

"뇌 활성이 그토록 낮은데도 일어서 있고, 사람들과 상호작용하는 사람은 본 적이 없습니다. 나는 이 연구를 오랫동안 해왔습니다. 각성한 사람의 이런 뇌 패턴은 내가 아는 한 매우 독특한 사례입니다"라고 로리스는 말했다.

의식이 있는 사람의 뇌에서 일어나는 메아리와 활성 정도에 관한 지식은 그레이엄의 사례에는 들어맞지 않았다. 제만과 로리스가 그레이엄에 대한 논문을 발표했을 때, 논문 제목은 '뇌는 죽었지만 정신은 살아있다'였다.

그레이엄의 뇌 구조는 이상이 없었지만 PET 스캔 결과는 차이점을 보여주었다. 첫째, 그레이엄의 전두 두정엽 신경망은 활성이 낮았다. 하지만 뇌의 다른 두 영역에도 문제가 있었다.

우선 전두 두정엽 신경망의 일부이면서 측두엽 영역 일부도 포함하는 뉴런의 집합체인 디폴트 모드 신경망에 문제가 있었다. 디폴트 모드 신경망은 우리가 아무것에도 집중하지 않을 때 움직인다. 몽상, 공상, 자기본위적 생각과 관련되며 자기 자신에 관해 생각하고 과거를 기억하며 미래를 계획할 수 있게 한다. 자신에게 일어나는 일에 관해 생각하는 능력은 세계를 이해하도록 돕는다. 몇 시간 전에 제빵기를 작동시켜서, 나는 지금 빵 냄새를 맡을 수 있다. 뒤쪽에서 들리는 이상한 찰각거리는 소리는 이웃 사람이 DIY 작업을 하면서 나는 소리다. 내 등이 아픈 이유는 잘못된 자세로 앉아 컴퓨터 위로 너무 오래 구부리고 있었기 때문이다. 내 세계는 완벽하게 이해할 수 있다. 이 점에 대해서 나는 내 디폴트 모드 신경망에 감사해야 한다. 그러나 그레이엄의 디폴트 모드 신경망은 거의 작동하지 않으며, 이 점이 그레이엄의 자아감이 낮아진 이유를 설명할 수 있다. 하지만 그레이엄은 대체 왜 자신이 죽었다는 결론에 이르렀을까?

살아있다는 증거가 압도적으로 많은 상황에서 자신이 죽었다고 믿으려면 특출난 노력이 필요할 것 같아 보인다. 하지만 그렇지 않을 수도 있다. 뇌는 혼란을 싫어한다. 이 책에서도 이미 여러 번 설명했듯이 서로 충돌하는 정보가 생기면 뇌는 새로운 시나리오를 이해하려고 노력하며, 대개는 비정상적인 경험을 설명하는 가장 간단한 서술에 안착한다. 6장에서 설명한 고무 손 환상 같은 경우다. 고무 손을 쓰다듬는 빗을 보면서 똑같은 빗으로 우리 손을 쓰다듬으면, 뇌는 고무 손이 자신의 손이라고 결론 내린다.

뇌가 얼마나 쉽게 자신을 속이는지는 분리 뇌를 가진 사람을 대상으로 한 실험에서 증명할 수 있다. 분리 뇌는 양쪽 뇌 반구를 연결하는 조직인 뇌들보가 절단된 사람의 뇌를 가리킨다. 보통은 뇌전증 발작을 치료하기 위해 외과 수술로 뇌들보를 제거한 사례다. 불행히도 우리의 능력 일부는 한쪽 뇌에만 있기도 하다. 앞선 장에서 살펴보았듯이 사람의 기본 언어능력은 보통 왼쪽 뇌가 통제한다. 분리 뇌 환자는 양쪽 뇌를 연결하는 신경이 없으므로 양쪽 뇌 사이에 정보가 오가지 못한다. 따라서 분리 뇌 환자에게 왼쪽 시야에만 물건을 보여주면 이 물건에 대한 정보는 오른쪽 뇌에서 처리되고, 오른쪽 뇌에 있는 정보가 언어 영역이 있는 왼쪽 뇌로 전달되지 못하므로 환자는 이 물건을 묘사하지 못한다. 분리 뇌 환자에게 왼쪽 눈에는 눈 내린 들판을, 오른쪽 눈에는 닭을 보여주었다고 해보자. 그리고는 지금 본 것과 연관된 그림을 고르게 한다. 전형적인 실험 결과를 보면 분리 뇌 환자는 보통 눈삽과 닭 발톱 그림을 고른다. 하지만 그 그림을 고른 이유를 물어보면 제대로 설명하지 못한다. 분리 뇌 환자는 "삽으로 닭 배설물을 치울 수 있어서 골랐습니다." 같은 대답을 한다. 뇌의 언어 영역은 오른쪽 눈이 본 정보인 닭에게만 접근할 수 있으므로 삽 그림을 고른 이유는 지어낸다. 지어낸 이야기가 완전히 진실이라고 믿더라도 사람의 뇌가 얼마나 쉽게 이야기를 조작하는지 이 실험에서 알 수 있다.

간단히 말해서, 자신이 죽었다는 그레이엄의 결론은 세계에 대한 자신의 괴상한 새로운 경험을 설명하는 가장 간단한 서술인 셈이다. 그러나 이 결론에 다다른 그레이엄은 왜 이 터무니없는 생각을 즉시 거부하지 않았을까? 거부하려면 그레이엄은 자신의 신념을 평가하는 뇌 체계를 이용해야 한다. 이 뇌 체계가 오른쪽 배외측 전전두엽 피질에 있다는 사실은 다양한 증거를 통해 알 수 있다. 그런데 그레이엄의 뇌에서 오른쪽 배외측 전전두엽 피질의 활성은 두 번째로 낮다. 제만은 내게 이렇게 설명했다. "이성적으로 생각하는 뇌 영역이 비이성적으로 변한 사람을 어떻게 이성적으로 설득하겠습니까?"

나는 그레이엄에게 자신의 뇌 촬영 영상을 봤을 때 무슨 생각이 들었는지 물었다.

"아무 생각도 없었습니다. 이전에도 뇌 영상을 본 적이 없었고, 그 영상이 무엇을 나타내는지도 모르고, 그저 의사가 코타르 증후군이라고 부르는 병이 있다는 것만 알려주었습니다"라고 그레이엄은 대답했다.

코타르 증후군이라는 병명이 그레이엄에게 어떤 위안을 주었는지는 알 수 없다. 병명은 의사가 그레이엄이 병을 앓고 있다는 사실을 이해했다는 점을 보여주지만, 그레이엄에게 자아 인식을 심어주거나 문제를 해결할 새로운 방법을 알려주진 않았다.

"내가 죽었다고 생각하는 현실을 바꿔주진 않았습니다. 그저 의사가 내 괴상한 뇌를 설명하는 단어에 지나지 않아요"라고 그레이엄은 말했다.

바로 다음 해, 그레이엄은 시간 대부분을 어머니의 집에서 보내거나 자신의 작은 방갈로에 앉아 벽을 응시하며 보냈다. 그 외에 그레이엄이 가는 곳은 마을 공동묘지뿐이었다. 때로 그레이엄은 온종일 묘지에 있기도 한다고 말했다.

"내가 있어야 할 곳이라는 기분이 들어요"라고 그레이엄은 덧붙였다.

그레이엄은 무덤 주위를 돌아다니면서 땅에 묻히고 싶다는, 자신을 압도하는 충동을 이해하려고 노력했다.

"무덤은 내가 아는 한 죽음과 가장 가까운 곳입니다. '어쨌거나 뇌가 죽었으니까 잃을 게 아무것도 없어. 난 여기에 있는 편이 제일 나을지도 몰라'라고 생각합니다. 묘지에 있으면 집에 있는 것처럼 편안합니다."

그레이엄은 여러 번 행방불명되었고 걱정한 가족은 경찰에 신고했다. 그럴 때마다 그레이엄은 묘지에서 발견되었는데, 죽은 자에게 헌정된 장소에서 자신의 남은 날들을 행복하게 보내고 있다.

바로 그때, 유럽 반대편에 그레이엄에게 공감할 수 있는 사람이 있었다. 방금 스톡홀름의 대학병원으로 비명을 지르며 실려 간 이 중

년 여성을 메리라고 부르기로 한다.

　의사와 간호사는 도저히 메리를 진정시킬 수 없었고 메리는 무엇이 문제인지 설명하지도 않았다. 메리의 진료기록을 보면 신부전 병력이 있어서 최근 아시클로비르를 주입하는 치료를 받았다. 의사는 메리가 겪는 통증의 원인이 혈액에 쌓인 독소일 가능성을 떠올리고 투석을 시작했다. 한 시간 뒤 메리는 다시 말할 수 있는 상태가 되었다. 메리는 자신이 그토록 흥분했던 이유가 자신이 죽은 줄 알았기 때문이라고 말했다. 의사는 메리를 안심시키고 투석을 계속했다. 두 시간 뒤 메리는 "내가 죽었는지는 잘 모르겠지만 기분이 계속 이상해요"라고 말했다. 또다시 두 시간이 지나자 메리는 의료진에게 "내가 죽지 않은 것 같아요…. 그런데 왼쪽 팔은 내 팔이 아니에요"라고 말했다. 24시간 안에 메리의 허무망상은 완전히 사라졌다.[15]

　스웨덴 약리학자 안데르스 헬덴과 토머스 린덴은 메리에게 관심을 보였다. 헬덴은 메리를 계기로 신부전을 겪은 소수의 환자에게 나타났다가 사라지는 일시적인 코타르 증후군 사례에 주목하기 시작했다고 말했다. 헬덴은 스웨덴 의학 문헌을 샅샅이 뒤져 지난 3년 동안 메리와 같은 상황을 겪은 환자 여덟 명을 발견했다. 환자들은 모두 신부전이 와서 혈액에 직접 아시클로비르를 주입하는 치료를 받았다. 아마 입술 발진을 치료하는 아시클로비르라는 약을 기억하는 사람이 있을지도 모르겠다.

　헬덴과 린덴이 환자 모두에게서 채집한 혈액 표본을 재분석한 결과, 아시클로비르가 몸에서 분해될 때 생기는 카르복시메소옥시메틸구아닌(CMMG) 분자가 높은 농도로 발견되었다. 환자는 대부분 고혈압 증상도 보였다.

나는 헬렌에게 그 사실이 무슨 의미인지 물었다. "우리는 CMMG가 뇌동맥 수축을 일으키는 것이 아닐까 생각했습니다"라고 헬렌은 대답했다. 이유는 모르겠지만, CMMG가 환자에게 일으킨 동맥 수축이 뇌에 영향을 미쳐 환자가 자신이 죽었다는 일시적인 믿음을 불러일으켰다.

너무 심한 우연이라고는 생각했지만, 나는 제만에게 그레이엄의 병이 감전사고 때문에 일어났는지 물었다. 그러나 과학자들이 이런 연관성을 잘 인정하지 않는다는 점을 알고는 있었다.

제만은 확실하게 단정하기는 어렵다고 했다. "더 정확한 증거가 없는 한, 그러니까 사고 전후의 뇌 영상이 없는 한 그레이엄의 자살 시도가 망상을 일으켰다고는 말하기 어렵습니다."

심각한 우울증에 걸린 환자의 뇌에서 이런 이상한 활성을 볼 수 있을지 나는 궁금해졌다. 그레이엄의 뇌는 더 흔한 증상인 우울증의 극단적인 사례일까? 우울증 증상은 절망, 삶에서 흥미를 잃어버리는 점, 신체 활동 저하, 세계에서 분리되는 점 등 여러 면에서 그레이엄의 증상과 비슷한 부분이 많았다.

우울증의 원인은 복잡하고 아직 완전히 이해할 수는 없지만, 가장 최근에 나온 증거를 보면 기분을 안정시키는 세로토닌이 부족하거나, 글루타메이트가 결핍되어 뉴런에 달린 손가락 같은 끝부분이 쭈그러들어서 뇌에 더는 신호를 전달할 수 없는 현상이 원인일 수 있다. 나는 제만에게 그레이엄이 극단적인 우울증 사례일 수 있는지 물었지만, 제만은 그레이엄의 뇌가 심각한 우울증에 걸린 뇌와 비슷하지는 않으리라고 했다. 그레이엄의 낮은 대사 활성 패턴은 전형적인 주요 우울증 패턴보다 훨씬 더 격심하고 뇌 전체에 널리 퍼져있다고 했다.

"물론 단 하나의 사례 연구로는 누구도 단언할 수 없습니다. 하지만 그레이엄의 뇌 변화는 아주 예외적이죠"라고 제만은 답했다.

그레이엄의 감전 사고가 코타르 증후군을 일으켰다는 인과적 증거는 없을 수도 있지만, 머리에 가해지는 전기 충격이 코타르 증후군으로 이어진 사례는 이전에도 있었다. 5장에서 설명한 18세기 후반의 찰스 보넷은 자신의 환자에 대해 간단한 기록을 남겼다. 이 여성 환자는 '거의 일흔에 가까운 고귀한 노부인'이라고 설명했다. 노부인은 부엌에서 저녁을 준비하고 있었는데, 딸이 부엌으로 들어오다가 부인의 목을 쳐서 '마치 벼락에 맞은 것처럼' 몸 한쪽이 갑자기 마비되었다. 이후 나흘 동안 노부인은 움직이거나 말할 수 없었다. 말을 할 수 있게 되자 노부인은 친구들에게 자신은 죽었으니 수의를 입혀 관에 넣어달라고 했다. 노부인은 딸과 친구들이 그렇지 않다고 설득하려 하자 죽은 사람에게 마지막 예의를 갖추지 않는다며 화를 냈다. 결국 가족과 친구들은 노부인의 요구대로 수의를 입혀 관에 눕혔다. 노부인은 최대한 단정하게 보이고 싶어 했고, 수의의 솔기를 점검하고 리넨 색이 마음에 들지 않는다며 불평했다. 보넷에 따르면 이 여성은 일 년에 몇 번씩 망상이 다시 나타나기는 했지만 서서히 증세가 회복되었다.[16]

그레이엄의 망상도 서서히 나아졌다는 사실은 축하할 만한 일이었다. 그레이엄은 언제부터 기분이 나아졌는지 그 첫 순간을 명확하게 짚지는 못했다. 항우울제의 적절한 조합 덕분이었을 수도 있고 그저 시간이 지나면서 나아졌을 수도 있지만, 그레이엄의 망상은 시작된 지 3년 뒤에는 사라져 버렸다.

"어느 순간 살벌하고 터무니없다는 생각이 들면서, 뇌가 필요하다고 생각하게 되었습니다"라고 그레이엄은 내게 말했다. 주치의는 그레이엄의 회복이 약물과 일반적인 뇌 치료 덕분이라고 했다. 그레이엄은 리튬과 이미프라민, 아미설프리드를 복용했는데 모두 세로토닌과 도파민을 조절한다. 세로토닌과 도파민은 뇌 활성 경로를 통제하는 중요한 물질이며, 이를 통해 기분을 낮게 하고 정신병적 행동을 치료한다.

"점차 아주 조금씩 나 같다는 생각이 들었어요. 아주 가끔은 죽은 것 같기도 하지만 대부분의 시간에는 이제 그냥 나 같다는 생각이 듭니다"라고 그레이엄은 말했다.

그레이엄은 말을 멈추고 '세상에서 최고로 좋은 할아버지'라고 쓰인 머그잔을 들었다. 그레이엄은 협탁 위에 놓인 사진을 가리키며 웃었다. "손자들은 정말 사랑스럽죠."

"손자들을 자주 보세요?" 나는 물었다.

그레이엄은 내 질문에 놀란 듯했다. 지금까지의 단순하고 감정이 배제된 대답 때문에 나는 은연중에 그레이엄이 홀로 사는 사람이라는 인상을 받았다.

"항상 보죠. 매주 일요일에 점심 식사를 함께 합니다."

"다른 사람들은 어때요? 요즘은 자주 외출하나요?" 나는 물었다.

"휴일에는 안 나갑니다. 그러기에는 너무 나이가 들었죠. 하지만 매주 클럽에서 친구들을 만납니다."

"전 아내들도 아직 연락하나요?" 나는 물었다.

"그럼요…. 매주요." 대답하던 그레이엄은 재빨리 덧붙였다. "첫 번째 전 아내요. 두 번째 전 아내는 아니고요." 그레이엄의 목소리에는 아쉬움이 묻어났다. "솔직히 뭘 잘못했는지 모르겠습니다. 아내랑 이혼하는 게 아니었어요."

오전 내내 그레이엄의 집에 머물며 내가 보기에는 자기반성으로 가득한 주제에 관해 이야기하면서, 나는 그레이엄이 자신의 기이한 경험을 어떻게 느끼는지 정확하게 이해하려고 분투했다. 그레이엄은 자신의 기분을 표현하기가 어려운 것 같았고 자신의 과거에서 어느 정도 유리된 것 같았다. 그레이엄은 자신의 이야기가 자신과 비슷한 상황에 부닥친 다른 사람에게 도움이 되길 바란다고 내게 말했다. 다정한 말이었지만 그레이엄은 자신의 경험이 얼마나 드문 것인지 모르는 듯했다.

"아마 그렇겠지요." 내가 그 점을 지적하자 그레이엄은 대답했다.

나는 그레이엄이 원래 말이 없는 편인가 생각했다. 아니면 교류가 적은 특성이 코타르 증후군 때문인지 궁금했다.

"지금은 뭔가 다른 점이 느껴지나요? 코타르 증후군이 어떤 식으로든 당신을 변하게 했나요?"라고 물었다.

"가끔은 내가 예전과 달라졌는지 궁금합니다. 나는 잘 모르겠습니다. 내 친구 중에는 가끔 '오늘은 영 자네답지 않은데'라고 말하는 친구가 있습니다. 그 말을 들으면 나는 '나답지 않다고? 내가 누군데? 어디가 다르지?'라고 생각하죠."

그레이엄은 과거를 회상하려 말을 멈추었고, 나는 지금까지 봤던 그레이엄의 상태 중에서 가장 강렬한 감정인 불편함이 순간적으로 느껴져서 놀랐다. "정말 이상했어요. 알다시피 내가 어떻게 이상하다고 느낄 수 있겠습니까?"라고 그레이엄이 말했다. "지금 말하고 보니 정말 말도 안 되는 것 같군요."

그날 처음 떠올린 생각은 아니지만, 코타르 증후군이 자신의 삶을 얼마나 바꾸어 놓았는지를 그레이엄이 얼마나 이해하고 있는지 나는 또다시 궁금해졌다. 그레이엄이 확신할 수 있는 유일한 것은 식욕뿐이었다. 식욕은 다시는 돌아오지 않았다.

"코타르 증후군이 남겨 놓은 유일한 것이죠. 예전에는 규칙적으로 식사했지만 지금은 먹기도 하고 안 먹기도 합니다. 허기를 느낀 적이 없으니까요"라고 그레이엄은 말했다.

나는 비어있는 위장이 정말로 코타르 증후군이 남긴 전부인지 물었다. 그레이엄은 대답하기 전에 잠시 머뭇거렸다.

"그게, 가끔 우스운 생각이 들기도 합니다. 어딘가 앉아 있다가 갑자기 죽은 것 같은 기분이 드는 거죠. 가끔 그런 기분이 드는데, 그냥 사라져버립니다."

매일 형을 만나러 오는 마틴을 창밖에서 발견한 나는 물건을 챙겨 떠날 준비를 했다. 차를 주차한 곳으로 돌아가던 나는 야구 모자를 쓴 노인을 다시 발견했다. 노인은 정원에 나와 보도 틈새를 뚫고 나온 다른 잡초에 제초제를 뿌리고 있었다. 나는 노인에게 손을 흔들며 웃었다.

이동주택 단지를 떠나 집으로 돌아오면서 나는 깊은 생각에 잠겼다. 그레이엄은 의식과 자아감에 관한 수수께끼를 모두 보여주는 전형적인 사례였다. 여기, 한 사람이 있다. 걷고 말하고 숨 쉬면서 의식이 있는 존재의 조건을 모두 갖추었지만, 때로 이런 삶의 기본적인 측면은 존재의 정수를 충족하기에는 충분하지 않다. 애초에 우리가 이해할 수 없는 단 한 가지가 무엇이든 이해하는 우리의 능력이라는 점은 절망적인 좌절감을 안겨준다. 어쩌면 철학자 길버트 라일이 말했듯이 '자아를 찾는 데 있어 인간은 사냥꾼인 동시에 사냥감일 수는 없기' 때문일지도 모른다.[17] 탐색하는 주체 자체가 인간의 정신이라면 인간의 정신을 조사하는 일은 언제나 어려울 것이다.

인간은 이 수수께끼를 영원히 풀지 못할 수도 있다. 그러나 나는 코타르 증후군 같은 장애가 실낱같은 희망을 준다는 사실에서 위안을 얻는다. 예를 들어 헬렌의 아시클로비르 연구 결과를 통해 이제 이론적으로나마 코타르 증후군을 원하는 대로 켜고 끌 수 있는 방법이 생겼다. 이것만으로는 커튼 뒤에 숨어있는 마술사를 밝혀낼 수도 없고 우리가 찾는 모든 답을 알 수 있는 것도 아니다. 하지만 인간의 뇌에 얽힌 가장 복잡한 수수께끼를 풀어가는 끝없는 여정에서 우리를 한 발짝 앞으로 나아가게 할 것이다.

JOEL ——————

#9

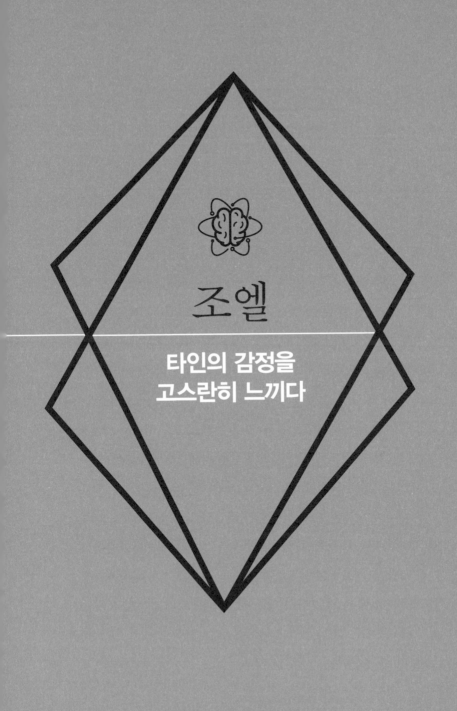

조엘

**타인의 감정을
고스란히 느끼다**

계단식 강의실에 앉아있던 조엘 살리나스는 누군가의 손이 자신의
목을 감싸는 것을 느꼈다. 조엘은 깜짝 놀랐다. 그 느낌은 강사가 강
의실 앞에 서 있는 것을 인지할 때까지 몇 초간 지속되었다. 강사는
손으로 목을 감싸고 부드럽게 문지르고 있었다. 이 괴상한 특성은
이렇게 전혀 예상하지 못할 때에 덮쳐온다고 조엘은 말한다.

　호리호리한 몸집에 갈색 눈동자, 부드러운 목소리를 가진 잘생긴
서른두 살의 청년인 조엘은 미국으로 망명한 니카라과인 부모님과
함께 마이애미에서 자랐다. 스페인어를 사용하는 가정이라 TV를 보
면서 영어를 배웠다. 주변 사람들이 조엘의 조숙한 성격을 자폐증
으로 오해한 때를 제외하면 어린 시절은 상대적으로 단순했다. 사
실 다른 자폐아와 달리 조엘은 타인에게 공감하거나 행동을 이해하
는 데 어려움을 겪지 않았다. 오히려 타인의 생각이나 기분을 너무
잘 알았다. 타인이 무엇을 느끼든지 조엘도 함께 느꼈기 때문이다.
머리의 할퀸 상처, 눈살을 찌푸리는 행동, 손목을 철썩 때리는 행동
등 조엘은 직접 본 것은 무엇이든 자신의 몸에도 똑같은 감각을 느
꼈다.

축구 경기에서 거친 태클을 보고 위장이 꼬이는 느낌을 받거나, 타인이 속상해하는 것을 보고 슬퍼진 적이 있는가? 만약 그렇다면 그 대상에게 공감한 것이다. 보통 공감은 피할 수 있는 것이 아니다. 타인의 생각, 느낌, 신체 움직임이 미묘하게 스며들어 와서 우리의 생각과 행동에 영향을 미친다. 인간 사회에 꼭 필요한 요소로, 대개는 의식하지 못하지만 뇌 속 복잡한 체계인 거울 뉴런계 활성으로 작동한다.

1992년에 이탈리아 파르마 대학교 신경심리학자인 자코모 리촐라티 연구팀은 원숭이가 땅콩을 집을 때와 연구자가 땅콩을 집는 것을 볼 때 똑같이 활성화되는 뉴런 집단을 원숭이 뇌에서 발견했다.[1] 이 '거울 뉴런'은 행동을 계획하고 조정하는 전운동피질에서 처음 발견되었고, 이후 촉각을 처리하는 영역처럼 뇌의 다른 영역에서도 발견되었다.

거울 뉴런이 특별한 이유는 타인이 어떤 행동을 하거나 얼굴을 찡그리는 것을 볼 때 사람의 뇌가 그 행동을 그저 보기만 하는 것이 아니라 어느 정도까지는 느낄 수 있기 때문이다. 이 능력을 통해 사람은 마치 자신이 그 행동을 하는 주체인 것처럼 타인의 행동을 내면화한다. 지난 20년 동안 사람의 거울 뉴런은 수많은 연구를 통해 존재가 입증되었고,[2] 인간 진화의 거대한 도약을 이룬 원동력으로 여겨졌다. 타인의 행동을 이해하고 해석하며 타인의 정신 상태에 공감하는 능력에 거울 뉴런이 중요한 역할을 한다고 생각했다.

사람의 거울 뉴런은 대부분 우리가 의식하지 못하는 사이에 작용한다. 거울 뉴런은 우리가 공감하게 해주지만 타인의 경험을 글자 그대로 느끼게 하지는 않는다. 뇌의 다른 영역에서 오는 신호가 타인과 자신에게 일어나는 일을 구별하기 때문이다. 하지만 거울 뉴런계의 활성이 남다르게 왕성한 사람의 경우, 타인이 느끼는 촉각 감각과 감정을 보면 자신도 똑같이 느끼게 된다. 이런 경험은 갑작스럽고 강렬해서 현실과 구별하기 어려울 때도 있다.

이런 증상을 거울 촉각 공감각이라고 부른다. 앞서 살펴본 다른 공감각보다 훨씬 본능적인 결과를 나타낸다는 점에서 다르다. 거울 촉각 공감각을 제일 처음 발견한 사람은 유니버시티 칼리지 런던의 신경과학자인 세라-제인 블랙모어다. 블랙모어는 한 강의에서 타인의 촉각을 직접 몸으로 느낄 수 있는 사람들의 사례를 설명했다. 강의가 끝나자 한 여성이 당황한 표정으로 블랙모어에게 다가와 "타인의 촉각을 느끼는 일이 비정상인가요?"라고 물었다.

그 후 블랙모어는 이 여성의 뇌 영상을 촬영해서 여성의 거울 뉴런계가 다른 사람이 만져지는 것을 볼 때 동년배보다 활성이 높다는 사실을 〈뇌〉에 발표했다.[3] 이 논문에서 블랙모어는 뇌졸중을 앓은 남성도 언급했는데, 이 남성은 몸 왼쪽이 마비되어 감각을 잃었다. 남성은 자신의 몸을 시야에서 가려놓으면 촉각을 느낄 수 없었다.

하지만 자신의 몸을 만지는 것을 볼 수 있으면 촉각을 느낄 수 있다고 했다. 촉각을 인지할 때 촉각 자극이 꼭 필요하지는 않다는 사실을 알리는 첫 번째 신호였다. 어떤 상황에서는 시각 자체만으로도 충분했다.

나는 이런 상태가 어떤 경험일지 너무나 궁금해서, 눈 폭풍이 미국 동부 해안 대부분을 눈으로 파묻기 몇 시간 전인 어느 추운 1월 아침에 보스턴으로 날아가 조엘을 만났다. 조엘은 기억하는 한 오랫동안 거울 촉각 공감각을 경험해왔지만 조엘의 이야기에서 가장 놀라운 부분은 그의 직업이었다. 조엘은 의사다. 즉 조엘은 환자의 몸이 느끼는 고통과 격정적인 감정, 심지어는 죽음에 대한 감각을 공유하면서 하루를 보낸다.

조엘과 나는 예전에는 찰스 스트리트 감옥이었던 거대한 로비에 앉았다. 맬컴 엑스가 수용되었던 감옥으로 유명한 찰스 스트리트 감옥은 보스턴의 가장 상징적인 건축물이다. 지금은 객실 300실의 리버티 호텔로 바뀌었지만 아직도 건물 곳곳에는 으스스한 분위기가 남아있다. 호화로운 원형 홀을 무색하게 하는 철제 난간이 층마다 버티고 있다. 감옥이었던 건물은 이제 좋은 위치에 자리한 호텔에 막대한 돈을 지불할 수 있는 손님들이 차지한다.

조엘은 어딘가 사람을 편안하게 만드는 친근한 사람이었다. 웃는 얼굴인 데다 성실하고 이야기도 잘했다. 내가 웃을 때마다 조엘도 웃었고, 자신을 낮추면서도 유창하게 말해서 누구나 친구가 되고 싶은 사람이었다. 내 기분에 공감하는 조엘의 능력은 보통 사람보다 훨씬 뛰어날 테니 어쩌면 놀랄 일도 아니다. 내가 손을 내 무릎에 올려놓으면 조엘은 아마 자신의 무릎에 손이 올려진 감각을 느낄 것이다. 내가 입술을 깨물면 조엘도 같은 곳이 얼얼할 것이다. 동전을 팔에 대고 누르면 조엘도 팔에 동전의 납작한 면을 느낄 것이다. 내 다리를 이쑤시개로 찌르면 조엘도 다리에 따끔한 감각을 느낄 것이다. 조엘은 이런 느낌을 진짜의 불완전한 복제품, 즉 '감각의 메아리'라고 설명했다. 그러나 조엘은 다른 사람의 촉각뿐만 아니라 감정도 느낄 수 있다. 당황한 표정의 타인을 보면 조엘도 혼란스러워진다. 화난 사람을 보면 조엘의 감정도 끓어오른다.

로비 구석에 놓인 편안한 소파에 앉아서 조엘과 나는 커피를 주문했다. 나는 조엘에게 어린 시절 이야기를 들려달라고 부탁했다.

"그럴까요. 어렸을 때는 감정적으로 조숙하고 예민하다는 소리를 들었어요"라고 조엘은 말했다.

자라는 동안 자신에게 거울 촉각 공감각이 있다는 사실은 알지 못했지만, 지금 되돌아보면 거울 촉각 공감각이 분명히 자신의 행동에 영향을 미쳤으리라고 조엘은 생각한다. 우선, 조엘은 아이들보다는 어른들과 함께 있는 편을 더 좋아했다.

"아마 어른들의 감정적 경험을 느낄 수 있어서 그랬던 것 같아요"
라고 조엘은 말했다.

"어른들이 느끼는 감정을 흡수하고 즐겼다는 말인가요?"

"네, 아마 그랬을 겁니다. 아이들이 느끼는 감정은 즐겁고, 슬프
고, 무섭고, 분노하는 감정처럼 대개 단순하죠. 하지만 어른들과 있
으면 흥미로움, 거리감, 격렬함 같은 수많은 다른 감정을 느낄 수 있
어요. 당시에는 그런 감정의 이름을 몰랐겠지만 지금은 그때를 떠올
리면 그 감정이 무엇인지 알 수 있죠. 어른들의 감정 팔레트의 폭은
내 또래 아이들보다 훨씬 풍부했어요."

고등학생이 된 조엘은 타인의 감정에 대해 말했고, 가끔은 본인들
이 드러내기 싫어하는 감정까지도 말했다. 자신의 행동은 몹시 불쾌
했으리라고 조엘은 회상했다.

"결국 나는 말하는 것을 그만두었어요. 그러면서 타인의 감정을
말해도 괜찮을 때를 알아차리는 법, 내가 타인의 감정에 대해 아무
것도 모른다고 믿게 하는 법을 깨우쳤습니다. 클라크 켄트랑 비슷하
게, 안경을 끼면 보통 사람들이랑 똑같아 보이는 거죠."

조엘이 거울 촉각 공감각을 통해 타인의 촉각을 느끼는 것은 이해했
지만, 감정까지 이해할 수 있는 이유는 알 수 없었다. 타인의 감정을
쉽게 해석하는 것을 넘어서서 조엘은 주변 사람들의 감정을 글자 그
대로 똑같이 느꼈다.[4] 그 상황에서 빠져나오거나 중립적인 것에 생

각을 집중하지 않으면, 조엘은 몇 시간이나 자신의 감정과는 상관없는 감정을 느낄 수 있다.

조엘은 이렇게 설명한다. "사람들의 자세와 표정, 의식하지도 못한 채 일어나는 미세 운동을 통해 타인의 감정을 느낍니다. 그런 것들이 내 몸에서도 느껴지거든요."

그래서 누군가가 웃는 것을 볼 때, 조엘의 얼굴은 글자 그대로 움직이지 않지만 조엘의 뇌 활성은 조엘이 웃을 때의 활성을 거울처럼 흉내 낸다. 그러면 조엘은 웃는 것 같은 기분을 느끼고, 이어서 행복한 기분이 든다. 여기서도 사람의 감정 깊은 곳에는 신체 감각이 존재한다는 다마시오의 연구 결과가 적용된다.

"당신이 느낀 감정을 나도 내 몸에 느끼게 되고, 그러면 이 경험은 결국 내가 겪는 일이라고 내 뇌에 신호가 가죠. 그래서 화난 사람을 보면 내 뇌는 화난 표정의 움직임이 내 얼굴에 직접 일어난 것처럼 느끼고 내게 '너 화났어'라고 말해줍니다."

조엘은 이 특이한 능력을 이십 대 초에 발견했다. 실제로는 조엘이 문자소 색채 공감각을 가지고 있다는 사실을 알게 되면서 발견했다. 의과대학생 때 인도로 수학여행을 갔는데, 친구들이 명상에 관해 이야기하다가 엘리엇이 색채를 띤 글자와 숫자를 볼 수 있는 사람이 있으며, 이런 사람은 명상 상태에 들어가기 쉽다고 이야기했다.

"나는 속으로 '엘리엇이 왜 저 이야기를 했지?'라고 생각했죠." 커피를 마시면서 조엘은 말했다. "그러니까, 저 현상이 굳이 언급할 만한 가치가 있는가 싶었어요. 내 생각에 그건 그저 사람이면 누구에게나 있을 수 있는 일이었죠."

조엘은 엘리엇 옆에 앉아 색채를 띤 숫자를 보는 것이 정상인지 물었다.

엘리엇은 부드럽게 대답했다. "아니야, 전혀 정상이 아니지."

"그때 내가 공감각을 가졌다는 사실을 처음 깨달았습니다"라고 조엘은 말했다.

캘리포니아에 있는 라마찬드란 연구실에서 공감각 시험을 받은 후에야 조엘은 그밖에 또 다른 것이 잘못되었다는 걸 알았다. 연구자들은 조엘에게 거울 촉각 공감각에 대해 설명해주기 전에 수많은 질문을 했다. 연구진은 조엘이 자신이 거울 촉각 공감각을 갖고 있다는 사실을 알고 있다고 생각했다.

"나는 '아, 좋아요. 그러니까 누구나 다 나 같지는 않다는 이야기죠?'라고 말했어요. 아주 분명해졌죠."

조엘은 이제 자신의 지각이 불확실할 수도 있다는 점을 인정하고 겸손해졌다고 말했다.

"이제 나는 내 경험을 더 많이 공유하는데, 누군가가 '그런 능력은 누구나 있어. 전혀 특별하지 않아'라고 말해주기를 바랍니다. 내가 세계를 인지하는 방식을 듣고 누군가가 '그래, 그건 정상이야!'라고 말해주면 상당히 안심되거든요."

문자소 색채 공감각뿐만 아니라 조엘은 사람을 볼 때 숫자를 인식한다. 숫자가 보일 뿐만 아니라 각각의 숫자는 독특한 개성이 있다.

"그러면 숫자의 개성이 그 사람의 성격을 나타내나요?" 조엘이 이에 대해 말했을 때 나는 물었다.

"사실 객관적으로 시험해보지는 않았어요. 하지만 그 예감은 꽤 정확해요"라고 조엘이 답했다.

흥미로운 이야기였다. 상당히 다양한 공감각을 알고 있다고 생각했지만 조엘의 이 공감각은 처음 듣는 종류였다.

"그러면 숫자와 성격은 몇 가지나 되나요?" 나는 물었다.

"각각의 숫자는 성격의 작은 집합체입니다. 사람과 상당히 비슷하죠. 그래서 누군가를 만나면 숫자가 여러 개 보이기도 합니다."

내가 이해하지 못하자 조엘은 즉시 알아차렸다.

"들어봐요, 설명해줄게요. 헬렌에게서 볼 수 있는 숫자 중 가장 중요한 숫자는 8입니다. 그 외에도 1도 두어 개 보이고, 0도 몇 개 있습니다. 헬렌의 배경에는 9도 조금 있어요." 조엘이 말했다.

"좋아요. 그러면 그 숫자들은 어떤 성격을 나타내나요?" 나는 물었다.

조엘은 웃었다. "그게, 내 주관적인 인식이 가득 차 있어서 설명하기가 힘들어요. 어렵기도 하지만 내 안에서 눈을 굴리고 있는 과학자의 마음도 있거든요. 하지만 설명을 한번 해 보죠. 숫자는 그러니까, 모두 색채가 있습니다. 8은 밝은 노란색, 선명한 바나나 노란색이에요. 1은 버터 같은 노란색이고, 0은 내가 좋아하는 숫자 중 하나인데 투명하고 선명한 흰색으로, 보는 각도에 따라 다르게 보이는 그런 색이죠."

"그럼 나는 반투명한 무지개색이네요." 루벤이 내 오라를 설명했던 말을 떠올리면서 나는 웃었다.

"8은 열심히 일하는, 강한, 성실한 사람이고 진실한 의도를 가지고 있어요. 1도 진실성을 나타내지만 경쟁우위를 갖고 있죠."

가족들도 딱 맞는 말이라며 동의하리라고 나는 생각했다. "손금 보는 것 같아요, 조엘."

"맞아요. 이게 콜드리딩(상대에 대한 아무런 사전 정보가 없는 상태에서 상대의 속마음을 간파하는 기술-옮긴이 주)의 기본이라는 겁니다"라고 조엘은 말한 뒤 설명을 이어갔다. "9는 짙은 검은색을 나타내는 숫자인데 권력이 있는 중요한 사람에게 나타납니다. 자신의 행동에 확고한 신념이 있고 필요하면 사람들에게 명령할 수 있는 사람이에요. 그리고 내가 보는 0에는 '선' 사상이 있어서 고요한 중립상태를 나타냅니다."

이제 만난 지 15분도 안 된 타인이 내 성격을 파악하는 것은 상당히 불안한 일이라는 사실은 말할 필요도 없다. 하지만 어느 정도까지는 사람이라면 누구나 하는 일이다. 우리는 만나는 상대를 즉각적으로 판단하고 마음속으로 상대방을 파악한 뒤, 각자가 가진 분류 범주에 집어넣는다. 다만 우리 대부분은 이토록 명확하게 상대방을 파악하지 못한다는 점이 다를 뿐이다. 이런 판단은 대개 직감이라고 부르는 애매한 본능일 때가 더 많다.

"사람의 숫자는 바뀌기도 하나요?" 나는 조엘에게 물었다.

"그림의 초점을 맞추는 것과 같아요. 상대방에 대한 정보가 더 많아지면 그림은 더 세밀해지고, 숫자는 다른 곳에 다른 크기로 덧붙여집니다. 그래서 상대방을 충분히 알게 되면 색채를 띤 숫자가 나타내는 풍경이 되는 겁니다. 한 친구는 회색 분화구에 담긴 청록색 석호로 보여요. 그 친구는 7과 4가 아주 많고 6 몇 개, 희귀한 색의 0 여러 개가 섞여 있는데, 7이 가장 많아서 호수 물의 대부분을 차지하죠."

"7은 어떤 특성을 가지고 있는데요?" 나는 물었다.

"7은 사랑스러운 기묘함이에요. 가벼운 기벽이 있는 사람이죠. 그렇지만 그 기벽을 좋아할 수밖에 없는, 그런 거예요!"

"자신의 모습에서도 숫자가 보이나요?"

"그럼요, 정확히는 숫자가 아닙니다. 거울에 손전등을 비추는 것과 비슷한데, 내가 알아볼 수 있는 부가적인 정보 없이 밝기만 한 빛입니다. 그 빛과 가장 비슷한 숫자를 고르라면 0이겠죠. 내가 4로 보이면 좋겠지만 그건 그냥 내 바람일 뿐이에요. 4는 내가 바라는 성격을 나타내거든요. 침착하고 위안이 되는 친근한 숫자죠. 비가 내리기 직전의 부드러운 폭풍이에요."

"다른 사람에게서 보는 색과 숫자가 그 사람에 대한 판단에 영향을 미치나요?" 나는 루벤이 때로 그 두 가지를 분리하는 데 애를 먹던 것을 떠올렸다.

"네, 내가 어렸을 때는 숫자를 보고 상대에게 반응했고 그 사람을 좋게 여기거나 꺼림칙하게 여기거나 했어요. 하지만 이 과정을 더 자세하게 알게 된 후로는 객관적인 거리를 유지할 수 있게 되었죠. 지금은 스스로 '이것이 타당한가? 내가 가진 편견은 아닐까? 이 사람이 5가 많아서 불편하게 느끼는 건 아닐까? 속는 셈 치고 3을 조금만 더 믿어볼까?'라고 물어요."

"보이는 숫자를 완전히 무시한 적은 없나요?"

"가끔은요. 하지만 숫자를 무시하기가 더 힘듭니다. 숫자를 보는 일은 직감을 들여다보는 일이나 마찬가지예요. 그러니 이를 무시하려면 본능을 무시해야 하는 거죠."

나는 로비를 둘러보았다. 호텔을 드나들며 서성거리거나 앉아서 커피를 마시거나 노트북을 올려놓고 일하는 등 사람들이 많았다. 조엘의 감각이 얼마나 멀리까지 닿는지 궁금했다. 저 사람들이 어떤 기분인지 조엘은 느낄 수 있을까? 나는 조엘에게 지금 이곳에서 보이는 조엘의 세상을 짧게 묘사해달라고 부탁했다. 조엘은 근처 긴 소파에 앉은 세 사람에게 시선을 던졌다. "저기서 전화하는 여성의 뺨에 닿는 핸드폰 화면이 느껴집니다. 여성 옆에 앉아서 이렇게, 어깨를 으쓱거린 남성은 고개를 목 쪽으로 숙였잖아요." 조엘이 자신의 턱을 목 쪽으로 구부려 보였다. "저 남자의 이중 턱이 내 턱에도 느껴져요. 저기, 급하게 걸어가는 여성 보이죠? 저분의 머리카락이 내 목 뒤를 살짝살짝 스치면서 닿는 것도 느껴집니다."

세상에서 그토록 많은 것을 느끼면서 어떻게 일을 할 수 있는지 물어보려는데, 조엘이 다시 한번 나를 놀라게 했다.

"저기, 저거 보이죠?" 조엘이 갑자기 우리 사이에 있는 탁자에 놓인 길고 가는 화분을 가리켰다. "저것도 내 몸에 느껴져요."

"움직이지 않는 것도 느껴져요?"

"네, 저 화분을 쳐다보면 기다란 화분 목이 내 목에 느껴집니다." 조엘은 고개를 위쪽으로 쭉 늘려 보였다. "머리가 높이 잡아 당겨져서 내 목이 늘어나는 것 같은 기분이죠."

"가끔 짜증 나고 화가 날 때, 나는 주변을 둘러보고 내 주변 시야에 있는 화난 대상을 찾아냅니다. 그러면 '좋아, 저 사람 때문이었군' 하고 생각해버리죠."

어릴 때는 모두 타인을 흉내 낸다. 갓난아기에게 혀를 쑥 내밀어보면 내 말뜻을 이해할 텐데, 아마 아기가 당신을 향해 혀를 내밀 것이다. 다른 방식으로 무심코 타인을 흉내 내기도 한다. 예전에 영국 총리였던 토니 블레어는 청중에 맞춰 억양을 바꿔서 언어의 카멜레온으로 유명했다. 사실 우리는 모두 다른 사람의 억양, 표정, 신체 언어, 버릇을 흉내 내는 경향이 있다. 사람은 자신의 행동을 모방하는 사람에게 더 친절하게 반응한다는 연구 결과도 있다. 무의식적인 흉내 내기는 일종의 사회 윤활유와 같아서 신체 언어가 비슷하면 정신 상태도 서로 비슷하리라고 사람들은 생각한다. 하지만 주의해야 한다. 타인이 자신을 좋아하게 하려고 의식적으로 다른 누군가를 따라 하면, 집중력이 분산되고 원했던 것과 정반대의 결과를 가져올 수도 있다.

그러나 자신에게 일어나는 일과 타인에게 일어나는 일을 구별하려면 부단한 노력을 해야 하는 사람도 소수지만 존재한다. 조엘의 뇌는 이를 구분하는 데 어려움을 겪는 듯 보인다. 이유를 알고 싶어서 나는 우리 집에서 불과 몇 킬로미터 떨어진 런던 남동부에 있는 골드스미스 대학교 신경과학자인 마이클 바니시를 찾아갔다. 사회 지각의 다양성을 이해하려는 바니시의 실험실에서는 사회 지각에 어려움을 겪는 온갖 사람을 세밀하게 연구한다. 바니시는 거울 촉각 공감각을 가진 사람의 뇌 영상을 여러 번 촬영했다. 여기에는 조엘도 포함되며, 따라서 나는 바니시가 이 괴상한 지각의 원인을 알고 있으리라 기대했다.

뇌 영상은 타인이 만져지는 장면을 볼 때 거울 촉각 공감각자의 거울 뉴런이 과하게 활성화된다는 사실을 보여준다. 촉각을 의식적으로 느끼려면 넘어서야 하는 한계선이 있는데, 거울 촉각 공감각자들은 타인을 보기만 해도 이 한계선을 쉽게 넘는다.[5]

그러나 타인이 만져지는 것을 볼 때와 자신이 만져지는 것을 느낄 때 거울 뉴런이 같은 방식으로 활성화된다면, 우리 모두가 다른 사람의 촉각을 느낄 수 있어야 하지 않을까? 그렇지 않은 이유는 타인이 만져지는 것을 볼 때 우리 피부에 있는 촉각 수용기는 자극을 받지 않았으므로 뇌에 '난 만져지지 않았어'라는 신호를 보내기 때문이다. 이 신호는 거울 뉴런의 활성을 어느 정도 억누른다. 때로 팔을 절단하는 수술을 한 환자는 타인이 사라진 팔이 있는 곳을 만지는 것을 보면 사라진 팔에서 촉각을 느낄 수 있다. 만져지지 않았다는 신호를 보낼 팔이 없어서 피부에서 정상적인 거부 신호를 받지 못하기 때문이다. 그러면 조엘의 거울 뉴런은 어떻게 움직이는 걸까?

이 질문에 답하기 위해 바니시 연구팀은 거울 뉴런을 제외한 뇌의 다른 영역에서 나타나는 이상 활성을 찾았다. 연구팀이 찾은 결과는 상당히 놀라웠다. 거울 촉각 공감각자들은 나와 타인을 구별하는 영역인 측두두정접합 영역이 작았다.

"자신과 타인을 구분하는 경계선이 흐릿하다는 뜻이죠"라고 바니시는 말했다. 이 현상을 더 깊이 연구하기 위해 바니시는 거울 촉각 공감각자 여덟 명을 대상으로 실험을 했다. 다른 사람이 손가락을 하나 혹은 둘 드는 것을 보면서 같은 게임을 하는 실험이었다. 거울 촉각 공감각자는 자신이 바라보는 사람이 자신이 들어야 하는 개수와 다른 개수의 손가락을 들어 올리면 게임을 더 힘들어했다.[6]

"이들의 뇌는 타인이 자신이 아니라는 생각을 억누르지 못하는 듯 보입니다"라고 바니시는 말했다.

마냥 내버려 두었더라면 조엘의 뇌는 타인의 지각을 자신의 지각으로 받아들이면서 한계선을 지나쳐 제멋대로 세계를 흉내 냈을 것이다.

그날 저녁 늦게, 조엘과 나는 추위를 뚫고 리버티 호텔 식당인 클링크에서 다시 만났다. 조엘은 황급히 달려왔지만 몇 분 늦었다. 오기 전에 동료에게서 10분 전에 받은 감정을 정리하느라 시간이 걸렸다고 설명했다. 소극적인 공격성은 가장 끔찍한 감정이라고 조엘은 말했다.

"소극적인 공격성은 일종의 악의라서 눈에 띄게 두드러집니다." 조엘은 자리에 앉으면서 설명했다. "목이 뻣뻣해져서 한발 물러서서 그 순간을 잊어야 했어요. 너무나 생생해서 '어이쿠 맙소사, 너무 심하잖아!'라고 생각했죠. 그런 감정에는 대응하고 싶지 않습니다. 내 감정은 꽤 빨리 변하는 편인데도 내게 달라붙는 과민한 감정을 떼어 내기가 정말 쉽지 않을 때도 있죠."

조엘은 사람들이 일부러 자신의 감정을 숨기려 하는 것도 싫어했다. "꾸며낸 감정 아래에 숨겨진 상대방의 실제 감정을 볼 수 있다면 오히려 눈에 더 잘 띄겠죠. 그런 감정은 더 크게 증폭됩니다."

"병원에서는 그런 일이 정말 많을 텐데요?"

"네, 그렇죠. 때로 환자는 괜찮다고 말하는데 나는 그게 거짓이란 걸 알 수 있습니다. 정말 강렬한 부정적인 감정을 느낄 수 있으니까요. 내가 울기 직전이라 환자가 울기 직전인 걸 아는 것처럼요. 하지만 대개는 이 능력이 도움이 됩니다. 환자의 감정을 정확하게 그대로 느낀다고는 말할 수 없지만, 불편한 마음과 고통을 느낄 수 있고 환자가 겁먹었거나 혼란스럽다거나 기분이 나아졌다는 것도 느낄 수 있습니다. 어디부터가 거울 촉각 공감각이고 어디부터가 일반적인 사람의 공감 능력인지 말하기는 어렵지만요."

병원이라는 환경에서 조엘이 어떻게 평정을 유지하는지 이해하기 어려웠다. 환자가 기침과 구토로 고통을 겪으면 조엘도 자신의 폐가 조여드는 것을 느낄 수 있다. 환자에게 삽관하면 관이 환자의 목을 누르며 삽입될 때 조엘도 성대에 압박을 느낄 수 있다. 환자의 척추에 바늘을 꽂으면 조엘도 자신의 등 아래에 천천히 파고드는 주삿바늘을 느낄 수 있다.

조엘은 환자의 신체적 고통만이 아니라 환자 가족과 간호사의 감정적 불안도 느낀다. 조엘은 감정의 바다를 통제하기 위해 집중력을 다른 곳으로 돌리는 매우 성공적인 방법을 터득했다.

"방에서 가장 침착한 사람에게 집중하려 노력합니다. 아니면 내 소매나 다른 것을 응시하죠"라고 조엘은 말했다. 하지만 바쁜 응급실 한가운데서 조엘의 공감각은 기습적으로 발휘되기도 한다. "언젠가 의과대학교에서 환자의 팔이 절단되는 장면을 봤습니다. 팔이 잘려 나가는 생생한 신체 감각을 내 팔에도 느낄 수 있었죠. 정말 힘들었습니다. 이전에 본 적 없는 장면이어서 그토록 생생하게 느꼈던 것 같아요. 자주 보는 일보다는 전혀 새로운 상황들이 내게 더 영향을 미치는 것 같습니다."

물론 강한 공감 능력은 환자를 진단하거나 안 보이는 곳에서 무슨 일이 일어나는지 찾아내는 데 편리하다. 타인에게서 느끼는 신체 감각과 미세 운동을 감지하는 높은 집중력 덕분에 자신은 훌륭한 관찰자가 되었다고 조엘은 말한다. "나는 다른 사람은 지나쳐버리는 미묘한 경련과 눈동자와 입술의 움직임을 찾아낼 수 있습니다. 그래서 더 빨리 진단하거나 보이지 않는 곳에서 일어나는 복잡한 상황을 더 잘 이해할 수 있죠."

"자신의 초공감능력을 특별하게 활용한 순간이 있었나요?" 나는 물었다.

"아주 다급한 상황에서 환자를 진료할 때 사용합니다. 환자들이 가장 바라는 일이죠. 자신을 돌보는 의사와 연대감을 느끼는 일이요. 알츠하이머 같은 불치병 진단을 환자에게 전할 때도 공감각에 의지합니다. 언제나 어렵기만 한 대화지요. 환자에게 무엇인가 잘못되었다는 통찰은 있지만, 뇌 용량이 충분하지 않아서 사실은 무슨 일이 일어나는지 이해하지 못하기 때문에 더욱더 어렵습니다. 그래서 그럴 때는 가능한 한 질병에 짓눌린 환자와 일체감을 느끼려 공감각을 활용합니다."

조엘은 그 일이 컴퓨터 윈도와 같다고 했다. "특정 윈도를 최대화해서 감정에 깊이 집중하고 더 생생하게 만들 수 있습니다. 하지만 내가 하는 모든 일에 영향을 미치는, 보이지 않는 곳에서 감정을 씻어 내리는 과정도 항상 존재합니다."

"공감각을 완전히 꺼버릴 수 있었나요? 주변 사람의 감정을 무시할 수 있었어요?"라고 나는 물었다.

"아니요, 백색소음은 언제나 존재합니다. 항상 깔려있는 감정의 안개처럼요. 내가 느끼는 것이 온전히 내 감정이라고 믿을 뻔한 적도 있었죠."

조엘이 수많은 사람의 죽음을 지켜봤으리라는 생각이 갑자기 떠올랐다. 그런 순간에는 어떤 기분인지 조엘에게 물었다.

"간단하게 말하자면 나도 죽는 기분이에요. 모든 것을 놔버리는, 죽음 직전의 강렬한 순간이 있습니다. 감정의 존재가 아니라 감정의 부재가 느껴지죠. 공기조화기계가 돌아가는 방에 있는데, 갑자기 기계가 멈추는 것과 비슷합니다. 불안을 자아내는 정적이죠."

조엘이 누군가가 죽는 상황을 처음 보았을 때는 전혀 예상하지 못한 순간이었다. 조엘 근처에 있는 침대에 누워 병원의 다른 곳으로 옮겨지길 기다리던 남자였다. 조엘의 몸은 남자의 몸을 흉내 냈다. 갑자기 조엘은 호흡이 느려지는 것을 느꼈다. 죽음이 이럴 것이라는 조엘의 상상이 아니라, 조엘의 몸이 그 남자의 몸이 겪는 과정을 신체적으로 모방하고 있었다. "숨을 쉬려고 더 적극적으로 노력해야 했습니다. 그러지 않으면 호흡이 곧 멈출 것만 같았어요."

이 말을 들은 나는 애초에 조엘이 의사라는 직업을 선택한 이유가 궁금해졌다. 어떻게 보면 자연스럽지만, 달리 보면 완전히 악몽이나 다름없었다.

조엘은 루이지애나 병원에 있는 삼촌의 의사 보조 인력으로 일한 후 의사가 되겠다고 생각했다. "의사라는 직업이 사회에 얼마나 중요한지 알 수 있었고 항상 다른 사람을 돕는 일을 하고 싶었습니다. 내가 행복하고 내 삶에 에너지와 목적을 제시하는 모든 일을 생각해본 끝에 완성된 콜라주는 의학과 비슷했죠."

조엘은 병원에서 예상치 못한 상황에 닥쳤을 때를 대비하기 위해 집에서 공포 영화와 심리 스릴러 영화를 본다고 했다.

"이상하게 들린다는 건 압니다. 다른 거울 촉각 공감각자들은 나처럼 하면 힘들겠지만 나는 이것이 내 교육의 일부라고 생각합니다. 이런 영화는 타인에 대해 알려주고 위기를 관리하는 법을 알려주죠. 폭력이나 피를 보고 기절하는 의사가 무슨 소용이겠습니까? 상황이 새롭고 놀라울수록 내게는 더 생생한 공감각으로 다가오니까, 나는 나를 그런 상황에 미리 노출시켜서 실제 삶에서 봤을 때 이미 경험한 일이 되도록 대비하는 겁니다."

"의사가 되지 않았다면 그러지 않았을까요?"

"그렇죠. 나는 나라는 인물이 발달하는 과정이라고 생각해요. 세계를 경험하고 삶을 충실하게 살아가는 거죠. 나 자신을 속이지는 않을 겁니다."

타인의 감정에 지나치게 휘둘리는 사람은 조엘만이 아니다. 우리 모두는 타인의 고통에 감염될 위험을 안고 있다. 이를 정서전이라고 부른다. 사람의 감정은 바이러스처럼 전파되며 끔찍한 결과를 가져올 수 있다.

공감을 통해 타인의 감정을 이해하는 능력은 원활한 사회생활을 위해 꼭 필요하다. 공감 능력은 인간이 사회적 동물로, 협력적 동물로, 도덕적 동물로 진화하는 데 큰 역할을 했다. 하지만 지나친 공감은 자신을 아프게 만들 수도 있다. 특히 간호사는 감정적 과부하에 걸릴 위험이 크다. 감정적 탈진은 불안과 스트레스 수준을 높이고, 분노와 공격성이 커지며, 공감 능력이 전체적으로 낮아지는 등 건강에 악영향을 준다.

자신은 사회적 전염병에 면역력이 있다고 생각하는 사람도 있겠지만 몇몇 실험 결과를 보면 그렇지 않다. 2014년 연구자들은 페이스북 알고리즘을 비틀어서 특정 사람들이 부정적인 혹은 긍정적인 포스트를 더 많이 보도록 유도한 뒤, 사람들의 감정을 관찰했다. 그 결과 사람들은 더 긍정적이거나 더 부정적으로 변했다.[7] 트위터에서 한 실험도 비슷한 결과를 나타냈다.

원래부터 다른 사람보다 공감 능력이 뛰어난 사람도 있지만, 기본적인 상태는 바꿀 수 있다. 2013년 네덜란드 뇌과학 연구소의 크리스티앙 케이저스 연구팀은 사이코패스 진단을 받아 공감 능력이 매우 낮을 것으로 추측되는 남성 범죄자 22명을 대상으로 이 가설을 시험했다. 연구팀은 사랑하는 사람, 고통을 느끼는 사람, 사회에서 소외된 사람의 영상을 보여주면서 뇌 영상을 촬영했다. 그 결과 사이코패스는 대조군과 비교할 때 공감 능력을 책임지는 뇌 영역 활성도가 낮았다. 그중에서도 앞장에서 살펴보았듯이 뇌와 몸에서 오가는 신호를 통합하는 중요한 부위인 뇌섬엽의 활성도가 특히 낮았다. 그러나 케이저스 연구팀이 실험 대상자에게 의식적으로 영상 속 사람들에게 공감하도록 노력하라고 주문하자, 사이코패스의 뇌 영상 사진은 건강한 대조군의 영상 사진과 같아졌다.[8] 즉 사람은 누구나 공감 능력을 기본적으로 갖추고 있고, 이를 무시하느냐 활용하느냐의 차이가 있을 뿐이라는 뜻이다.

그렇다면 탈진되는 일 없이 공감하려면 어떻게 해야 할까? 독일 라이프치히 막스 플랑크 연구소에서 인지와 뇌과학 분야를 연구하는 타니아 싱어의 여러 연구를 보면 공감을 연민으로 바꿔야 한다는 결론이 나온다.[9] 공감과 연민은 혼용해서 쓰이지만 이 두 가지는 엄연히 다르다. 연민은 타인을 배려하는 생각을 뜻한다. 예를 들어 어머니가 비명을 지르는 아이에게 손을 뻗어 안아주는 것이다. 공감은 다른 사람의 입장이 되어 그들의 감정을 대리 경험하는 일이다. 승려에게 여인의 비명처럼 고통스러운 소리를 들려주면서 연민에 관한 명상을 해달라고 부탁하면, 뇌섬엽처럼 공감과 연관된 뇌 영역 활성은 줄어든다. 같은 조건에서 명상 훈련이 되어 있지 않은 사람에게 여인의 비명을 들려주면 고통과 관련된 신경망이 활성화된다.

싱어는 단기 훈련으로 보통 사람들이 승려처럼 될 수 있을지 의문을 가졌다. 실험 결과, 며칠간의 명상 수업만으로도 고통스러운 다른 사람의 소리를 듣는 보통 사람의 뇌 반응은 승려와 비슷해지기 시작했다. 여전히 타인의 고통을 가엾게 여길 수 있지만 타인의 고통을 느끼지는 않았으며, 실험 결과는 이 모든 것이 행복감을 높여주는 총체적인 감각으로 향한다는 사실을 보여준다.

여러분도 명상 훈련을 하고 싶다면, 너무나 사랑하는 사람에게 하듯이 온기와 배려하는 기분을 주변 사람에게 퍼뜨린다고 생각하면 된다. 공감보다 연민에 집중하면 감정적인 탈진에서 자신을 보호할 수 있다.

저녁을 먹으면서 조엘은 자신이 환자가 되었던 경험을 들려주었다. 끔찍한 사고로 차가 뒤집어져서 열상을 입은 조엘은 목에 경추 보호대를 하고 집중치료실에 들어간 적이 있었다. 이제 비슷한 연령대의 누군가가 경추 보호대를 한 모습을 보면, 그 느낌을 정확히 알고 있으므로 조엘의 감각은 생생하게 움직인다. 조엘이 두 번째로 병원에 입원했을 때는 더 극적이었다. 2005년 조엘은 의료 서비스를 제공하기 어려운 아이티 지방정부를 도와 아이티 구석구석을 돌아다니며 진료했다. 여행하는 동안 조엘은 갑자기 두통을 겪었다. "편두통과는 달랐습니다. 머리 오른쪽에 특이적으로 발생했죠"라고 조엘은 말했다.

다행히 여행 동료 중에 신경외과 의사가 있었다.

"갑자기 두통이 난다면 그게 무슨 뜻일까요?" 조엘은 지나가듯이 신경외과 의사에게 물었다.

그러자 신경외과의는 농담을 던졌다. "당신이 이제 죽을 거라는 뜻이죠."

"그 말을 듣고 나는 '아, 지금 내가 그렇거든요'라고 대답했죠."

조엘이 보스턴으로 돌아오자 신경외과의는 조엘을 철저히 검사했다. 곧 조엘의 뇌 표면에서 종양처럼 보이는 덩어리가 두개골 쪽으로 파고든 것을 발견했다. 종양 덩어리가 뇌에 붙어있는지는 확실하지 않았다. 하지만 종양은 제거해야 하는 상황이었다.

수술실에서 조엘의 두개골을 벗겨낸 외과의는 팔딱팔딱 뛰는 혈관 덩어리를 발견했다. 혈관 덩어리를 꺼낸 뒤 지져서 출혈을 막고 조엘의 두개골을 골시멘트로 채웠다. 다행히 악성 종양은 아니었다. 조엘은 마취에서 깨어나자마자 제일 먼저 글자를 찾았다. 이 수술이 자신의 공감각에 영향을 미쳤을지 궁금했다.

"글자가 여전히 색을 나타내는지 확인하려고 글자를 찾아 헤맸죠. 마침내 찾아낸 글자에서 색이 보이자 안심했습니다."

뇌종양이 조엘의 거울 촉각 공감각을 촉발하는 계기가 됐는지는 확실하지 않다. 하지만 종양은 측두두정접합 근처에 있었다. 만약 조엘이 태어난 직후부터 비정상적인 혈관 덩어리가 그곳에서 자라고 있었다면 조엘의 측두두정접합에는 막대한 혈액이 공급되었을 테고, 이어 비정상적으로 측두두정접합이 발달하면서 자신과 타인의 경계를 흐리는 결과를 만들었을 수도 있다.

식사하면서 조엘은 이번 주는 특히 힘들었다고 고백했다. 투렛 증후군 병동을 맡고 있는데, 한 환자가 자해 틱이 있어서 뺨 안쪽을 물어뜯고, 얼굴을 때리고, 이를 갈아댄다고 했다.

"정말 힘듭니다. 이런 틱 증상은 내게는 너무나 놀라운 것들뿐이라 느끼지 않을 수가 없어요. 틱 증상을 따라 하지 않으려면 정말 집중해야 합니다. 가끔 나와서 컴퓨터 화면이나 바닥을 응시하면서 그 상황에서 나를 꺼내야 했습니다."

며칠 전 이 환자는 손가락 관절 부위로 계속 얼굴을 때리다가 상처를 입어서 입가를 수술해야 했다. 방 안에서는 많은 일이 동시에 일어나고 있어서, 조엘에게는 특히나 힘든 시간이 이어졌다.

"환자가 틱 증상을 나타낼 때마다 주먹이 내 얼굴을 치는 것 같았습니다. 입술이 이에 부딪혀 찢기기 직전임을 느낄 수 있었죠"라고 조엘은 말했다.

잠시 조엘이 방심한 순간, 일이 터졌다. "환자가 얼굴을 치면서 이를 갈았는데 소리가 너무 크게 들려서, 내 얼굴을 가로지르는 극단적인 진동을 느꼈어요. 신체내부감각의 영역을 벗어나서 너무나 현실 같은 경험이었죠."

조엘은 이런 상황에서 벗어나기 위해, 즉 긴장을 풀 때는 어떻게 할까 궁금했다. 조엘은 운동을 많이 한다고 대답했다. 운동할 때도 거울 촉각 공감각이 도움이 된다는 말에 나는 놀랐다. "나는 다른 사람보다 새로운 신체적 기술을 빨리 익히는 편입니다"라고 조엘은 말했다. 테니스 코치가 서브 넣는 시범을 보이면 조엘은 자기 몸이 움직이는 느낌을 받는다. 즉 조엘은 그 움직임을 반복할 때 자신의 움직임이 코치와 같은지 다른지, 코치와 움직임이 다르다면 어디가 다른지도 알 수 있다.

조엘은 가능한 한 매일 조깅한다. 가끔은 트레드밀을 달리면서 일본 만화를 보기도 하는데, 일본 만화에는 달리는 장면이 자주 나오기 때문이다. "내가 달릴 때 만화 속 인물들도 달리면 부조화가 사라지기 때문에 그 시간만큼은 세상 모든 것이 조화를 이루죠."

조엘과 충분한 시간을 보냈지만 조엘이 나를 단짝처럼 잘 안다는 느낌은 너무 이상해서 무시하기 어려웠다. 조엘은 내 말을 대신 맺어주기도 하고 내가 혼란스러워하거나 당황하면 즉시 알아차렸다. 하지만 때로 이런 점은 관계를 어렵게 만들기도 한다. 지난해 조엘은 이혼했다. 누구에게나 힘든 시간이지만 거울 촉각 공감각자라면 문제가 훨씬 더 복잡해진다. 논쟁 중에 조엘이 상대방의 감정을 받아들이기 때문이다. 이런 문제를 해결할 때는 지나친 공감 능력이 자기 자신의 진솔한 느낌을 인식하는 데 방해가 되어 일을 어렵게 만든다.

조엘의 전남편은 시애틀에 사는데, 이혼하는 동안 최악의 시기에는 페이스타임으로 통화했다. 통화로 논쟁하는 동안 화면 구석에서 자기 얼굴을 볼 수 있었던 것이 큰 도움이 됐다고 조엘은 말했다.

"그의 말에 너무 동조하게 되는 순간에는 화면 구석의 내 얼굴을 보면서 진짜 내 감정을 찾을 수 있었습니다."

"정말 복잡하네요."

"맞아요. 내가 무언가를 하는 순간 그 행동이 전남편에게 영향을 주고, 그것이 다시 내게 영향을 미치면서 격렬한 소용돌이로 변하는 겁니다."

조엘이 이토록 밝은 성격에다가 자신의 이상한 뇌를 이해하려는 의지가 강하지 않았다면 어떻게 됐을지 궁금했다. 조엘은 만약 자신에게 이런 경험을 다루고 이해할 지성이 없었다면 아마 자신의 세상은 쉽게 무너졌으리라고 말했다. "이 모든 경험은 사실 불안을 유발할 수 있습니다. 내 세상은 불안이 지배하기 쉽죠. 그러면 의사는 아마 나를 조현병이나 정신병, 여러 다양한 조증으로 진단했을 겁니다"라고 조엘은 말했다.

근처에서 누군가가 갑자기 큰 소리로 웃었다. 나는 그 사람이 잠시나마 조엘을 행복하게 했을지 궁금했다. 그러나 바로 다음 순간,

다른 쪽에 있던 남녀는 심각한 표정으로 대화했다. 어쩌면 조엘이 느끼는 감정은 저 남녀의 것일지도 몰랐다.

조엘을 직접 만나기 전까지는 위대한 초능력을 몰라보고 놓치는 게 아닌가 싶은 기분을 떨치기 힘들었다. 타인의 마음을 알 수 없다고, 혹은 타인의 기분을 알고 싶다고 우리는 얼마나 자주 불평하는가? 하지만 실제로 알 수 있는 방법이 있다면 정말 알고 싶을까? 온종일 이 감정 저 감정에 치이다가 기진맥진하게 될 것이다.

"네, 그럴 수 있죠. 내가 여력이 없을수록 다른 사람의 감정을 다루기가 더 어려워집니다. 하지만 갖고 있으면 정말 좋은 능력입니다. 화날 때면 잘 살펴보고 스스로에게 물어봅니다. '솟아오르는 이 짜증은 내 감정일까, 아니면 다른 사람의 감정을 반영하는 것일까?'라고요. 만약 다른 사람의 감정을 받아들였다면 그 감정에서 빠져나와 합리화하고 소멸시킨 뒤, 타인에게 짜증을 불러일으키는 원인을 처리합니다"라고 조엘은 답했다.

서핑과 마찬가지라고 조엘은 설명한다. "감정 생태계 전체는 보이지 않는 곳에서 계속 움직이지만, 생태계의 움직임을 이해하고 수용하면 생태계의 흐름을 따라가면서 즐길 수 있습니다. 부정적이든 긍정적이든, 그 어떤 큰 파도가 다가와도 파도를 즐길 수 있게 됩니다."

"행복한 사람을 발견하고 그 감정을 받으려 누군가의 주변을 맴돈 적이 있나요?"라고 나는 물었다.

조엘은 웃었다. "물론이죠! 다른 사람에게 의도적으로 미소 지으면 그 사람은 나를 향해 웃어줍니다. 그러면 나는 그 사람에게서 즐거운 감정을 나누어 받죠."

"나눠 받아요? 격려 받으면 기분이 나아지는 것처럼요?"

"맞아요. 난 사람들이 끌어안는 걸 보는 것이 좋습니다. 아주 따뜻하고 편안하거든요. 나는 대체로 다정하고 친절한데, 대개는 내가 진심으로 사람들의 기분이 좋기를 바라기 때문입니다. 하지만 알다시피, 사람들이 부정적인 감정을 느끼지 않기만 해도 좋습니다. 그러면 나도 부정적인 감정을 느끼지 않으니까요. 사람들이 긍정적이면 나도 긍정적인 감정을 받죠. 이타적인 동시에 이기적인 말이 될 수 있지만, 아마 나는 사실 이타적인 이기주의자일 거예요!"

저녁 식사가 끝날 무렵 조엘은 내 뒤에 걸린 그림을 가리켰다. 그림은 의미 없는 검은색과 갈색, 하얀색 소용돌이로 가득했는데, 소용돌이가 색과 함께 나타나는 글자나 숫자를 연상시켜서 이 그림이 조엘에게는 완전히 다르게 보인다고 했다. 나는 조엘에게 식당에서 그림 말고도 조엘에게 영향을 주는 것이 더 있는지 물었다. 나는 조엘이 근처에 앉은 사람에 대해 말하리라고 생각했지만, 조엘은 곧바로 목 뒤에서 손길이 느껴진다고 대답했다. 머리카락을 쓸어내리던 내 손이었다. 나는 웃으며 재빨리 손을 무릎에 올려놓았다. 조엘은 방금 내가 깨문 입술의 느낌이 느껴진다고 했다.

"이제는 헬렌이 뺨을 만져서 나도 얼굴 옆쪽에 촉감이 느껴집니다. 입꼬리가 살짝 긴장했네요. 지금은 또 눈을 가늘게 뜨고…"

"잠깐만요!"

갑자기 나는 2초 전에는 내가 하는 줄도 몰랐던 모든 행동을 민감하게 의식하게 되었다. 그 순간 조엘이 실제로 얼마나 많은 감각의 공격을 받고 있는지 살짝 엿볼 수 있었다.

"그래서 사람들에게 이 능력에 대해서 말하지 않으려는 겁니다. 상대방을 정말 불편하게 만드니까요." 조엘은 조용히 말했다.

"맞아요. 내가 느끼는 모든 것을 조엘도 느낀다는 걸 알게 되니까 집중하기가 어렵네요."

짧은 침묵이 흘렀다.

"당신의 감정이 타인의 감정과 얼마나 일치한다고 생각해요?" 나는 다시 물었다.

"가끔은 상당히 정확하다고 생각합니다. 뭐랄까, 어떤 신비주의적인 특성이 있는 것 같아요." 조엘은 웃었다. "내 머릿속에 있는 과학자는 이 말에 어이없어 하겠죠. 하지만 대개는 상대방의 느낌에 관한 불완전한 지각이에요. 나는 공상과학 소설에 나오는 것처럼 당신의 몸속으로 들어갈 수 없어요. 그건 당신에 대한 모욕이고 내가 당신의 고통과 감정을 마치 내 감정처럼 정확하게 느낄 수 있는 척하는 거죠. 내가 당신의 느낌을 정확하게 안다고 말하는 일은 일종의 무례이고… 폭력이에요."

내가 편안하게 생각하도록 조엘이 자신의 능력을 낮추어 말할지도 모른다는 생각이 스치고 지나갔다. 어쩌면 상대방의 감정을 얼마나 정확하게 맞출 수 있는지를 감추고 싶을지도 모른다. 나는 가만히 앉아서 입술을 깨물었다. 곧바로 그러지 말걸, 하고 후회했다. 그러자 눈살이 찌푸려져서 즉시 후회한 것을 또 후회했다. 그런 뒤 다시 머리를 빗어 내렸다. 나는 내 행동 하나하나를 의식하고 있었다. 갑자기 하품이 날 것 같았다. 나는 런던에서 보스턴까지 날아왔고, 그 중간에는 텍사스와 피닉스에서 한 주를 보냈다. 계속되는 시차변화와 여행 끝에 시차증이 덮쳐왔고 탈진한 상태였다. 하지만 하품을 참으려다가 그럴 필요가 없다는 사실을 깨달았다. 조엘이 내가 느끼는 것을 함께 느낀다면 아마 내가 피곤하다는 사실과 하품을 참으려 한다는 점을 이미 알고 있을 테고, 어쩌면 내가 지루해한다고 생각할지도 모른다. 어떤 표정을 지어야 우리가 나눈 대화가 진심으로 즐거웠다고, 다만 긴 여행으로 피곤할 뿐이라고 조엘에게 확신을 줄 수 있을까? 흥미를 느낄 때 보통 나는 어떤 표정을 지을까? 나는 자기분석의 덫에 빠져 헤매다가 조엘이 한 말을 전혀 듣지 못했다.

　알아들은 척해도 소용없는 일이었다.

디저트로 치즈와 크래커를 함께 먹으면서, 조엘과 나는 몇 년 전 라마찬드란이 내게 했던 말에 관해 이야기를 나누었다. 그때 라마찬드란은 두 사람을 나누는 것이 한 겹의 피부뿐이라는 사실을 알게 된 것이 얼마나 기운 빠지는 일인지 한탄했다.

"거울 뉴런은 우리 모두를 비슷하게 만듭니다. 당신이든 나든, 어느 누가 움직여도 거울 뉴런은 같은 방식으로 작동합니다. 내 피부를 벗겨내면 나라는 존재는 당신에게 완벽히 녹아들겠죠"라고 당시 라마찬드란은 말했다.

아마도 조엘은 이 사실을 가장 정확하게 느낄 것이다. 내가 이 책을 집필하면서 만난 수많은 기이한 사람들처럼, 조엘의 능력은 조엘만의 독특한 특성이 아니라 우리 모두가 가진 능력의 극단적인 사례일 뿐이다.

조엘도 동의했다. "타인의 경험이라는 지속적인 잡음은 항상 존재합니다. 내가 다른 사람보다 더 강하게 느끼겠지만, 사실은 우리 모두에게 영향을 미치죠."

정말 기분 좋은 생각이고 기억해야 할 생각이었다. 사람의 뇌는 외따로 존재하지 않는다. 이 책의 앞장에서 뇌가 우리의 몸에 의지하고 있다는 사실을 발견했지만, 뇌의 영향력은 여전히 생각보다 방대하다. 우리의 두개골이라는 경계를 벗어나서 주변 사람의 몸속까지 확장된다. 그렇게 우리는 서로 연결된다. 누군가를 보고 미소 지으면 그 사람의 뇌에 아주 작은 각인을 새기는 셈이다. 그 사람의 운동 피질 깊은 곳 어디선가, 뇌는 미소를 되돌리고 있다.

상상할 수 없는 것은 없다

봄이 한창인 노르웨이 남쪽 해안의 아침은 바닷소금과 소나무가 풍기는 천국의 향기로 넘쳐난다. 들쭉날쭉한 피오르 해안을 따라 굽이치는 고속도로는 초록색과 주황색 나무가 줄지어 서서, 그 사이로 가끔 담청색 바다를 볼 수 있다.

제멋대로 뻗어 나가는 수도 오슬로시에서 남쪽으로 네 시간을 달려서 작지만 아름다운 해안도시인 아렌달에 도착했다. 수많은 작은 섬이 흩어져 있어 세계에서 가장 아름다운 바다 풍경으로 알려진 아렌달은 기우뚱한 목조주택과 자갈이 깔린 거리, 다채로운 술집으로 가득 차 있다.

하지만 나는 관광이나 하러 1,100km를 달려오지는 않았다. 작은 사무용품 회사인 외스트렁 앤 베네스터드사를 찾아왔다.

한 달 전, 나는 다락방에 두려고 노트들을 상자에 넣다가 이 책의 집필을 이끈 영감의 원천이었던 구겨지고 오래된 '메인주의 뛰어다니는 프랑스인' 논문을 발견했다.[1] 나는 서재 바닥에 주저앉아 이야기를 다시 떠올려보았다.

조지 밀러 비어드는 1878년에 메인주 북부에 있는 무스헤드 호수로 여행을 갔다. 비어드는 그 지역에서 일하는 사람 몇 명에게 발생한 이상한 질병에 관한 소문을 들었다. 지역 주민들은 쾌활하게 그들을 뛰어다니는 프랑스인이라고 불렀다. 이들은 프랑스계 캐나다인의 후손으로 겨울 동안 벌목꾼으로 일하면서 문명사회에서 완전히 고립된다. 비어드가 처음으로 만난 뛰어다니는 프랑스인 두 명은 그가 묵던 호텔에서 일하고 있었으므로, 비어드가 처음 방문했을 때는 틀림없이 여름이었을 것이다.

뛰어다니는 프랑스인 한 명이 비어드에게 시험해도 좋다고 동의했다. 의자에 앉아 청년은 칼로 담배를 자르기 시작했다. 비어드는 청년의 어깨를 강하게 내리치고는 "던지십시오"라고 말했다. 청년은 잽싸게 일어나 칼을 던졌다. 너무 세게 던져서 칼은 반대편 기둥에 깊이 박혔다. 비어드는 다른 청년이 가까이 서 있을 때 "치십시오"라고 소리쳤다. 그러자 청년은 주저하지 않고 즉시 동료의 뺨을 내리쳤다. 가볍게 정강이를 차거나 갑자기 어깨를 두드리면, 청년은 벌떡 일어나 소리 질렀다. 청년은 자신이 연구 대상이 되었다는 사실을 알고 있었지만, 가벼운 차기와 두드리기에도 반응할 수밖에 없었다.

비어드는 막 열여섯 살이 된 또 다른 뛰어다니는 프랑스인을 관찰했다. 호텔에 있는 사람들이 비어드의 실험을 돕기 위해 이 소년을 놀려대서 소년은 계속 안절부절못했다. 소년의 경계심은 지극히 당연했다. 소년이 또 다른 뛰어다니는 프랑스인 가까이 서 있을 때, 누군가가 "쳐버려!"라고 소리쳤다. 그러자 뛰어다니는 프랑스인 두 사람은 벌떡 일어나 동시에 서로의 얼굴을 주먹으로 쳤다. '가볍거나 예의 바른 소소한 자극'이 아니라 '심각하고 고통스러운 강타'였다고 비어드는 말했다.

무스헤드 호수에서 지내는 동안 비어드는 뛰어다니는 프랑스인을 많이 만났다. 그들 중에는 누군가가 "떨어뜨려!"라고 외치면 손에 든 것이 무엇이든 간에 놔버리는 웨이터도 있었다. 어떤 때는 호텔 손님의 머리 위에 콩 요리가 담긴 접시를 떨어뜨리기도 했다.[2]

그래서 비어드가 내린 결론은 무엇이었을까? 남자들은 그때가 한창 때였다고 비어드는 말했다. 뛰어다니는 프랑스인은 육체노동을 하기 때문에 튼튼하고 유별나게 건강하다. 비어드는 이것이 질병이라고 생각하지 않았다. 대신 원래 반응 강도가 높은 놀람 반응이 지속적으로 강화되면서 나타나는 일종의 학습된 고통이라고 느꼈다.

사람은 누구나 놀란다. 갑작스러운 소음과 움직임에 대한 방어 작용이며, 우리의 생명을 위험에서 구하기도 한다. 투쟁-도피 반응의 일부이기도 하고 의식적인 통세 없이 저절로 일어나는 반사 작용이기도 하다. 심장 박동을 빠르게 하고 잠재적인 위험에 주의를 집중하게 하며, 이후의 행동을 유도하는 호르몬을 분비한다. 놀람 반응은 사람마다 다양하게 나타난다. 내 남편은 TV를 보다가 별로 놀랍지 않은 것에도 화들짝 놀란다. 외상 후 스트레스 장애가 있는 사람은 갑작스러운 소음을 강렬한 감정적 기억에 연결하면서 과도한 놀람 반응을 보일 수 있다. 감정적 기억은 환자 뇌의 경계심을 최고조로 높이고 미래 반응에 대한 한계선을 낮춘다. 놀람 반응은 주변 환경에 따라 변하기도 한다. 숨바꼭질하다가 친구가 당신을 향해 뛰어나오면, 어두운 골목에서 낯선 사람이 뛰어나올 때보다는 놀라지 않을 것이다. 뛰어다니는 프랑스인은 선천적으로 놀람 반응이 강해서 선택되었으며, 그 이후로는 친구나 동료들의 계속된 도발로 행동이 확장된 듯 보인다. 이들의 행동이 고립된 숲에서 주요 오락거리였다는 사실이 이 가설을 뒷받침한다. 뛰어다니는 프랑스인은 사람들에게 항상 긍정적인 관심을 받았다. 사람들은 뛰어다니는 프랑스인을 보고 웃었는데, 웃음은 언제나 인간의 행동을 강화하는 반응이다.

서재에 앉아있던 나는 이 프랑스인들에게 무슨 일이 일어났는지, 아직도 이 증후군이 계속되고 있는지 궁금해졌다. 정보를 더 알아보려고 보스턴 대학교 의과대학에 재직 중인 신경학 부교수 마리-헬레네 생틸레르에게 인터뷰를 청했다. 나는 생틸레르에게 이 기사가 이 책의 집필 동기라고 설명했다. 그리고 생틸레르가 뛰어다니는 프랑스인을 만난 마지막 사람이라고 생각한다고 말했다.[3]

"사람이 이런 증후군에 사로잡히는 과정은 정말 흥미롭죠. 나는 병명이 모든 것을 설명해준다고 봅니다"라고 생틸레르는 말했다.

1980년대에 생틸레르는 몬트리올의 의과대학생이었다. 어느 날 신경학 교수가 생틸레르에게 뛰어다니는 프랑스인을 만나 적이 있는지 물었다. 그녀가 메인주와 가까운 퀘벡에서 자랐기 때문이었다.

"나는 교수님이 설명한 그런 사람을 한 번도 본 적이 없었습니다. 하지만 때마침 다른 지역으로 가야 했기 때문에, 고향으로 돌아가서 할아버지께 뛰어다니는 프랑스인을 아시는지 여쭤볼까 생각했죠." 라고 생틸레르는 말했다.

할아버지는 생틸레르에게 "물론이지. 한 블록 아래에 사는 남자가 뛰어다니는 프랑스인이란다. 그 녀석을 놀라게 하는 건 재미있지. 어렸을 때는 항상 그러고 놀았단다"라고 말씀하셨다.

생틸레르와 신경학자인 그녀의 아버지는 뛰어다니는 프랑스인을 만나 이야기하고 그들의 행동을 영상으로 남기기로 했다. "그에게 뛰어다니는 프랑스인을 더 아는지 물었습니다. 그러자 자신의 누나와 두 남자의 이름을 알려주었죠"라고 생틸레르는 말했다.

뛰어다니는 프랑스인은 모두 벌목꾼이거나 벌목꾼 친척이었다. 남자는 자신들은 여름에는 농장이나 호텔에서 일하고, 겨울에는 숲에서 벌목한다고 생틸레르에게 말했다. 숲에 들어가면 6개월 동안 캠프를 벗어나지 않고 그곳에만 머무른다. 겨울이 시작되면 누가 뛰어다니는 프랑스인인지 찾아내서 그 사람을 수시로 놀라 뛰어오르게 하면서 겨울을 보낸다.

아버지가 병력을 조사하고 신경학 검사를 하는 동안 생틸레르는 영상을 찍었다. 나는 생틸레르와 그녀의 아버지가 뛰어다니는 프랑스인에 관해 쓴 논문을 읽었다. 생틸레르는 그때까지도 거의 40년 가까이 된 영상을 보관하고 있어서 내게 복사본을 보내주었다. 영상은 일흔일곱 살의 전직 벌목꾼이 두꺼운 표범 무늬 이불을 덮고 레이지보이 의자에 앉아 있는 장면부터 시작한다. 주변에는 노인의 결혼식 사진이 장식되어 있다. 생틸레르의 아버지는 옆에서 겨울 숲 캠프에서의 일을 묻는다. 갑자기 생틸레르의 아버지가 소리를 지르며 노인에게 돌진하더니 노인의 다리와 몸통을 쿡쿡 찔렀다. "으아악!" 노인은 소리를 지르면서 다리를 공중에 휘젓고 팔을 머리 위로 흔들었다. 잠시 뒤 두 사람은 크게 웃고, 카메라 뒤에서도 깔깔거리는 웃음소리가 새어 나온다.

"아버지는 그 사람들을 놀라게 하고 그동안 나는 촬영했습니다. 아주 흥미로웠어요. 그들은 이 복잡한 반응이 젊었을 때 나타났다가 나이가 들면서 사라졌다고 했습니다. 자주 놀라는 일이 없어졌기 때문이라고 우리는 추측했어요. 나이가 들면서 이 증상이 시작된 환경에서 떠났고, 그래서 반응은 아직도 과장되지만 젊었을 때처럼 뚜렷하게 나타나지는 않습니다"라고 생틸레르는 설명했다.

방어 작용은 여전히 남아있지만, 뛰어다니는 프랑스인들은 더는 주어진 명령에 따라 자동 반응을 보여주지 않는다.

"아버지가 나이 많은 노부인에게 '춤춰요!'라고 소리쳤는데, 노부인은 춤추지 않았어요. 대신 아버지에게 주먹을 날리려고는 했지요."

"말씀하신 뛰어다니는 프랑스인 중에 아직 살아계신 분이 있나요?" 나는 물었다.

"아뇨, 지금은 다 돌아가셨죠. 그 증후군은 그분들과 함께 사라졌다고 봅니다. 그때 이후로 캠프 생활도 바뀌었거든요. 기계가 많아졌고 기술도 발달했죠. 지금 벌목꾼들은 고립되지 않고 그런 오락거리가 필요하지도 않아요"라고 생틸레르는 대답했다.

그래서 이 이야기는 그렇게 끝났다. 내 여정이 마침내 끝났다고 생각하면서, 나는 논문들을 챙겨 넣고 마지막 상자의 뚜껑을 테이프로 붙였다.

일 년 뒤 어느 날 아침, 나는 화면 속 영상을 세 번 돌려보았다. 친구가 내게 보내준 유튜브 동영상이었다.

"네가 말하던 뛰어다니는 프랑스인 증후군 같지 않아?"라고 친구는 말했다.

영상에는 '세상에서 가장 쉽게 놀라는 남자'라는 제목이 붙어있었다.[4] 외스트링 앤 베네스터드사에 근무하는 바스 안데르센과 동료들의 익살스러운 행동을 방영했던 노르웨이 TV 방송을 짧게 발췌한 영상이었다.

바스는 회색 머리의 중년 남성으로 스칸디나비아인의 강한 턱을 가졌고, 검정테 선글라스를 끼고 환한 미소를 짓는다. 현재 3백만 회 이상의 조회 수를 기록한 이 영상에서 바스의 동료들은 바스에게 창고에서 상자를 가져다 달라고 했다. 사실 상자 아래 놓인 커다란 상자 안에는 사람이 숨어있고, 그 사람의 머리를 이 상자가 가리고 있다는 사실을 바스는 전혀 모른다. 바스는 상자를 들다가 사람 머리를 발견하고는 비명을 지르며 뒤로 달아나다가 넘어졌다. 기자와 인터뷰한 바스의 동료는 이 장난이 재미있다고 했다. 기자가 바스에게 같은 질문을 할 때, 바스의 책상에 부드러운 장난감이 날아왔다. 그러자 바스는 너무나 높이 뛰어올라 아주 잠시 동안 공중에 완전히 붕 떴다가 바닥에 떨어졌다. 다른 영상은 동료들이 바스를 놀리는 장면이었다. 동료들은 바스의 책상에 종이를 공처럼 뭉쳐서 던지거나, 바스가 보지 않을 때 등을 툭 치거나, 파티 때 부는 나팔을 의자에 붙여놓고 바스가 앉을 때 큰 소리가 나게 하기도 했다. 그럴 때마다 항상 바스는 비명을 지르며 튀어 오르고, 때로는 놀라서 자기도 모르게 주먹을 휘두르기도 했다.

바스에게는 확실히 뛰어다니는 프랑스인 증후군에 들어맞는 특징이 있었다. 바스는 동료들을 즐겁게 해주는 사람이었고, 동료들은 바스를 뛰어다니는 프랑스인으로 규정하고 그를 자주 놀라게 하기 시작했으며 동료들의 웃음은 바스의 행동을 강화하는 듯 보였다.

나는 즉시 바스에게 연락했다. 바스에게 그가 현대의 뛰어다니는 프랑스인이라고 생각한다고 설명하고 잠시 만나서 이야기를 나눌 수 있는지 물었다. 그래서 나는 아렌달에 왔다.

바스의 사무실에 도착했을 때는 근무시간이 끝날 무렵이었고 사람들은 대부분 퇴근한 후였다. 우리는 사방이 유리 벽으로 둘러싸인 작은 사무실에 마주 보고 앉았다. 바스는 이 일이 시작된 계기를 말해주었다.

"상자로 한 장난을 찍은 동영상이었어요. 내가 얼마나 쉽게 놀라는지 모두가 알게 된 후로 동료들은 장난을 반복했죠. 이제는 온종일 장난이 이어집니다."

바스는 책상을 가리켰다. 책상은 사방이 높은 칸막이로 둘러싸였고 자리는 문 가까운 곳이었다. "일할 때는 집중해야 해서 동료들이 쉽게 내 뒤로 몰래 다가와서 나를 놀라게 할 수 있습니다. 요즘은 항상 그래요."

바스는 이야기하면서 웃었고, 자신이 가장 크게 놀랐던 때를 회상할 때는 크게 소리 내어 웃었다.

"최악의 경험은 암스테르담에서 귀신의 집에 들어갔던 일이었습니다. 미로 안을 헤매고 있으면 뭔가가 나타나서 겁을 주는 곳 말입니다. 너무 크게 놀란 나머지 토하는 바람에 실려 나왔죠."

바스는 또다시 크게 웃더니 머리를 저었다. "막상 당했을 때는 힘들고 무섭지만 그 속에는 유머가 있죠. 대개는 '난 정말 멍청이야!'라고 생각하고 말아요."

나는 바스의 가족 중에 그처럼 과장된 놀람 반응을 보이는 사람이 있는지 궁금했다. "아니요, 남동생 한 명과 여동생 두 명이 있는데 나와는 완전히 다릅니다"라고 바스는 대답했다.

"직장 동료가 알아챈 후로 증상이 더 심해졌나요?" 나는 물었다.

"그럼요, 점점 심해지는 건 확실합니다. 이제는 항상 긴장 상태예요. 동료들이 언제 또 장난을 치나 경계하고 있죠. 동료들이 그러는 건 이해합니다. 재미있거든요. 대개는 신경 쓰지 않지만, 정말로 바쁠 때는 좀 봐달라고 부탁하기도 하죠." 바스는 잠시 말을 멈추었다. "사실 이제는 주변에 사람이 없어도 놀라곤 합니다."

"왜요?"

"혼자서 놀라기도 하거든요." 바스는 셔츠 칼라를 가리켰다. "가끔은 시야 주변부에 셔츠 칼라가 슬쩍 비치기만 해도 놀라서 비명을 지르게 됩니다."

바스의 소문은 마을로 퍼져 나갔다. 이제는 밖에 나가면 모두가 바스를 놀라게 하려 한다. "모두가 나를 알고 있어서 어디서든 일어납니다. 가게에 가도 사람들이 놀라게 하기도 하죠. 가끔 아내에게 '당신이 가서 사 와 줘. 나는 못 가겠어!'라고 말하기도 합니다."

식당에 가면 구석에 앉아야 한다. "그러면 웨이터가 내 어깨를 두드리지 않으니까요."

"장난칠 것을 예상해도 놀라나요?" 나는 물었다. "그러니까, 내가 갑자기 팔을 공중에 들어 올리면요." 나는 말을 한 뒤 잠시 기다렸다가 팔을 들어 올렸다.

"앗!" 바스의 몸 전체가 즉시 의자에서 튀어 오르면서 발이 바닥을 박찼고 의자는 유리 벽이 있는 곳까지 뒤로 밀려났다. 바스는 팔을 허우적거리면서 크고 길게 비명을 질렀다. 바스에게 내 순간적인 움직임에 대비할 시간을 충분히 줬다고 생각했지만, 바스의 심장이 펄떡거리고 숨을 거칠게 내쉬는 모습을 볼 수 있었다. 잠시, 바스는 레이지보이 의자에 앉아 있던 늙은 벌목꾼과 똑같아 보였다. 그 뒤 바스의 얼굴은 웃음으로 주름이 졌다. "맙소사, 당신과 있을 때는 안전할 줄 알았어요!"

사무실을 나설 때쯤 바스에게 책에 이름을 그대로 실어도 되는지, 아니면 익명으로 실을지 물어보았다.

"그대로 쓰셔도 됩니다. 그런데 바스는 내 별명이에요"라고 그는 대답했다.

"아, 그래요?"

"내 이름은 한스 크리스티앙입니다."

그 말에 내 가슴은 살짝 두근거렸다. "그러니까, 이름이 한스 크리스티앙 안데르센이라고요?"

"맞아요, 난 동화를 좋아하죠." 바스는 또다시 웃었다.

희한하게도 딱 들어맞는 말 같았다.

한스 크리스티앙 안데르센은 인외적 존재들이 나오는 아름다운 이야기로 유명하다. 안데르센 동화에 나오는 인간이 아닌 존재들은 인간에게 우리 자신에 관한 중요한 사실을 알려준다. 올해 내내 내가 하던 일에 대한 이상적인 은유 같았다.

한 개인과 그의 삶에 초점을 맞추는 일은 뇌에 관한 사실을 탐구하기에는 너무 주관적이라고 주장하는 과학자도 있다. 나는 그렇게 생각하지 않는다. 과학이 측정하고 검증할 수 있는 방식으로 인간의 삶을 설명하는 데 자부심을 가진 것은 사실이다. 당연히 객관성은 과학의 척추나 다름없다. 하지만 나는 주관성이 과학의 살과 피라고 말하고 싶다. 객관성과 주관성은 필수 요소지만, 따로 있어서는 충분하지 않다. 알렉산드르 루리아는 각 개인의 초상을 '낭만적인 과학'이라고 불렀는데, 나는 이 단어를 빌려오고 싶다. 뇌 연구에 아주 조금만, 낭만을 집어넣으면 어떨까. 과학이 제공해야 하는 온전한 그림을 완성하는 유일한 방법일 수도 있다.

이 책에서 여러분이 자신의 뇌에 관해 작더라도 새롭게 알아낸 사실이 있기를 바란다. 내가 당신의 뇌라고 말할 때는 정말로 '당신'이라는 존재를 가리킨다. 우리는 너무 자주 뇌와 우리 자신을 분리해서 생각한다. 이것은 잘못된 생각이다. 아침에 일어나서 아이들에게 사랑을 느끼고, 지독하게 어려운 문제의 답을 찾고, 우리가 자기 자신으로 존재하게 하는 모든 일은 우리의 두개골 안에서 윙윙거리며 움직이는 질척질척한 물질의 역할이다. 우리의 모든 가치, 감정, 생각은 데카르트의 말처럼 실체 없이 흘러 다니는 것이 아니라 생물학에 뿌리내리고 있다. 평생을 신경과학자와 함께 일했지만 지금까지는 이 사실을 제대로 깨닫지 못했다. 뇌 기능이 어긋나면 한 사람의 삶이 얼마나 놀라울 정도로 기이해지는지 내 눈으로 직접 보고 나서야 나와 내 뇌가 서로 다른 존재가 아니라는 사실을 온전히 이해했다. 우리는 곧 우리의 뇌다.

뇌가 자신에 관해 어떻게 아는지 우리는 아직 충분히 알지 못한다. 맛을 느끼지도 않고 식사를 하고, 방향을 깊이 생각하지 않고도 집에 도착하며, 자신이 무엇을 하는지 의식하지도 않고 하루를 보내는 일이 너무나 많다. 어떻게 뇌는 먹고, 싸우고, 아이를 낳는 일을 '나' 없이 해내는 것일까? 고해상도 영상기기와 유전자 조작, 최상급 의료기술이 나타나도 금방 답할 수 있는 문제는 아니다. 우리의 마음을 이해하지 못하는 무능력은 애초에 질문하는 능력을 얻기 위해 우리가 치러야 할 대가다. 클라이브에게 얻은 첫 번째 교훈에서, 교수님은 내게 "만약 우리가 이해할 만큼 뇌가 그렇게 단순했다면 인간은 너무 단순해져서 뇌를 이해하지 못할 것이다"라고 말했다.

뇌가 만들어내는 삶을 즐겨야 한다는 점은 말할 필요도 없다. 특히 '정상'이 아니라면 더욱더 그렇다. 이 책에 나온 사람들은 모두 특별하지만 나는 여러분이 이들의 기이함보다는 인간다움을, 인간의 다양성보다는 공통점을 더 경이롭게 느끼기 바란다. 이들은 우리가 모두 특별한 뇌를 갖고 있다는 사실을 내게 깨우쳐주었다. 우리는 밥처럼 기억력이 뛰어나지는 않지만, 누구나 과거를 회상하면서 머릿속에 수백만 번의 특별한 순간을 떠올릴 수 있다. 존재하지 않는 음악을 듣거나 대기를 떠다니는 색색의 오라를 보지는 못하지만, 모두 환각을 보기는 한다. 우리의 현실 전체가 환각에 기대어 있다. 조엘처럼 타인의 고통을 강렬하게 느낄 수는 없지만, 거울 뉴런 덕분에 어느 정도는 알 수 있다.

우리는 모두 강렬한 사랑의 감정을 느끼고, 타인을 웃게 하며, 너무나 독특해서 예측할 수 없는 삶을 만드는 놀라운 신경 공학적 특성을 가지고 있다. 이 특성은 무한한 지식을 기억하고, 이전에는 없었던 새로운 발상을 창조하며, 우리의 마음에서 답을 찾는 능력을 우리에게 부여한다. 우리의 뇌가 창조할 수 있는, 상상하기조차 힘든 대지가 얼마나 넓은지는 아직 드러나지 않은 수수께끼다. 이 수수께끼가 풀리면 가장 낭만적인 이야기가 될 것이다.

감사의 말

가장 먼저 밥, 샤론, 루벤, 토미, 실로, 실비아, 마타, 루이즈, 그레이엄, 조엘, 바스와 이분들의 가족과 친구들에게 감사를 전하고 싶다. 집으로, 일터로, 자신의 삶으로 따뜻하게 초대해주고 환영해준 분들이며 자신의 특별한 이야기를 널리 알리도록 허락해주었다. 모두에게 깊이 감사한다.

시간을 내어 자신의 연구를 설명해주고 이 책에 정확하게 서술했는지 확인해 준 모든 과학자에게도 감사를 전한다.

다음은 담당 편집자인 조지나, 케이트, 데니스에게 지칠 줄 모르는 인내심과 지도력, 놀라운 통찰력을 발휘해준 것에 감사한다. 언제나 함께 일하기 즐거운 동료다. 캣, 제시카, 티파니, 마이클에게도 인사를 전하고 싶다. 이들의 편집자로서의 충고 덕분에 나는 수많은 장애물을 피해갔고, 이들이 보여준 우정을 소중히 간직하려 한다.

내 대리인인 맥스에게 브룩맨 식구가 되어서 기쁘다고 말하고 싶다. 초대해 주어서 정말 고맙게 생각한다.

내가 기자로서, 그리고 편집자로서 발전하게 도와준 〈뉴사이언티스트〉의 모두에게도 감사를 전한다. 이 책은 제레미가 없었다면 나올 수 없었을 테니, 특별히 인사를 전한다. 지난 시간 동안 내게 기회를 주어 정말 고맙게 생각한다. 당신이 나를, 뭐였더라? '이 일에는 절대로 맞지 않는다'라고 생각했더라도!

편견 없는 귀와 와인 한 잔을 기꺼이 내어준 내 친구들, 특히 비, 에밀리, 파테마, 사라도 빠뜨릴 수 없다.

슬프게도 이제는 우리 곁을 떠났지만, 고(故) 올리버 색스에게도 변함없는 존경과 사랑을 전하고 싶다. 색스의 글은 언제나 내게 영감을 주었다. 단 한 번 만나 이야기를 나누었지만, 내가 기억하는 가장 경이로운 대화였다.

마지막으로 내 가족, 특히 아버지와 동생에게 감사하고 싶다. 변함없는 지지와 사랑을 보내주어서 나는 이 모험에 뛰어들 수 있었다. 모두 깊이 사랑한다. 엄마가 좋아하셨으리라 생각해서 이 책은 엄마에게 헌정했지만 모두에게 바친 책이기도 하다.

마지막으로 말하지만 가장 중요한 알렉스. 특히 지난 2년 동안 보내준 끝없는 사랑과 무한한 인내심과 격려에 감사한다. 우리를 한자리에 모이게 해준 피시 핑거 샌드위치를 영원히 잊지 못할 것 같다.

주

들어가며: 이상한 뇌는 답을 알려준다

1. The Edwin Smith Surgical Papyrus, Case 1 (1, 1 – 12). Translation by James P. Allen of the Metropolitan Museum of Art in New York.

2. Clarke, E., and O'Malley, C. D., 'The Human Brain and Spinal Cord', *American Journal of Medical Sciences*, 17, 1968, pp. 467 – 9.

3. Caron, L., 'Thomas Willis, the Restoration and the First Works of Neurology', *Medical History*, 59(4), 2015, pp. 525-53.

4. 고대 그리스와 로마 의사는 네 가지 체액이 뇌와 몸속에 흐른다고 믿었다. 네 가지 체액은 흑담즙, 황담즙, 혈액, 담즙이다. 히포크라테스는 네 가지 체액 중 어느 하나라도 넘치거나 부족하면 질병에 걸린다고 가르쳤다. 유럽 의사들은 수 세기 동안 이 사상을 믿었다.

5. Jay, Mike, *This Way Madness Lies: The Asylum and Beyond*, Thames & Hudson, 2016.

6. Sacks, Oliver, *The Man Who Mistook His Wife for a Hat*, Touchstone, 1985.

1장. 밥: 모든 순간을 기억하는 사람

1. Corkin, Suzanne, *Permanent Present Tense: The Man with No Memory, and What He Taught the World*, Penguin, 2013.

2. Milner, B., et al., 'Further Analysis of the Hippocampal Amnesic Syndrome: 14-Year Follow-up Study of H.M', *Neuropsychologia*, 6, 1968,

pp. 215 – 34.

3. From Suzanne Corkin's account of her time with H.M: 'Henry Molaison: The incredible story of the man with no memory', *The Telegraph*, 10 May 2013.

4. Buñuel, Luis, *My Last Breath*, Vintage Digital, 2011, p. 121.

5. 솔로몬 세라세브스키와 그의 놀라운 기억력에 대해 더 알고 싶다면 알렉산드르 루리아의 《기억술사의 마음(The Mind of a Mnemonist: A Little Book About a Vast Memory)》을 참고하라.

6. Parker, E. S., et al., 'A Case of Unusual Autobiographical Remembering', *Neurocase*, 12, 2006, pp. 35 – 49.

7. Foer, Joshua, *Moonwalking with Einstein*, Penguin, 2011.

8. Maguire, E., 'Routes to Remembering: The Brains Behind Superior Memory', *Nature Neuroscience*, 6(1), 2002, pp. 90 – 5.

9. McGaugh, J. L., et al., 'A Case of Unusual Autobiographical Remembering', *Neurocase*, 12, 2006, pp. 35 – 49.

10. Penfield, W., and Perot, P., 'The Brain's Record of Auditory and Visual Experience: A Final Summary and Discussion', *Brain*, 86(4), 1963, pp. 595 – 696.

11. 기억력에 대한 글을 보고 싶다면 클레어 윌슨의 〈내 뇌 속 기억력은 어떤 모습일까?(What Does a Memory in My Brain Look Like?)〉라는 기사를 참고하라.

12. James, William, *Text-book of Psychology*, Macmillan, 1892.

13. Akers, K. G., et al., 'Hippocampal Neurogenesis Regulates Forgetting During Adulthood and Infancy', *Science*, 344(6184), 2014, pp. 598 – 602.

14. 크리스의 이야기는 엘리자베스 로프터스의 《암묵 기억과 메타인지(Implicit Memory and Metacognition)》에 소개됐다.

15. 홀랜드 대학교와 황금기사단에 관한 정보는 다음 사이트에서 확인할 수 있다. www.cbsnews.com/news/a-60-minutes-storyyou-will-never-forget.

16. LePort, A. K., et al., 'Highly Superior Autobiographical Memory: Quality and Quantity of Retention Over Time', *Frontiers in Psychology*, 6, 2016, p. 2017.

1. Iaria, G., et al., 'Developmental Topographical Disorientation: Case One', *Neuropsychologia*, 47(1), 2009, pp. 30 – 40.

2. Ibid.

3. Maguire, E. A., et al., 'Navigation-Related Structural Change in the Hippocampi of Taxi Drivers', *PNAS*, 97(8), 2000, pp. 4398 – 403.

4. Woollett, K., and Maguire, E. A., 'Acquiring "the Knowledge" of London's Layout Drives Structural Brain Changes', *Current Biology*, 21(24), 2011, pp. 2109 – 114.

5. O'Keefe, J., 'A Review of the Hippocampal Place Cells', *Progress in Neurobiology*, 13(4), 1979, pp. 419 – 39.

6. Hafting, T., et al., 'Microstructure of a Spatial Map in the Entorhinal Cortex', *Nature*, 436, 2005, pp. 801 – 6.

7. 'Geraldine Largay's Wrong Turn: Death on the Appalachian Trail', *New York Times*, 26 May 2016.

8. 'Use Or Lose Our Navigational Skills', *Nature Comment*, 31 March 2016.

9. Woollett, K., et al., 'Talent in the Taxi: A Model System for Exploring Expertise', *Philosophical Transactions of the Royal Society B*, 364, 2009, pp. 1407 – 16.

10. 샤론은 최근 발달성 방향감각상실 장애를 가진 두 사람을 우연히 만났다고 했다. 이 두 사람도 머릿속 지도를 재설정하기 위해 제자리에서 돌기를 한다. 두 사람 모두 샤론이 팟캐스트에서 자신의 증상을 설명하는 방송을 들은 후 연락해왔다. 한 여성은 샤론처럼 제자리 돌기 기술을 어릴 때 발견해서 그 후로 쭉 이용하고 있다고 한다.

11. Barclay, S. F., et al., 'Familial Aggregation in Developmental Topographical Disorientation (DTD)', *Cognitive Neuropsychology*, 6, 2016, pp. 1 – 10.

3장. 루벤: 사람에게서 오라를 보는 남자

1. Haraldsson, Eriendur, and Gissurarson, Loftur, Indridi *Indridason: The Icelandic Physical Medium*, White Crow Productions, 2015.

2. Gissurarson, L. R., and Gunnarsson, A., 'An Experiment with the Alleged Human Aura', *Journal of the American Society for Psychical Research*, 91, 1997, pp. 33 – 49.

3. 작스의 학위논문 번역본은 다음 논문에 실렸다. Jewanski, J., et al., 'A Colourful Albino: The First Documented Case of Synaesthesia, by Georg Tobias Ludwig Sachs in 1812', *Journal of the History of the Neurosciences*, 18(3), 2009, pp. 293 – 303.

4. Nabokov, Vladimir, *Speak, Memory: An Autobiography Revisited*, Penguin Modern Classics, 2012, pp. 23 – 5.

5. Bor, D., et al., 'Adults Can Be Trained to Acquire Synesthetic Experiences', *Nature Scientific Reports*, 4, 2014, p. 7089.

6. 라마찬드란은 이 주제를 이 책에서 심오하게 탐구하고 있다. Ramachandran, V. S., *The Tell-Tale Brain: Unlocking the Mystery of Human Nature*, Cornerstone Digital, 2012.

7. Atkinson, J., et al., 'Synesthesia for Manual Alphabet Letters and Numeral Signs in Second-Language Users of Signed Languages', *Neurocase*, 22(4), 2016, pp. 379 – 86.

8. Chun, C. A., and Hupe, J.-M., 'Mirror-Touch and Ticker Tape Experiences in Synesthesia', *Frontiers in Psychology*, 4, 2013, p. 776.

9. Nielsen, J., et al., 'Synaesthesia and Sexuality: The Influence of Synaesthetic Perceptions on Sexual Experience', *Frontiers in Psychology*, 4, 2013, p. 751.

10. Kayser, D. N., et al., 'Red and Romantic Behavior in Men Viewing Women', *European Journal of Social Psychology*, 40(6), 2010, pp. 901 – 8.

11. Attrill, M. J., et al., 'Red Shirt Colour is Associated with Long-Term Team Success in English Football', *Journal of Sports Sciences*, 26(6), 2008, pp.

577 – 82.

12. Hill, R. A., and Barton, R. A., 'Red Enhances Human Performance in Contests', *Nature*, 435, 2005, p. 293.

13. 매력에 관한 진화론 규칙은 '다윈주의자와의 데이트(Darwinian Dating: Baby, I'm Your Natural Selection), *New Scientist*, Issue 2799, 12 February 2011'에 자세히 서술했다.

14. 여기에 대해서는 애덤 로저스의 '이 원피스의 색에 대해 동의하지 않는 과학적 이유(The Science of Why No One Agrees on the Color of This Dress), *Wired*, 26 February 2015'에서 큰 도움을 받았다.

15. Milán, E. G., et al., 'Auras in Mysticism and Synaesthesia: A Comparison', *Consciousness and Cognition*, 21, 2011, pp. 258 – 68.

16. Ramachandran, V. S., and Hubbard, E. M., 'Psychophysical Investigations into the Neural Basis of Synaesthesia', *Proceedings of the Royal Society B*, 268, 2001, pp. 979 – 83.

4장. 토미: 하룻밤 사이에 다른 사람이 되다

1. Burns, J. M., and Swerdlow, R. H., 'Right Orbitofrontal Tumor with Pedophilia Symptom and Constructional Apraxia Sign', *Archives of Neurology*, 60, 2003, pp. 437 – 40.

2. 이 연구를 더 자세히 알고 싶다면 다음을 참고하라. Segal, Nancy, *Born Together-Reared Apart: The Landmark Minnesota Twin Study*, Harvard University Press, 2012.

3. Segal, N., et al., 'Unrelated Look-Alikes: Replicated Study of Personality Similarity and Qualitative Findings on Social Relatedness', *Personality and Individual Differences*, 55(2), 2013, pp. 169 – 74.

4. Gatz, M., et al., 'Importance of Shared Genes and Shared Environments for Symptoms of Depression in Older Adults', *Journal of Abnormal Psychology*, 101(4), 1992, pp. 701 – 8.

5. Kosslyn, Stephen, and Miller, G. Wayne, *Top Brain, Bottom Brain:*

Surprising Insights into How You Think, Simon & Schuster, 2013.

6. 토미의 예술 작품 몇 개는 온라인 www.tommymchugh.co.uk에 소개되었다.

7. 플래어티는 자신과 다른 사람의 글쓰기에 대한 과도한 욕구를 다음 책에 자세히 기술했다. Flaherty, Alice, *The Midnight Disease: The Drive to Write, Writer's Block, and the Creative Brain*, Mariner Books, 2005.

8. Woollacott, I. O., et al., 'Compulsive Versifying After Treatment of Transient Epileptic Amnesia', *Neurocase*, 21(5), 2015, pp. 548 – 53.

9. Woolley, A. W., et al., 'Using Brain-Based Measures to Compose Teams: How Individual Capabilities and Team Collaboration Strategies Jointly Shape Performance', *Social Neuroscience*, 2(2), 2007, pp. 96 – 105.

5장. 실비아: 소리를 못 듣는 사람에게 들리는 노래

1. *The Neuroscience of Hallucinations*, ed. Renaud Jardri, et al., Springer, 2013.

2. Sacks, Oliver, *Hallucinations*, Picador, 2012.

3. 이 장의 일부는 내가 썼던 기사 'Making Things Up', *New Scientist*, Issue 3098, 5 November 2016에서 발췌했다.

4. Ffytche, D. H., et al., 'The Anatomy of Conscious Vision: An fMRI Study of Visual Hallucinations', *Nature Neuroscience*, 1(8), 1998, pp. 738 – 42.

5. Charles Bonnet, 1760, as quoted by Oliver Sacks in his TED Talk *What Hallucination Reveals About Our Minds*, 2009.

6. Rosenhan, D. L., 'On Being Sane in Insane Places', *Science*, 179, 1973, pp. 250 – 8.

7. McGrath, J. J., et al., 'Psychotic Experiences in the General Population', *JAMA Psychiatry*, 72(2), 2015, pp. 697 – 705.

8. Wackermann, J., et al., 'Ganzfeld-Induced Hallucinatory Experience, its Phenomenology and Cerebral Electrophysiology', *Cortex*, 44, 2008, pp. 1364 – 78.

9. Frith, Chris, *Making Up the Mind: How the Brain Creates Our Mental*

World, Wiley-Blackwell, 2007, p. 111.

10. Kumar, S., et al., 'A Brain Basis for Musical Hallucinations', Cortex, 52(100), 2014, pp. 86-97.

11. Daniel, C., and Mason, O. J., 'Predicting Psychotic-Like Experiences During Sensory Deprivation', BioMed Research International, 2015, p. 439379.

6장. 마타: 호랑이로 변하는 남자

1. Woodwood, Ian, The Werewolf Delusion, Paddington Press, 1979, p. 48.

2. As recounted by Russell Hope Robbins in The Encyclopaedia of Witchcraft and Demonology, Springer Books, 1967, p. 234.

3. Moselhy, H. F., 'Lycanthropy, Mythology and Medicine', Irish Journal of Psychological Medicine, 11(4), 1994, pp. 168-70.

4. Keck, P. E., et al., 'Lycanthropy: Alive and Well in the Twentieth Century', Psychological Medicine, 18(1), 1988, pp. 113-20.

5. Toyoshima, M., et al., 'Analysis of Induced Pluripotent Stem Cells Carrying 22q11.2 Deletion', Translational Psychiatry, 6, 2016, e934.

6. Frith, C. D., et al., 'Abnormalities in the Awareness and Control of Action', Philosophical Transactions of the Royal Society B, 355, 2000, pp. 1771-88.

7. Lemaitre, A.-L., et al., 'Individuals with Pronounced Schizotypal Traits are Particularly Successful in Tickling Themselves', Consciousness and Cognition, 41, 2016, pp. 64-71.

8. Large, M., et al., 'Homicide Due to Mental Disorder in England and Wales Over 50 Years', British Journal of Psychiatry, 193(2), 2008, pp. 130-3.

9. 과학저술가 모 코스탄디는 2008년 8월 27일에 펜필드의 삶과 업적에 관한 훌륭한 글을 '길 잃은 펜필드, 신경지도 제작자(Wilder Penfield, Neural Cartographer)'라는 제목으로 자신의 블로그 www.neurophilosophy. wordpress.com에 공개했다.

10. McGeoch, P. D., et al., 'Xenomelia: A New Right Parietal Lobe Syndrome', *Journal of Neurology, Neurosurgery and Psychiatry*, 82(12), 2011, pp. 1314-19.

11. Case, L. K., et al., 'Altered White Matter and Sensory Response to Bodily Sensation in Female-to-Male Transgender Individuals', *Archives of Sexual Behavior*, Sept 2016 pp. 1-15.

7장. 루이즈: 모든 게 비현실로 느껴지다

1. *Amiel's Journal: The Journal Intime of Henri-Frédéric Amiel*, trans. Mrs Humphrey Ward, A. L. Burt Company, 1900.

2. 뭉크 미술관의 선임 큐레이터 게르트 울의 회상. 아서 루보우의 기사 '에드바르트 뭉크: 절규(Edvard Munch: Beyond The Scream), *Smithsonian Magazine*, 2006'에서.

3. 뭉크 미술관 번역

4. http://www.dpselfhelp.com/forum.

5. Couto, B., et al., 'The Man Who Feels Two Hearts: The Different Pathways of Interoception', *Social Cognitive and Affective Neuroscience*, 9(9), 2014, pp. 1253-60.

6. Damasio, Antonio, Descartes' *Error: Emotion, Reason and the Human Brain*, Vintage Digital, 2008.

7. 이 주제에 관해서는 다마시오에게 더 많은 정보를 얻을 수 있다. www.scientificamerican.com/article/feeling-our-emotions.

8. Medford, N., et al., 'Emotional Experience and Awareness of Self: Functional MRI Studies of Depersonalization Disorder', *Frontiers in Psychology*, 7(432), 2016, pp. 1-15.

9. Medford, N., 'Emotion and the Unreal Self: Depersonalization Disorder and De-affectualization', *Emotion Review*, 4(2), 2012, pp. 139-44.

10. Khalsa, S. S., et al., 'Interoceptive Awareness in Experienced Meditators', *Psychophysiology*, 45(4), 2007, pp. 671-7.

11. Ainley, V., et al., 'Looking into Myself: Changes in Interoceptive Sensitivity During Mirror Self-Observation', *Psychophysiology*, 49(11), 2012, pp. 1504–8.

8장. 그레이엄: 저는 걸어 다니는 시체입니다

1. Pearn, J., and Gardner-Thorpe, C., 'Jules Cotard (1840–1889): His Life and the Unique Syndrome Which Bears His Name', *Neurology*, 58, 2002, pp. 1400–3.
2. ibid.
3. Cotard, J.-M., 'Du Délire des Négations', *Archives de Neurologie*, 4, 1882, pp. 152–70. 이 부분을 프랑스어에서 영어로 번역해준 제니퍼 할편에게 감사한다.
4. Pearn and Gardner-Thorpe, 'Jules Cotard'.
5. Clarke, Basil, *Mental Disorder in Earlier Britain: Exploratory Studies*, University of Wales Press, 1975.
6. Lemnius, Levinus, *The Touchstone of Complexions*, Marshe, 1581, title page.
7. ibid.
8. ibid, p. 152.
9. Owen, A. M., et al., 'Detecting Awareness in the Vegetative State', *Science*, 313, 2006, p. 1402.
10. Yu, F., et al., 'A New Case of Complete Primary Cerebellar Agenesis: Clinical and Imaging Findings in a Living Patient', *Brain*, 138(6), 2015, e353.
11. Servick, Kelly 'A Magnetic Trick to Define Consciousness', *Wired*, 15 August 2013.
12. Casali, A. G., et al., 'A Theoretically Based Index of Consciousness Independent of Sensory Processing and Behavior', *Science Translational Medicine*, 5(198), 2013.

13. Koubeissi, M. Z., et al., 'Electrical Stimulation of a Small Brain Area Reversibly Disrupts Consciousness', *Epilepsy & Behavior*, 37, 2014, pp. 32–5.

14. Charland-Verville, V., et al., 'Brain Dead Yet Mind Alive: A Positron Emission Tomography Case Study of Brain Metabolism in Cotard's Syndrome', *Cortex*, 49(7), 2013, pp. 1997–9.

15. Lindén, T., and Helldén, A., 'Cotard's Syndrome as an Adverse Effect of Acyclovir Treatment in Renal Failure', *Journal of the Neurological Sciences*, 333(1), 2013, e650.

16. As referred to by Hans Forstl and Barbara Beats in 'Charles Bonnet's Description of Cotard's Delusion and Reduplicative Paramnesia in an Elderly Patient (1788)', *British Journal of Psychiatry*, 160, 1992, p. 416–418.

17. Ryle, Gilbert, *The Concept of Mind*, Peregrine, 1949, pp. 186–9.

9장. 조엘: 타인의 감정을 고스란히 느끼다

1. Pellegrino, G. di, et al., 'Understanding Motor Events: A Neurophysiological Study', *Experimental Brain Research*, 91(1), 1992, pp. 176–80.

2. Perry, A., et al., 'Mirroring in the Human Brain: Deciphering the Spatial-Temporal Patterns of the Human Mirror Neuron System', *Cerebral Cortex*, 2017, pp. 1–10.

3. Blakemore, S.-J., et al., 'Somatosensory Activations During the Observation of Touch and a Case of Vision-Touch Synaesthesia', *Brain*, 128(7), 2005, pp. 1571–83.

4. Banissy, M. J., et al., 'Superior Facial Expression, But Not Identity Recognition, in Mirror-Touch Synaesthesia', *Journal of Neuroscience*, 31(5), 2011, pp. 1820–4.

5. Ward, J., and Banissy, M. J., 'Explaining Mirror-Touch Synesthesia',

Cognitive Neuroscience, 6(2 − 3), 2015, pp. 118 − 33.

6. Santiesteban, I., et al., 'Mirror−Touch Synaesthesia: Difficulties Inhibiting the Other', *Cortex*, 71, 2015, pp. 116 − 21.

7. Kramer, A. D. I., et al., 'Experimental Evidence of Massive−Scale Emotional Contagion Through Social Networks', *PNAS*, 111(24), 2014, pp. 8788 − 90.

8. Meffert, H., et al., 'Reduced Spontaneous but Relatively Normal Deliberate Vicarious Representations in Psychopathy', *Brain*, 136(8), 2013, pp. 2550 − 62.

9. Singer, T., and Klimecki, O. M., 'Empathy and Compassion', *Current Biology*, 24(18), 2014, R875 − 8.

나가며: 상상할 수 없는 것은 없다

1. Beard, G., 'Remarks Upon Jumpers or Jumping Frenchmen', *Journal of Nervous Mental Disorders*, 5, 1878, p. 526.

2. Beard, G., 'Experiments with the Jumpers of Maine', *Pop Science Monthly*, 18, 1880, pp. 170 − 8.

3. Saint−Hilaire, M.−H., et al., 'Jumping Frenchmen of Maine', *Neurology*, 36, 1986, p. 1269.

4. 'The most easily scared guy in the world?', 14 December 2012, https://www.youtube.com/watch?v=WfQ4t2E7iAU.

상상할 수 없는 독특한 뇌를 가진 사람들
집에서 길을 잃는 이상한 여자

제1판 1쇄 인쇄 | 2020년 2월 10일
제1판 1쇄 발행 | 2020년 2월 17일

지은이 | 헬렌 톰슨
옮긴이 | 김보은
펴낸이 | 한경준
펴낸곳 | 한국경제신문 한경BP
책임편집 | 노민정
교정교열 | 김가현
저작권 | 백상아
홍보 | 서은실 · 이여진
마케팅 | 배한일 · 김규형
디자인 | 지소영
본문디자인 | 디자인 현

주소 | 서울특별시 중구 청파로 463
기획출판팀 | 02-3604-553~6
영업마케팅팀 | 02-3604-595, 583   FAX | 02-3604-599
H | http://bp.hankyung.com   E | bp@hankyung.com
F | www.facebook.com/hankyungbp
등록 | 제 2-315(1967. 5. 15)

ISBN 978-89-475-4558-7 03180